人の用い方

井原隆一 著

社長の帝王学シリーズ
Educating the Successor to Succeed

日本経営合理化協会

序

「人に事《つか》うるを知る者にして、然《しか》る後に以《もっ》て人を使うべし」

『孔子家語《こうしけご》』にある文句だが、要するに、人に従い仕《つか》えるということがわかっている者であって、はじめて人を使うことができるということである。

また、『近思録《きんしろく》』という本には、

「人の上にたって権力をふるうのはたやすいが、人の下で地味に働くことはむずかしい。しかし、人の下で働けない者は、部下を使いこなすことはできない。下《した》っ端《ぱ》で苦労した人でなければ、人に使われる者の気持ちがわからないから、人の心を掌握《しょうあく》できない」（人の上《かみ》たるは易《やす》く、下たるは則《すなわ》ち難《かた》し。然《しか》れども下たる能《あた》わずんば亦《また》下を使う能わず）とある。

私のように現役六十年ともなると、仕えた人はトップ七人、中間管理職の上司を加えると何十人にもなる。そのため、仕える者の苦労は身にしみるほど味わっている。それだけに、上に立つ者の、人を用いる上手下手《じょうずへた》がよくわかる。

このトップのためなら、いかなる苦難もいとうまいと思いこんでしまうほど人生意気に感じてしまう人もあれば、万金を積まれても快《こころよ》しとしない者もいた。このように感じたのは私一人ではない。周囲の多くの使われる者の評価が異口同音であってみれば、私の偏見ではなさそうである。

しかも、仕える者の評価はおおむね正しいことが事業業績に現われてくる。よく用いる上司の業績は常に輝かしいものであるが、用い下手《へた》のそれは次第に下降してくるからだ。

事業経営にしても、人をよく用いる者は、まず人を選び、教え、育て、後につづく者を絶たない。人をよく用いようとしない者は、選ばず、教えず、育てずして、後につづく者を絶つ。これで企業の命脈をも絶つことになる。

古今東西の歴史は、国家の興亡、事業の盛衰、人の勝敗を伝えているが、そのわかれるところ、多くは人の用い方にあったといえよう。功者、勝者は人を育て、あるいは求めて、よくこれを用い、人の力をフルに、さらには何倍にも活《い》かして用いている。よく人を用いて大志をとげた例は枚挙《まいきょ》にいとまなしで、現代の企業も例外ではない。

さらに、「善《よ》く人を用うる者は之《これ》が下《しも》と為《な》る」という言葉が『老子』にある。つまり、上手《じょうず》に人を用いる者は、いつも相手に対してへりくだっている。下手《したて》にでて人の力を最大限に活用するものだ。権力をふるうだけでは人の力を最大限に引きだすことはできない。

これについて『孟子《もうし》』は、「呼び捨てできない部下をもて」とも説いている。師に足るほどの部下をもてということであるが、よく人を用いる者の共通点の一つでもある。

そうした考えから、「師厳《しげん》にして道尊し」(師の尊厳が備わって、はじめて教えの道の尊いことが相手にわかる)といわれるとおり、人を用いる者自身が、自らを正し、厳しくすることでなければ真の用い方とはいえない。本書はこの点についても多くふれたつもりである。

国際社会は東西対立緩和《かんわ》によって、経済競争時代に入り、企業間競争はますます熾烈化《しれつか》してくる。労働力不足も加わって企業の存続は、人力をいかに効率的に活《い》かすかにかかってきた。人をいかによく用いるかが企業の命脈を保つ大きな課題となる。

リーダーの真価は人をよく用いるか否かによって決することは、日に日に明確になるに違いない。

本書出版に際し、日本経営合理化協会の皆様のご高配をいただきました。ここに厚くお礼申しあげます。

平成三年十月十六日

井原隆一

※本書は一九九一年に出版した「人の用い方」の新装版である。

人の用い方　目次

第二章　部下の心を知る

第三章　仁と人心掌握《しょうあく》

第八章　信義の魅力

第十三章　トップの気力

第十四章　自己能力の限界挑戦

第十五章　将の威厳と陣頭指揮

第十八章　己《おのれ》の敵を知る

第十九章　功は下に責は己《おのれ》に

第二十章　寛容と人望

第二十一章　備えあれば憂《うれ》えなし

第二十二章　苦労人の味

第一章　会社発展の決め手

一　基本に忠実

「君子《くんし》は本《もと》を務《つと》む。本立《もとた》ちて道生《みちしよう》ず」と『論語』にある。何ごとにつけ、君子は根本に忠実である。根本をしっかりと身につけておれば道は自《おのずか》ら開けてくる、という意味である。

聖人孔子は高弟の子貢《しこう》に、「私は、博識だといわれているが、ただ一つの原則を貫《つらぬ》いているだけだ」といった。

後に子貢が他の弟子たちから、そのわけをきかれ、「先生は、良心をいつわらぬこと、すなわち〝忠〟と、他人への思いやり、すなわち〝恕《じよ》〟とが人の道の根本であるといわれたのだ」と答えた。忠、恕をあわせ〝仁〟としている。

つまり、孔子の教えは万般《ばんぱん》にわたっているようであるが、その根本は、忠、恕といえる。

これが「一《いち》を以《もつ》て之《これ》を貫く」の故事だが、すべての教えは、たったの一字〝仁〟から発せられているといえるのである。逆にいえば、仁の一字に忠実であったために百般《ひやっぱん》にわたる教えの道が開けたともいえよう。

現代の処世、企業経営にしても根本をはっきりと自覚し、それにのっとって進んだのと、根本をあやふやにして進んだのとでは大きな違いがでてくる。根本から出発したレールの上を走るのと、根本から外《はず》れて遠回りしたり、迷って逆戻りするのとでは大きな格差になってくる。「千里《せんり》の謬《あやま》りも毫釐《ごうり》の差より起こる」（当然着くべきところより千里も離れたところに着いてしまうほどの失敗も、そのもとをただしてみると毛の先ほど小さなところから始まっている）ということがある。

「迷ったらもと来た道に戻れ」とか、「スランプに陥《おちい》ったら基本に戻れ」という教えがある。もし、もと来た道を知り、根本を知っていたとすれば戻る必要はない。迷いやスランプというものは、根本をはっきりつかみ、それに対しての忠実を怠《おこた》ったからである。

「多岐亡羊《たきぼうよう》」の故事が『列子《れっし》』にある。

楊子《ようし》の隣家で羊が一匹逃げた。そこで一家全員に楊子の家僕《かぼく》まで借りて羊を探しに出た。一匹の羊のために、なんで人間を大勢かり出すのか、ときくと、わかれ道があるから、といっている。

やがて一同が羊を見失なって疲れて帰ってきたので話をきくと、わかれている道のほかに、さらにわかれ道があったからだと説明した。

そこで楊子は、学問の道もこれと同じく、帰一する原点を疎《おろそ》かにするようでは、得るものがなく学んでも徒労に終る、と悟ったという。ここの学問の道を、処世、経営とおきかえても示唆《しさ》するところが多い。

現職時代、販売担当者から「商売の秘訣はなにか」ときかれ、「それは〝恕《じょ》〟である」と咄《とっ》嗟《さ》に答えた。恕とはお客を思いやること、お客の立場になること、親身になることである。

ユーザー指向、消費者本位、さては、お客は神様など、すべて恕からでたものである。

さらに、現代の便利な器具、機械や加工食品、多くのカードシステムから行きとどいたサービスの発達など目を見張るものずくめであるが、すべて恕の心が道を開いたものである。

つまり、販売の基本は恕にあり、とした心が生んだ新商品といえるのである。

もし、この基本を「販売とは利にあり」、つまり会社の利を得るということを基本にしたとすれば、開かれる前途も極《きわ》めて狭いものになるだろう。

よく「初心忘るべからず」といっている。

初心とはなにか。それぞれ初心をもつが、欠くことのできない点は、ことの根本である。

たとえば、孫子《そんし》の兵法では、将たる者の基本条件といえば、仁慈、知謀、信義、勇気、威厳となる。これらを貫《つらぬ》くことが将の位置を保つ道といえるだろう。

かつて「会社発展の近道は」ときかれ、「基本を忠実に貫くことである」と『論語』を引用したことがある。

二　会社経営の原点

前項でのべた「君子《くんし》は本《もと》を務《つと》む。本《もと》立ちて道《みち》生《しよう》ず」に従えば、経営者が根本に忠実であれば前途は開かれ、希望に満ちた会社ということができよう。

会社は、それぞれ経営理念を定め、基本として遵《じゅん》守《しゅ》に努めている。社訓、社是、社則などすべてここから発している。経営者はこれを信条とし、社員はこれにそって仕事に励む。

いずれの会社の経営理念をみても、短文で要を得たものである。それを根本としてあらゆる経営戦略を展開し、あるいは、そこに働く人たちの信条としている。

『論語』に、次のようなくだりがある。

「これを信条とすれば国を振興させる、という言葉はないものだろうか」と定公《ていこう》にたずねられた孔子は、

「言葉というものは本来そういう役目をもつものではありませんが、その主旨に近い言葉

はあります。諺《ことわざ》に〝君たるは難《かた》し、臣《しん》たるも易《やす》からず〟といいますが、もし政治を行なう者が〝君たるは難し〟の意味を十分に理解したならば、国を興《おこ》す言葉ともなりましょう」と答えた。

「では、一言で国を亡ぼさせる言葉はあるだろうか」というつづいての質問に、

「やはり、質問の主旨に近い言葉があります。諺に〝われは君たるを楽しまず。ただ物言いてわれに逆《さか》らう者なきを楽しむ〟とあります。もし、良いことをいったために逆らわれないのならいうことはありませんが、悪いことをいっても君主たるがゆえに下が逆らわないということになりますと、この諺は国を滅亡させる言葉ともなりましょう」と。

もし、この言葉を経営者が座右《ざう》の銘《めい》として守り行なうようであれば、期せずして名経営者として社員に敬《うやま》われることになるだろう。なぜなら経営者の心得とすべき原点ともいえるものであるからだ。

さて、それなら会社経営とは何か。

ある人は「経営とは変化に挑戦することである」と説明している。これからの企業環境はどのように変化していくかを予測し、それに対応することである、という意である。

〝変化対応〟を経営の基本と信じている経営者は常に変化を予測することに努め、いかな

る変化があっても直《ただ》ちに対応できる臨機応変の準備に万全を期すことになるだろう。

またある経営者は「経営とは厳しさに挑戦することである」としている。常に、経営とは〝安易例外、厳しさ当然の構え〟といえるもので、困難、厳しさのみを前提とした経営である。いわば「安《やす》けれども危《あや》うきを忘れず。存《そん》すれども亡《ぼう》を忘れず。治《おさ》まれども乱《らん》を忘れず」を基本とした経営といえる。

さらにある人は「経営とは理想に挑戦することである」とのべている。

最初から天下一を理想とする者もあるだろうし、量より質の堅実を理想とする者もあれば、新技術開発を誇りとしているむきもある。

いずれも企業の進路を示すものであり、経営者の指針といえる。

また会社の目的として、公共、営利、健全の三つがあげられるが、一つとして欠くことのできない経営目標である。

前にものべたように、経営の拠《よ》り所、進むべき方角、さらには目的を定めておくことは企業発展の近道であるといえる。

しかし、現代のように人智が限りなく進み、さらに内外環境の著《いちじる》しく変化するなかでは、拠り所や方角、目的だけではなにか物足らなく、企業永遠の発展を考える上で少なからず疑問が起こってくる。なにか企業が永久に発展しつづけるための哲学はないものだろうか——経営者が誰でも考えることである。

こうした疑問につきあたったのは、いまから二十年ほど前、ある会社の再建に協力したときである。

その会社が創業以来浮沈《ふちん》を重ねていたのをみて、これを何とか、ゆるやかでもよいから上昇カーブ一線にしたい、と考えたときである。

ある日、雑誌原稿を書いているとき、ふと聖人孔子の『論語』にある言葉を思い出した。

孔子が、楚《そ》の葉《しょうこう》公から、「もっとも良い政治とはどういうことだろうか」とたずねられた。

これに対して孔子は、

「近き者説《よろこ》べば、遠き者来《き》たらん」と答えた。

つまり、家臣や領民など近い者が喜ぶように政治をすると、遠くに住む人々が評判をきいて慕《した》って集まってくるということになる。

現代でも同じようなことが起こっている。

ベルリンの壁に代表される東から西への大移住、その他いろいろな難民の脱出がそれである。

これを企業に読みかえたらどうか。会社に近き者は社員、顧客、株主である。

この三者が喜ぶ経営、これこそ会社経営の基本としてゆるぎないものといえるのではなかろうか。

三　近き者の喜びとは

会社経営にもっとも近い者は社員である。その社員の喜びの第一は会社の安泰と成長である。後にのべるように、社員の喜びのすべては会社の安泰成長から生まれてくるからである。

第二に、利を喜ぶ。

月々の収入が多い、賞与が多い、退職金、年金が多い。一人としてこれに反対する者はない。

物価高のなかでの生活水準向上競争に対応するため、利を望む声は高まる一方、人間の本能からしても低くなることはない。

さらに高齢化社会において、当然に考えるのが将来の利である。退職金、年金の多いことを望み、財形貯蓄、持株制度を通じた蓄財、さらには、自社株上場による値上り益の期待まで、利に対する欲求は高まればとて低くなることはない。こうした現在、将来への喜びを与えなければ、働き甲斐《がい》を失ない、志気の低下など見えない損失が懸念《けねん》されてくる。

第三の喜びは、名、すなわち地位や名誉である。

衣食足りて、地位を望むのは人間の本性といえる。多少にかかわらず権力をともなうため、現代サラリーマン社会でも渇望《かつぼう》の的《まと》といえる。

とかく、利のみを望む者もないではないが、利は地位にしたがっているため、地位を望まねば多くの利を望むことはできない。

また、地位が高くなるにつれて権力も強くなり、社会的地位も高まる。個人的信用も高まることになる。

よく、地位は望むところではないとしているむきもないではないが、本心からのものとすれば、組織人としては好ましからぬ人間といえるだろう。そうした無欲、無気力人間は競争渦中にある企業には無用といえるからだ。

このようにみれば、意欲的人間、つまり企業にとって好ましい人間は、たてまえはともかく本心は地位を望んでいるといえる。

意欲ある人間の特色の一つは、「人に認められる」ことにある。地位はその表現であって誇りとするに足るものである。資格ある人間に名を与えないことは、社員の喜びを奪っているといえるのではないか。

第四の喜びは自由である。

「人間一度生まれたからには」という気力は意欲的人間には誰にもある。

もっとも現代版胡亥《こがい》（秦《しん》の始皇帝の後継者で、帝位について間もなく「朕《ちん》は天下のありとあらゆる快楽をつくして一生をおくりたい」といった人物で、秦を滅亡に追いこんだ）もいないとはいえないが、心ある人物なら幾旗《いくはた》でもあげてやろうという気概《きがい》をもっているものである。この気概《きがい》を具体化させる自由を与えることが気力ある人間の喜びである。

いかに生活にこと欠くことはないといっても、柵《さく》の中に入れられ野性味を奪われては真の喜びとはいえなかろう。

その他、働く者の喜びは、希望、安心感などからも得られるが、後にのべたい。

次に、近い者のうちに顧客がある。

これについての説明は多くを要しない。

商売繁昌も一朝一夕に成ったものではない。客が少数であった当時から、客の立場になって優《すぐ》れた商品をさらに優れたものとし、また新たな商品を開発し、それを割安に、行きとどいたサービスで提供しつづけてきた、つまり客を喜ばせてきたために、それを伝え聞いた人が遠方から、現代では海外からも買いにくるようになったのである。

このように考えると「経営とは何か」などと四角四面の上で考えることもなさそうである。「経営とは近き者を喜ばせるにあり」で足りるのではないか。近き者も、遠くより来た人も喜ぶようであれば、喜びは当然に喜ばせた人に返ってくる。

四　名経営者とは

顧客、社員など近き者を喜ばすことを経営の根本理念とすれば、名経営者とは、まず、近き者を喜ばすことのできる経営者ということになる。

こうのべるといかにも甘い経営者を思わせるが、考えようによってはこれほど厳しいものはない。なぜなら近い者を喜ばせる第一は企業の安泰成長である。また社員の喜びで優先するものは自己の名利である。

企業の安泰成長を期すためには、まず社員の〝智〟と〝汗〟を望まないかぎり不可能である。智も汗もだせない者には静かに居てもらうか、静かに去ってもらう冷酷さをもつ経営者でなければならない。この冷酷さこそ企業に対する真の忠実といえるものである。

また社員が名利を喜ぶといっても、能《のう》も功もない人間に名利を与えることはできない。能あり、功ある者に名利を与えることは当然である。とすれば、社員としても自分が喜ぶためには相応の厳しさを覚悟しなければならない。

言い換えれば、名経営者とは賞罰を公平に、巧みに行なうことのできる者といえそうである。

さて、経営者の基本的な条件として昔から、仁慈《じんじ》＝忠（誠実）、恕《じょ》（思いやり）、慈《いつくし》み、あるいは知謀、信義、勇気、威厳などがあげられている。仁、智、勇、ともしているが、これを兼ね備えた者が名経営者としての評価を受けることになる。社員の立場から言い換えれば、期待できる経営者、喜びを与えてくれる経営者ということになる。

孔子が高弟の顔回《がんかい》と子路《しろ》にそれぞれの理想をきいたとき、子路は「車馬、衣服その他の持ち物が共通していて、破れても、こわれてもお互いに気にしないような友情関係を結びたい」と答えた。

顔回は「良い行ないをしても誇ることなく、労苦を人に強いない人間でありたい」と。

これに対し孔子は「高年者からは安心され、同輩からは信頼され、年少者からは慕《した》われることが自分の理想である」といった。

この孔子の理想を現代の企業組織にあてはめてみると、どうなるであろうか。

高年者は、定年も近づき、体力の限界を意識するようになると、高まるのは定年後の不安。低くなるのが気力である。このとき不安を取り除き希望を与えてくれる経営者がいたとすれば、大きな光明を見いだすに違いない。

また、トップを補佐するスタッフにしても、補佐するに足るトップであれば一致協力の労もいとわなくなる。

古来、大成した人には多くの有力な補佐役が一致協力している。一致協力をむすぶ紐《ひも》はトップに対する信頼なのである。

年少者がトップを慕《した》うのは、思いやりがあり、自分を成長させるための手本と考えるからである。

人間とは、年若いときからより立派な人間になろうと考えているものである。そのため、それを助けるような人物に魅力を感じる。

英雄、偉人、人気ある人々を慕《した》う。それは興味だけに限らず、そうした人間になりたいという欲求からでもある。会社のトップを年少者が慕う心もそこにある。背徳者などには遠ざかればとて慕い寄ることはないものである。

魚や鳥を呼び寄せるには撒餌《まきえ》をたくさん与えればよい。いくらでも集まってくる。しかし、危険を感ずると餌《えさ》も食わず四散してしまう。餌を与えなければ与えてくれる場所へ移ってしまう。そこには従来の恩義など全くない。

人間は、餌も魅力だが、それがすべてではない。「人生意気に感ず。功名誰《た》れか復《ま》た論ぜん」ではないが、心と心の結びつきがある。

たとえば、自分の会社だからといって、会社のかねで私財を増やし、贅沢三昧《ぜいたくざんまい》の生活をしているトップを尊敬し、慕う者がいるだろうか。

反対に、「他より給与は少ない、厚生施設も乏しいが他に移る気がおきない。親身になってくれる社長から別れることはできない」というむきも少なくない。

「士《し》にして居《きょ》を懐《おも》うは、以《もっ》て士と為《な》すに足らず」とは孔子の言葉だが、私生活の安楽ばかりを追求しているような人間は、立派な人間と呼ぶことはできない。むしろ、企業のトップとしては失格といえるだろう。

要するに、財力、学力、権力に頼るものは名経営者とはいいがたい。これに〝仁〟という心の魅力が加わって初めて名経営者としての誉《ほまれ》が得られるのである。

昔、徳川秀忠《ひでただ》が「立派な人間とは」ときいたところ、細川忠興《ただおき》がこう答えた。「鳴門《なると》と同じく明石《あかし》の潮は激しい。激しいなかに身を置き、流れが運ぶ養分を吸う牡蠣《かき》。見た目は無骨《ぶこつ》だが中身の濃い人間」と。

酸《す》いも甘いも知りつくした人で、人間味豊かである、という意味である。

これは、学問によって得られるものではない。厳しい体験によって自ら身につけるものである。苦労もせず、骨も折らず、トップの座につきたいということは、木に登って魚を求むるに等しい。

五　部下も経営者を選ぶ

近年、企業のなかには人手不足が深刻化し、業績不振に陥《おちい》ったところもあれば、休業、倒産に追いこまれたところもある。いずれも、業容拡大で人手不足になったわけではない。中途退職者が相次いだためである。

退職者は、老齢、病弱などで去ったわけではない。同業者など、自分の体験や専門が活《い》かせる職場に移っているのである。

なぜ会社を変えたのか。理由は簡単。いまより良い会社が見つかったからである。

それなら何を良いと思って移ったのか。給料が高い、高い地位で迎えてくれる、安心して働けるなどであろうが、一言でいえば「自分を認めてくれる」という心の問題である。

前述の言葉を引用すれば、「自分を喜ばせてくれない会社を見限り、喜ばせてくれる会社へ移る」ということになる。

その昔、ある会社に関係したとき、ニクソンショックの影響も加わって会社が危地《きち》に陥《おちい》り、給料遅配を余儀《よぎ》なくされるほどであった。労使対立も激しくなりストの連続、生産販売もガタ落ち。志気は低下し、不安はつのるばかり。

社員のなかには会社の将来に見切りをつけ、まず手持ちの自社株の処分をはじめる者もいる。気の早い者は、新聞の社員募集欄に注目し、さらに早い者は、退職届を郵便で送り、他の会社へ勤務している者もある。

退職届を出した社員宅を訪問し、思いとどまるよう頼んでも、会社に愛想をつかしている者を引き止めることは至難であった。

ところが、これをストップさせてくれたものがあった。第一次の石油ショックである。石油ショック後は各社とも中途採用どころか、人員整理に追いこまれたため、会社を辞めても行く場がないからだ。

技術が売りものの会社が経験豊かな技術者に去られるということは、奈落の底への転落を意味する。

といって、去る者を引き止めるブレーキは会社の魅力、経営者への信頼だけである。引き止めるだけの魅力を示せればよいが、その日暮らしの身ではいかんともなしがたい。

そんなある日、「社員が売ろうとしている株式は全部私が買い受ける」といったあとで、「去る人間を追って経営はできぬ。ここは一日も早く業績回復を計って会社の魅力を増すことだ」といったが、はったりも含めたセリフを社員はどう受けとめたか。

しかし、近年では中途退職者は結婚、病気ぐらいなもので、新入社希望者が多く、すべてをかなえることはできなくなっている。選ばれる会社になったからといえるだろう。

『言志四録』に「人君《じんくん》たる者は、臣《しん》なきを患《うれ》うることなく、宜《よろ》しく君《きみ》なきを患うべし。即《すなわ》ち君徳《くんとく》なり」（君主たる者は、賢臣のいないことを憂《うれ》えず、明君のいないことを憂えるがよい。

これが君主たるものの徳である）とあるが、とかく社員が会社を見限って去ると、恩知らずと罵《ののし》るが、返してもらうほどの恩を施《ほどこ》していないから去ったのである。

また、去る社員が相次ぐ場合、その多くは経営者を見限るからで、志のある有為《ゆうい》な人材といえる。経営者の無能に耐えられなくなったのである。つまり、有能が無能を見限るのである。

六　人を活《い》かすも殺すも

「林深ければ則《すなわ》ち鳥棲《す》み、水広ければ則《すなわ》ち魚游《あそ》ぶ。仁義積めば則《すなわ》ち物自《おのずか》ら之《これ》に帰す」

これは『貞観政要《じょうがんせいよう》』にある言葉だが、要するに、林が深ければ鳥が多く棲みつくし、川が広ければ魚が多くそこに泳ぐ。同じように、仁義の徳をつみ施せば、人は自らついてくるという意味で、唐の名君太宗《たいそう》の言にふさわしい。

太宗は中国史上まれにみる英主《えいしゅ》といわれている。位についたとき、ある者が太宗に上書して、こびへつらう人間を朝廷から除きたいと願いでた。そして付言した。

「陛下には、いかにも怒ったように見せかけて、おためし下さい。道理を守ってかたく言い張る者は、正直な臣です。ご威光に恐れて、仰《おお》せどおりになる者は、へつらい人間です」と。

それに対して太宗は、「自分自《みず》らいつわりをして、どうして臣に正直であれといえようか。自分は人をぺてんにかけるようなことはせず、至誠《しせい》をもって天下を治めたい」と。

またある臣が、「法律を重くして盗賊《とうぞく》がでないようにしていただきたい」と願いでた。太宗は、「盗賊が起こるのは民《たみ》が生活に困るからである。自ら奢侈《しゃし》を慎《つつし》み、冗費《じょうひ》をはぶき、夫役《ふえき》を軽くし、潔白《けっぱく》な役人を用いれば、民は衣食も足り、自然に盗みなどしなくなる。なんで法律を重くする必要があろう」と答えた。

このように政治に心を用いたので、数年のうちに民も豊かになり、路《みち》に落ちたものを私《わたくし》する者もなくなり、盗賊もでなくなったので行商する人も安心して野宿するようになったという。

上がこのようであれば下も安心して生業に励むことになり、自《おのずか》ら国も富んでくることになる。

この故事を現代の企業にあてはめてみると、学ぶべき点がきわめて多い。組織内の人々をやる気十分にするには格別の技術は必要としない。経営する人の心一つにある、というも過言ではない。

ここでの心とは、いかにして「近き者を喜ばすか」の真心といえるだろう。

さらに一歩を進め、献身的人材を求めるなら、その心をもって、組織制度を改め、目的達成の功をその人の名利に十分結びつけるように配慮すること、端的《たんてき》にいえば十分な賞を確約することである。

しかも、その賞は、たんに一時の功に見合うだけのものとせず、その功者の向上意欲を高める配慮が望ましい。つまり、一時の功者に金一封というおざなりのものとせず、地位や名誉も与えることによって次の意欲をかりたてるよう仕向けることである。

進んで厳しさ、困難に挑《いど》もうとする人材はこうした制度から生まれるものである。

これは名利という好餌《こうじ》にひかれることよりも、自分が高く認められる、という一つの誇りがしからしめるものである。心ある人間のもっとも喜ぶ褒賞《ほうしょう》は、上司が認めるということにある。その人の長所や功を認めるということである。金銭の賞は一時の喜びにすぎないが、認められる喜びは永久である。

ところが上司のなかには、部下が功を立てれば横取りし、精進して頭角を現わせば槌《つち》で打ち、足を引く卑劣な者もいる。

また、部下の名声を羨《うらや》み、妬《ねた》んで退《しりぞ》ける小心なトップも見かける。

こうしたトップの部下はやる気を失ない、ついには逃げ出すことになる。残る者は忠臣を装《よそお》う佞臣《ねいしん》だけとなる。

だいたい、天上天下唯我独尊《ゆいがどくそん》といえる経営者は部下の欠点、過《あやま》ちは見えるが、功績や長所は見えなくなっている。したがって才能ある人、忠実な部下を見定《みさだ》めることができない。

そのため部下は働き甲斐《がい》を失なう。失なうからトップは権力を振り回して部下を動かさねばならなくなる。それでは、部下は喜ぶいともない。

権力では人を活《い》かして用いることはできない。人を殺して使う懸念《けねん》もある。謙虚《けんきょ》は権力をふりかざさなくとも、部下を活かして使うことができる。

第二章　部下の心を知る

一　相手を知ることは

「兵を知る者は、動いて迷わず、挙《あ》げて窮《きゅう》せず」（部下の実力を知っている者は、行動をおこしてから迷うことがなく、戦い中でも苦境にたたされることはない）。

これは孫子《そんし》の兵法《へいほう》にある文句だが、戦争に限らず、自分の部下について無知であっては部下を率《ひき》いる資格はない。部下の性格、適性、長所、短所はもちろん、趣味嗜好《しこう》、さらには心のなかまで窺《うかが》い知ることができなければ巧みに部下を用いることはできない。

現職時代、部課長など中間管理者が、日常業務に追われ、息つく暇もないとボヤいていた。それほど管理者が忙しいなら業績が高まっているかといえば、むしろ停滞している。部内の統一を欠いているからだ。

あるとき、こんな話をした。

「昔の大名は足軽のわらじの裏まで知っていなければならなかった。しかし、足軽の仕事をしてはならない。

皆さんは足軽の仕事をしているから忙しいのだし、業績があがらないのは足軽の心を知ろうとせず、足軽の人格も重く見ていないからだ。これではかえって足軽から足軽あつかいされることになる。

〝天は高くして卑《ひく》きに聴《き》く〟という言葉がある。天は高いところにあるが、低い地上の人間のいうことを聴くということだ。

大名は足軽の支えがあるから位《くらい》を保つことができる。部長は部員がいるから部長でいられる。むしろ感謝の気持ちで部員のつまらない言い分にも耳を傾けるがよい。そして彼らの多くを知ることに努めるべきだ。これが部下統率の第一である」と。

ついでに、つけ加えた。

「よく、〝風通しのよい職場〟という。上からの命令、指示などがよく下まで通じ、職場内の左右上下にへだたりがなく、意思の疎《そ》通《つう》がすばらしいということでもある。

これはお互いに気心まで通じ合っているからである。上に立つものが、部内の人たちの心をつなぐために努めれば、つなぐ知恵はいくらでもうかんでくる。

〝コミュニケーションの場がほしい〟〝会食する費用がない〟などという人があるが、社内外を問わず、その気さえあればエレベーターの中も良い場所となる。

仕《つか》える人は、使う人からの一言で心を通わせようと考える。エレベーターの中や廊下での出会いの時に部長から〝どうだ元気か〟といわれて悪い気持ちになる者はない」と。

ある代議士先生は、人から挨拶をうけると「お父さんは元気かね」ときく。きかれたほうは、先生はおやじのことまで気づかっていた、といって喜ぶ。先生のほうはどこの誰か知らないが、おやじのいない子はいないのであるから見当違いではない。

現職時代、私は東京池袋の西口からタクシーで会社へ出勤した。

タクシーに乗るとき必ず「おはようございます」といって乗った。こちらは当然の朝の挨拶と思っていっていたわけだが、運転手さんの話だと、朝の挨拶をする人は当時二人だけ。

ある朝、「お客さんもやはり宗教関係の方ですか」ときかれたが、私の薬罐頭《やかんあたま》を見て、お坊さんがネクタイしていると思ったに違いない。

「名君、名将はよく下情《かじょう》に通ず」といわれている。上は下によって支えられていることを知っているからだ。そして、下を知ることよりも自分を知るむずかしさを知っているものである。

よく「しもじものことまで知るようでは大人物とはいえない」といっている人があるが、こういう人ほど、しもじもでしかないのである。

上に立つ者が下情《かじょう》に通じようと努めれば、自《おのずか》ら下から上に通じてくる。心が通じてくれば上下のへだたりもなくなり、一体となって力が現われてくるのである。

二　自分の本心を探れば

その昔、中央官庁を退職し、民間会社の取締役本部長に就職が決まった友人から、あれこれ質問をうけた。

その一つは、「民間会社では外部からきた役員を、色メガネでみるだろうが、どんな心構えでいたらよいだろうか」というものであった。そこでこう答えた。

「役所では幹部職員の登用は学歴や資格取得で上司が決めるが、民間会社では取締役を選ぶのは、もちろん株主総会だが、候補者の選定は食堂の賄《まかな》い人までを含めた全員で、ときには、取引先など周囲の人まで加わる。私が銀行の取締役になったときなど、二年も前から行内の話題になっていた。いわば井戸端《いどばた》会議で決まったようなものだ。

そこでいえることは、その会社の役員もそうして選ばれたはずであるから、そういうと悪いが会社の底辺の人たちの人望を得ることだろう。そのためには早くその人たちを知ることだ。

態度としては役人臭さを拭《ぬぐ》いさること。

これを言い換えると、その人たちには身分が低いという劣等感がある。それを取り除いてやればよい。謙虚《けんきょ》は人望を得る最有力な武器だ。

極端にいえば、社長の名は覚えなくともよいから、それらの人の名を早く覚えることだ。これは自分が下《した》っ端《ぱ》役人であったころを思い出せばすぐわかるはずである。

次に、若い社員に対しては、母親になったつもり、小学校の先生になったつもりで、親身になって教え導くことだ。ものの本に〝父の道は当《まさ》に厳中《げんちゅう》に慈《じ》を存すべし。母の道は当《まさ》に慈《じ》中《ちゅう》に厳《げん》を存すべし〟とある。

子供は親に打たれるより、他人に睨《にら》まれるほうを恐れる。他から中途入社した者は他人あつかいされるだろう。したがって、母の道のように慈の中に厳で臨《のぞ》むべきだろう。

次に、中間管理者などに対しては、経営者としての威厳も欠くことはできない。そのため、父の道、すなわち厳中に慈という態度が望ましい。厳といっても、権力を乱用するということではない。毅然《きぜん》たる態度、信頼に足る分別、頼《たの》もしさを示すべきだということだ。

役所でも体験したことだろうが、肩書は立派だが上に対しては最敬礼、下に対しては威張《いば》り散らし、外部の人に対しては時代劇にでてくる悪代官、というような者もいる。それでいながら判断、決裁ともなると自分では始末がつかない。部下はこれを、口では課長、部長と呼んでいるが、腹の中では〝盲腸〟と思っている。

さらに、中年をすぎた、とくに定年近い社員に対しては、自分が役所で定年が近づくにつれてどういうことを考えていたかを思い出し、それら社員の気持ちになって接することだ。

それはいうまでもなく、定年後の不安解消を物心両面から考えてやることだ。

孔子は〝人に事《つか》うるを知る者にして、然《しか》る後に以《もっ》て人を使うべし〟とのべている。要するに、人に仕《つか》えるということがわかっている者であって、はじめて人を使うことができるということだ。

とかく、役所からきた人を天下《あまくだ》りといって非難するが、私はけっして悪いことだとは思わない。

それに立派な人材を受け入れるのに何ら批判すべき理由はない。ただ、なかには、現職時代の権力まで持ちこもうとするから非難されるのである。権力を鼻にかけているから、会社へ入っても社員が従僕《じゅうぼく》ぐらいにしか映らない。違った人種という考えが頭にある。それがいつとはなしに表にでる。

民間会社では謙虚《けんきょ》と実力を兼ねた人が人望を集める。ということは、社員はそうした人を望んでいるからである」と話した。

ある社長は、部下の心を自分の心とすることが人使いの妙手、といってくれたが、平社員の心も自分が平社員であったころの心も同じなのである。どうも人の心はわからないと言うなかれ、自分にきけばわかる。

三　人をよく用いる者は

経営者が部下を有益に用いるかどうかは、用いる人の真価が問われるばかりでなく、会社の盛衰をわかつ重要な問題といえる。ここでいう有益とは会社にとっても社員にとってもという意である。つまり、部下が気持ちよく働き、そのため会社の業績も上がる。したがって、その果実を社員に還元することができる、という用い方である。

これについてはすでに「近き者喜ぶ」に関連してのべたが、さらに具体的にのべると、一つは、人に仕える者の感情として、高圧的に命令されるよりも、頼まれて従うことを喜ぶものである。特に現代人は然《しか》りで、権力をふりかざして命令されれば、口では「ハイ」というが心では面白くない。同じことでも「君《きみ》にこれをやってもらいたい、と思っているのだが」といわれれば、心から「ハイやらせてもらいます」ということになる。表現をかえた命令であるが、命じられる者にとっては受けとめかたが違ってくる。

命令されれば「心ならずもやる」ということになるが、上から下手《したて》に出られると、自発的に「よしやってやろう」ということになる。

『老子』に「善《よ》く人を用うる者は之《これ》が下《しも》と為《な》る」（上手《じょうず》に人を使う者は、相手に対してへりくだる）とある。言い換えると、人を巧みに使いこなす人は、頭から命令など下《くだ》さないで、下手《したて》にでて、人の力を最大限に活用することになる。

謙虚《けんきょ》は統率の武器という意味もここにある。

なにごとも厳しい命令をだして部下を用いるよりも、部下に進んでやろうとする気持ちを起こさせることが大切なのである。

花も蝶《チョウ》や蜂《ハチ》や人間のために開くのではない。自然の力で開くのである。人の用い方も同じく、人には多少にかかわらずやる気がある。それを力強く引きだすのが謙虚といえるのである。

次に、部下が喜んで従う道は、部下の長所を見いだすことである。

昔、銀行の駆《か》け出し時代、私が先輩に「私の長所を指摘して下さい」といったところ、言下に「それが君《きみ》の短所だ」といわれて赤面したことがある。自分の長所を先に口にするようでは、他人の短所は見えても長所は見えないことになる。以後慎《つつし》むことにしているが、人の長所が見えて自分の短所が見えるようであれば進歩するが、人の短所だけが見えるようでは進歩の芽を自ら摘《つ》むことになる。

『言志四録』に「我れは当《まさ》に人の長所を見るべし。人の短所を見ることなかれ。短所を見れば、則《すなわ》ち我れ彼れに勝《まさ》り、我れにおいて益《えき》なし。長所を見れば彼れ我れに勝り、我れにおいて益あり」とある。

これは自己形成に役立つ言葉であるが、部下の長所をより多く見いだすことは、自他ともに益することになる。

部下は長所を取りあげられれば、当然に自分の短所に気づく。同時に長所をさらに伸ばそうと考えるものである。

ところが、なにごとにも短所や過《あやま》ちだけを取りあげていると、部下はかえって反抗心を呼びおこし、ついには劣等感を抱くようになる。

誰にしても長所をいわれて気を悪くするものはない。部下に喜んで働かせる道は長所をより多く取りあげることである。

といって、部下の短所を無視せよ、ということでは決してない。

「人の短を知らず、人の長を知らず、人の長中《ちょうちゅう》の短を知らず、人の短中《たんちゅう》の長を知らざれば、則《すなわ》ち以《もっ》て人を用うべからず、以て人を救うべからず」（他人の短所がわからず、長所もわからず、長所の中にある短所がわからず、短所の中にまざっている長所もわからないようでは、人の指導はできないし、人を教えることもできない）という教えもある。

つまり、部下の長短を知らなければ上司としての役目は果たせないが、指導統率にあたってはまず長所をより多く見いだすべきだ、ということである。

部下に対して、短所や過去の過《あやま》ちをまず取りあげるのと、長所や功績を先にするのとでは指導統率をうける部下にとっては大きな違いになる。怒り、居丈高《いたけだか》になって命令するのと、温顔《おんがん》で頼むかのように命令するのとではその効き目に違いがでてくる。

剛《ごう》をもって剛を制すことはむずかしいが、柔はよく剛を制すものである。

『論語』に次の言葉がある。

「君子のもとで働くのはたやすい。長所を活《い》かして人を使うからだ。しかし、君子に認められるのは易《やす》いことではない。道に外《はず》れているようだと認めてもらえないからだ。

小人のもとでは働きにくい。小人は長所をみないで仕事をさせ、しかも、責任追及を急ぐからだ。しかし、小人にとりいるのはたやすいことだ。道に外れたとしても上手《じょうず》に立ち回れば、すんでしまうからだ」と。

四　働く場とは

企業が成功するか否かは、そこに関係する人々が能力と情熱をどれだけ力強く打ちこむか否かにかかっていると思う。これは企業に限らず個人の成功、不成功にも同じことがいえる。

そして、組織ぐるみで発展のために全力投球させるものは、トップ自らが志《こころざ》す方向を定め、全体をその方向にむけさせることである。

いかに精鋭ぞろいであったとしても、バラバラ攻撃であっては小さな砦《とりで》一つ落とすことはできなかろう。

「鷙《し》鳥《ちょう》の疾《と》くして毀《き》折《せつ》に至《いた》る者は節《せつ》なり」（猛禽《もうきん》が狙《ねら》った獲物《えもの》を一撃《いちげき》のもとにうち砕《くだ》くのは

瞬発力があるからだ）。

孫子の兵法にある文句だが、企業にあっても組織内の多数の人々の瞬発力をいっせいに爆発させることができたら、想像を絶する力を発揮するに違いない。これを可能にするものはトップの確固とした信念と、それを通そうとする情熱ではないかと思う。

トップの信念が固ければ、それに従う人々の信念も固くなる。ぐらついているようでは従う人々の信念もぐらつき、情熱も氷のようになってしまう。

よく「うちの社長は頑固《がんこ》、一度いったらテコでも動かない」などといわれる人がある。悪を善といい、白を黒といい張る頑固では困るが、是《ぜ》であるならあくまで貫《つらぬ》き、非であれば頑として応じない頑固であれば、強固な信念として讃《たた》えるべきである。

ある社長は、会社とは発展するものといい、ある社長は、会社とはつぶれるものといっている。説明をきいてみると信条は同じであった。前者は会社をつぶさず発展させねばならないということであり、後者は、会社はつぶれることもあるのだから、つぶれないように努力し、発展させなければならないということである。

いずれにしてもトップは部下統率のための確たる志《こころざし》をもち、瞬発力を打ちつける目標、旗印を掲《かか》げたい。

ということは、そこに働く人が、何のために働いているのか、何のために会社に行くのかさっぱりわからないということでは、働き甲斐《がい》も人生観もあいまいになってしまうだろう。

これは私事になるが、私は十八歳、旧制中学の夜学を終えた年に父に死別している。私の年収の十倍ほどの借金を譲《ゆず》られ、三十二歳で返済を終えた。十四年間、返済に追われどおしであった。そのため、働く目的は収入を得るため、働く場とは月給を取りに行くところと考えていた。月給、ボーナスは右から左へ通りすぎるだけであったため、それより他の考えがでるはずもなかった。

ところが返済し終ってみると義務を果たす場はない。収入を使う自由だけが残った。

こうなると「働く場とは何か」という疑問が遅ればせながらでてくる。

そうしたとき、「学は己《おのれ》のためにするを知るべし」という文句に出会った。学問は自分を成長させるためである、と読みかえれば、勤労は自分のためにするものだし、働く場とは自己成長の場とするのも当然と考えた。

人間というものは例外なく自分がいちばん可愛い。可愛い自分のためとなれば艱難辛苦《かんなんしんく》もいとうことはない。何をいわれても、どんなことに出会っても、すべて自己成長のためと思えば苦も楽しみになる。給料を与えて自分を成長させてくれるのが会社と考えれば不平不満も吹き飛ぶ。

本田宗一郎氏であったか、「自分のために働け」と号令をかけたとか。社員が揃《そろ》って自分のために働いたため世界のホンダを築きあげた。「自分が可愛い」という人間共通の真理を一言の号令とした成果といえるだろう。

言い換えれば、部下の心を知っていたためにでた一言といえるのである。

五　人の本性は同じ

「聖人と我《わ》れとは類《るい》を同じくする者なり」と『孟子《もうし》』にある。つまり、聖人もやはり人間で、その本性は自分と同じである。

また同書に「万物皆我《ばんぶつみなわ》れに備わる」、すなわち万物の理はすべてわれわれの心に自然に備わっている。仁、義、礼、智など本性として備わっているものは自分自身の心の中に求めることができる、ということである。

とすれば人間はすべて同じように成長してしかるべきであるが、結果は著《いちじる》しく違ったものになる。これは植物が気候風土などによって成長が異なったり、施肥《せひ》、除草などの管理いかんによって生育が違ってくるのと同じく、人間の本性も環境によって変化するし、さらに学習して聖人君子になる者もあれば、凡人、小人で終る者もある。

このように考えると、格別の例外を除いては生まれたときは誰も本性は同じ、家庭の仕付《しつ》けや学校時代の努力によって差がつくが、その差に大差はない。

ある人は、人間の五％は天才、五％が見込みなし、九十％が凡人と分類していたが、うなずけることである。

これを言い換えると、九十％の凡人も指導によっては優《すぐ》れた人材、有能なビジネスマンに成長させることができるということになる。

各企業とも人材確保のため学校卒業予定者獲得に懸命《けんめい》のようだが、今でももっぱら学校名、学業成績を中心に選別しているところがある。それは過去の人物を評価しているもので、これからの評価ではない。好成績の者を採用したとしても教育を怠《おこた》れば、いつになってもただの石でしかない。人材教育に努めれば石を珠《たま》とすることができる。

つまり、誰もが同じくもっている本性をどれだけ伸ばすかは、企業の将来を左右する重大なことである。

ところが経営者のなかには、目先の利に追われてか、教育の必要を認識しないためか、それとも大きな将来の利は欲しくないのか、石を磨《みが》いて珠玉《しゅぎょく》に変えようとしない。そして人材のいないことを嘆いている。

これに対し、心ある経営者は、石も磨けば珠《たま》となる、ということを信じ人材教育に励む。しかも、その重点は精神に磨きをかける。「物をつくるより、人をつくる」ということである。すべての人間が同じくもっている本性を伸ばそうとしている。

「人に勝ちたい」「出世したい」「金持ちになりたい」「立派な相手を見つけたい」など、誰もがもつ本性である。社員はこうした向上意欲を伸ばそうとしている。

ところが本性には、出世し、金持ちになる具体的なやり方は含まれていないのである。それなのに、多くの経営者は新入社員が入れば、とかく本性を伸ばすことを怠《おこた》って、工場へ追いこんで物を作らせるなど、順序を逆にしている。

「最近の若い者は勉強しない。お説教はなおさらきらう」といって、人材教育などしないほうが社員は喜ぶ、と考えているトップも少なくない。

しかし、社員は、人材教育はきらいだが必要であることを知っている。優《すぐ》れた社会人になりたい、会社で出世もしたいという欲望のあることも確かである。また、学びもせず、汗も流さず人の上に立つことはできないことも知りぬいている。
ということは、指導によっては社員が自己形成に意欲的になる可能性は十分にあるといえよう。

そうさせるのが上に立つ者の責任でもある。

いま、社員の楽望《らくのぞ》みに耳を傾けて人材教育を怠《おこた》るということは、伸びる芽を摘《つ》むに等しく、近き者を喜ばせる道ではない。

真に喜びを与えようとするなら、本性を伸ばし、人材に育てあげることである。

志《こころざし》ある人間なら、現在の甘えを許してくれる喜びよりも、成功の喜びへ導いてくれる今の厳しさを選ぶに違いない。

六　知りたいのはトップの器量

社長に、「社長の人柄を教えて下さい」「社長の人物評を話して下さい」という部下はいなかろう。しかし、部下が知りたいのは、その点なのである。生涯を託《たく》す人であってみれば、当然なことである。

ただ、聞かれないから、部下に話すことはない。職場生活、あるいは言動のなかから知るだろうからといってすまされるものではない。

言動のなかにも知られて良いものと悪いことがある。一言の失言で経営者不信を招くこともある。舌足らずで誤解をうけることもある。

諺《ことわざ》に「瓜《うり》に真円《しんえん》の瓜はなく、人に十全《じゅうぜん》の人なし」とある。まん丸い瓜はなく、少しも欠点のない人はいない。それゆえに、少々の欠点は許してやるべきだ、ということだが、とかく、人の頂点にある者に対しては、少々の欠点、過《あやま》ちを許すほど世間は寛容ではない。

よく、斯界《しかい》を代表するほどの人物が少々の過ちで失脚することがある。見のがしてもよさそうなことが針小棒大《しんしょうぼうだい》にいいふらされるからだ。同じ言動をしても、中低位の者であれば、「慎重さに欠ける」程度ですまされるが、上位者になると「部下に手本を示す立場にありながら」ということになる。

そこでいいたいことは、会社内はもちろん、その他の場においても言動にはくれぐれも慎重を期したい、ということである。

かつて、私が第二の会社へ副社長として入ったときである。単身で業を始めて大成功した社長に挨拶に出向いたとき、経営者の心得について一言教えを乞《こ》うた。

「別にいうべきことはないが、まず第一は社員を落胆させないことだ。その次には社員の希望をかなえて喜ばせること、それくらいなものだ」といわれた。

平々凡々のような言葉だが考えれば考えるほど広く、むずかしいことである。私が「たいへんむずかしいことですね」といったところ、

「落胆させない、ということは、新任ともなると衆目の的《まと》になるから、なにか一つでもよい、経営者としての条件を具体的に示して評価を高めればよかろう。

実はそういうこの私も株を上場したとき、社長の心得をある有名なお坊さんにききに行ったことがある。そのとき、強い口調で〝胆《たん》は大《だい》ならんことを欲《ほっ》し、心《こころ》は小《しょう》ならんことを欲す。〝智《ち》は円《えん》ならんことを欲し、行《こう》は方《ほう》ならんことを欲す〟という言葉をいわれたことがある。〝度胸は大きく、心は細かく、知恵は円満で融通がきき、行動は方正で厳格なのが良い、という意味だが、このうち一つや二つ、あてはまることがあるだろう。それを社員にそれとなく示せばよいのだ〟といわれたことがある。それをいま井原さんに請《う》け売りしたわけだ」と教えてくれた。

己《おのれ》をなにも誇示することはないが、それとなく現わす機会はいくらでもある。

銀行時代、私は現役を退いて非常勤監査役を五年ほど勤めた。そのころ、財界の大御所といわれた石坂泰三さんが取締役会長で、役員会に出席された。私の席はいつも石坂さんの隣《となり》だったが、あるとき、私の腕についていた糸屑《いとくず》かなにかのゴミをつまんで灰皿に捨ててくれた。一言礼をのべただけであったが、思うに石坂さんとしては、なんの気もなく取ってくれたに違いないが、私としては大きな感激である。あれだけの大人物が、小さなゴミ一つを気にかける。その纖細《せんさい》な気くばりに感嘆《かんたん》してしまう。前記の文句にしたがえば「心は小ならんことを欲し」にあたる。つまり、小さなことから大人物を思わせるのである。

また、こうした纖細な神経は下の人間からみれば、「自分たちにも思いやりがある」「行きとどいた配慮がなされる」という期待ともなる。それが次第に尊敬に変わり、無言の威厳ともなっていく。

孫子の兵法に「卒《そつ》(兵士)を視《み》ること嬰児《えいじ》(赤ん坊)の如《ごと》し、故《ゆえ》にこれと与《とも》に深谿《しんけい》に赴《おもむ》くべし」(兵子は赤ん坊と同じようなものである。そうあってこそ兵士は深い谷底まで行動をともにするのだ)。

赤ん坊を守り育てるには、細心の注意を払って見守り、病気になれば自ら手をくだして看護に努める。わが身と同じく心を砕《くだ》く。この誡は無知な赤子にも通ずることになる。

以上、こうした小さな積みあげが部下に己《おのれ》を知らしめ、部下の心をつかむことになるのである。

第三章　仁と人心掌握《しょうあく》

一　企業の基礎はなにか

企業の基礎はなにかと問われれば、それは徳である、と答える。

『菜根譚《さいこんたん》』に「徳は事業の基《もとい》なり。いまだ基の固からずして、棟宇《とうう》の堅久《けんきゅう》なるものはあらず。心は後裔《こうえい》の根なり。いまだ植《た》たずして、枝葉《しよう》の栄茂《えいも》するものはあらず」（事業発展の基礎となるのは仁徳である。基礎が固まっていないで家を建てたとしても長持ちすることはない。また、心は子孫繁栄の根である。根がなくて枝葉が生い茂ったためしはない）。

また、『春秋』には「徳厚き者は流れ光《おお》いなり。徳薄き者は流れ卑《ひく》し」とある。

徳の厚い人は、その血筋をひく者が栄え、徳の薄い者は、その血筋の人が衰える。つまり、流れ、言い換えれば子孫の繁栄は徳にある、ということになる。

いずれの言葉も、事業の根幹は徳であるということだが、現代の企業の盛衰をみても明らかなように、経営者が徳の厚い企業は伸びているが、人格を疑われるような経営者の会社は、一時は栄えたとしてもいずれは衰退していくものである。

これは東西の歴史をみても明らかである。「徳によって興《おこ》り、徳に背《そむ》いて亡ぶ」「倹《けん》によって栄え、奢《しゃ》によって亡ぶ」などの言葉は、歴史の事実が生みだしたといえよう。

「栄華《えいが》有る者は、必ず憔悴《しょうすい》有り、羅紈《らがん》有る者は、必ず麻蒯《まかい》有り」（栄えている者には必ず衰えがくる。立派な着物を着ている者は、必ず粗末な着物を着るときがくる）。劉安《りゅうあん》という人が書いた『淮南子《えなんじ》』にある言葉である。栄枯盛衰の道理であるが、それなら、なぜ栄えている者に衰えがくるのか。いうまでもなく栄華のうちに徳に背《そむ》くようになるからである。

よく、経営者の条件として、智《ち》、仁《じん》、勇《ゆう》があげられる。『中庸《ちゅうよう》』には「智、仁、勇の三つの者は天下の達徳《たっとく》なり」とある。ものごとを見とおす智、まごころ（忠）と思いやり（恕《じょ》）の仁、思いきって行なう勇の三つが、世の中のあまねくおさめるべき徳なのである、という意である。

この〝仁〟について孔子の高弟子貢《しこう》が考えをのべたくだりが『論語』にある。

「人民を貧困から救い、生活を安定させることができたら、これこそ仁といえるのではないでしょうか」と。

孔子はこれに答えて、「それは仁どころではない。そこまでいけば聖といえるだろう。堯《ぎょう》、舜《しゅん》（中国古代の理想の帝王）でさえ、それを成しとげることができなくて悩んだといわれている。

仁は、もっと身近にあるはずだ。自分の名誉、立場をよくしようと思うなら、まず他人の名誉、立場を重んずる。自分が自由を望むなら、まず他人の自由を重んずるなど、いつも自分を他人の立場においてみること、それが仁の道である」と話した。

孔子は忠、恕《じょ》つまり仁をすべての基本としたというが、この答えも恕からでたものである。

さらに、子張《しちょう》が「どのような行ないが仁なのでしょうか」とたずねたのに対し、孔子はこう答えている。

「五つの徳を政治に活《い》かせれば、その者の行ないはまず仁といってよかろう。五つの徳とは〝恭《きょう》、寛《かん》、信《しん》、敏《びん》、恵《けい》〟である。慎重であれば人から軽く見られず、寛大であれば人望が得られ、誠実であれば人から信頼され、勤勉であれば成果が得られ、慈愛をもって接すれば人は慕《した》ってついてくる」と。

〝恕〟とは相手の立場にたって考え、相手の立場になる能力をいう。自分の部下はもちろん顧客など企業が関係するすべてに恕が及ぶのであれば、離れたところの人々も千里の道も遠しとせず集まってくる。

恕の反対は自己本位の考え方である。いうまでもなく徳に背《そむ》いているわけで、企業にしても長持ちすることはない。

『孟子《もうし》』に、覇者《はしゃ》と王者の区別がある。

「覇者は、仁政を表看板にしながら、武力で威圧するものである。そのため覇者になるには大きな領土をもたねばならない。

徳を施《ほどこ》して政治を行なうのが王者である。王者になるには大きな領土を必要としない。殷《いん》の湯王《とうおう》は七十里四方、周《しゅう》の文王《ぶんのう》は百里四方の小さな国をもつだけで天下の王者になっている。

武力で人民を従わせるのは心から従わせるのではない。人民は抵抗できないでいるだけである。

しかし、徳で人民を従わせるのは、心の底から従わせるのだ。七十人の門人が孔子に心服したように」とある。

現代の経済社会でも、大規模企業、必ずしも魅力ある企業ではない。中小企業、必ずしも敬遠すべきではない。要は今後にある。「近き者が喜ぶ」ような経営を行なう者が伸び、喜ばせない者は亡ぶとみたい。会社乗っ取りなどの覇道《はどう》より王道を選ぶ時代になりつつあることにも注目したい。

二　恕《じょ》は人心掌握《しょうあく》の鍵

〝恕《じょ》〟すなわち「相手の立場になる」「思いやり」ということが、なぜ、それほど相手の心をとらえるのだろうか。お互いに温かい血が通うというように、悲しみも、喜びも、苦しさも、楽しさも相通じるからではないだろうか。

それに、思いやる人も、償《つぐな》いを求めて思いやるわけではない。自分の心から自然にでるのである。したがって、そこには心の温かさをさえぎるものもなければ、不純なものもない。純粋な心のぬくもりが相手の心にしみいる。

この温かさは、上から下の人、金持ちから貧乏人、社長から平社員にだけ通じるものではない。

私には、こんな体験もある。銀行時代、実業之日本社の依頼で、財界や芸能人のなかで、はなはだしい苦労を体験し、成功した四十人近くの人々と対談したことがある。

その中の一人で、東京銀座にある〝春日《かすが》〟という広告社（サンドイッチマン仲介業）の創立者、春日輝子さんと対談した。

「私は、幼い子供三人を残して主人に先立たれた。手に職はないし、子供を養うためにプラカードを持つことにした。

三時間も立ちずくめでプラカードを持っている。時間がきて、依頼された店へ〝ただいま〟といって入っていく。お客さんが一人も入っていないときがある。そういうときにはどうしてもお金がもらえないんです。

あるおすし屋さんで〝いま、あなたが戻ってきたときはお客さんがいなかったけど、昼間うんともうけたんだからお金を半分だけもっていってくれ〟〝いやそれもいりません〟といって帰るため都電の停留所へいったが金がない。仕方がないからプラカードかついで歩いて帰ったら三時間かかった」と話していた。

そして、「こういう商売でも、お客さんの立場にたつということが大事なことだと思います」といって、春日さんは昔の苦労話をむすんでくれた。

〝惻隠《そくいん》〟とは、他人の悲しみを見て、いたわしさに耐えかね、助けずにはいられない心という意味で、いわば思いやりの極致といえる。

「人皆忍《ひとみなしの》びざる所あり」

人間には誰しも他人の不幸を平気でみていられないという同情、思いやりの心がある。『孟《もう》子《し》』にある言葉だが、見知らない他人の不幸も耐えられないほどになるのが人情である。

孫子《そんし》と並び称せられている、『呉子《ごし》』を著《あらわ》した呉起《ごき》は、魏《ぎ》の将軍時代、最も下級の兵隊と蓆《むしろ》も敷かず、起居、飲食をともにし、行軍にも車馬を用いず、自分の食糧などの持ち物は自分で携帯したという。また、将軍でありながら、名も知れない下級の兵が化膿《かのう》して苦しんでいるのを見かね、自ら口を寄せて吸いだしてやったという話も伝えられている。

『論語』に「恵《けい》なれば則《すなわ》ち以《もっ》て人を使うに足れり」とある。いつくしむ心があれば人を使いこなせることができる、という意味である。

現代組織の中でも上・中管理者を問わず、部下から慕《した》われ、人望のある者は、厳格だが心の底になんとなくほのぼのとした優しさ、温かさを感じさせるものである。そのため、厳しい仕打ちをうけても、部下は抵抗を覚えず、むしろ愛の鞭《むち》としてうけとめる。上司の心の温かさは磁石《じしゃく》よりも強いものである。

ところが表面は暖流だが底に寒流があるような者には、いかに思いやりのある部下でもなじむわけにはいかなくなる。

また、人の心をつかむ方法として、こんな話がある。

豊臣時代の武将、黒田《くろだ》如水《じょすい》は晩年、人が変わったように家臣たちにつらく当りちらし、誰も近寄らなくなってしまった。子の長政《ながまさ》がこれを諫《いさ》めたのに対し、他言してはならぬ、といってこう話した。「これは乱心ではない。おまえのためにしているのだ」と。家臣の人望が子に集まるようにするためであった。

銀行時代、私が人事部長のとき、審査役なる職名を新設し、支店長、課長体験者の中から任命した。権限もなし、部下もなしという役であった。仕事としては、所轄《しょかつ》支店を巡回して指導に当るということであったので、閑職に左遷されたと思いこまれていた。

これは、発憤《はっぷん》の動機を与えるのが目的であった。しばらくして、その中の何人かを過去の役職より上位の支店長に抜擢《ばってき》した。その感激は支店業績発展に大きく役立つことになった。

昔、唐の太宗《たいそう》が重臣李靖《りせい》にたずねた。

「そちは、李勣《りせき》は兵法に優《すぐ》れているといったが、彼をこのまま重用しておいてよいだろうか。というのは、私ならあの男を使いこなせるが、子の時代になると使いこなせないだろうから」

李靖《りせい》は「それならよい考えがあります。まず李勣《りせき》を左遷なさるのです。そして将来太子が皇位につかれたとき、あらためて抜擢《ばってき》するのが最上策と思います。さすれば、きっと恩に報いようとして忠勤を励むことになります」と。

三　尊敬されるトップの条件

通常、上に立つ者が、人望があり、尊敬されるか否かはその人の人柄によるといえる。よく職場などでも、「あの人は横暴だから」「人を人とも思わないから」「かねにきたないから」というような声を耳にする。

反対に、「よくできた人だ」「面倒見のよい人だ」「自然に頭のさがるような人だ」といわれている人がある。いうまでもなく、上役の人物評である。一人の口からでる文句だが、だいたい衆目は一致している。この衆目一致を集約すると、謙虚《けんきょ》ということになる。才能や権力があっても人にへりくだり、人に譲《ゆず》ることができれば、人からは「よくできた人」「自然に頭のさがる人」ということになる。〝実《みの》るほど頭の下がる稲穂《いなほ》〟といわれるように、上になればなるほど、謙虚であればあるほど従う者は稲穂以上に頭をさげたい気持ちになる。

『老子《ろうし》』に「江海《こうかい》の能《よ》く百谷《ひゃっこく》の王為《おうた》る所以《ゆえん》は、其《そ》の善《よ》く之《これ》に下《くだ》るを以《もっ》て、故《ゆえ》に能く百谷の王と為《な》る」とある。大河や大海が多くの谷川の王者でありうるのは、谷川よりも低い所に身をおき、へりくだっているからであるという意味である。

組織の頂点に立つ者は、言葉も態度も謙虚《けんきょ》にして、へりくだっていなければならない。それでこそ百谷《ひゃっこく》の王、言い換えれば大名主として尊敬される、という意味が含まれているのである。

しかし、身を慎《つつし》み、へりくだることはむずかしい。まして目下《めした》の者にへりくだるということは、いかにも沽券《こけん》にでもかかわるか、威厳を損《そこな》うかのように思われる。これはむしろ逆であって、謙虚を欠くから尊厳を失ない、小人物視されるのである。

とかく人間は小才を誇り、小成を鼻にかけ謙虚を忘れる。ついには自分まで忘れて身を亡ぼす。鼻にかけるから、鼻もちならぬ人としてかえりみられなくなるのである。ことに心ある部下からは見捨てられる。小成を自慢することは、進歩がないことを自ら示しているに等しいからだ。

身を慎《つつし》み、へりくだっているような人からは底知れない力を感じるものである。

孔子は、仁を実践する方法をたずねられたとき、「恭《きょう》、敬、忠の三つを守るなら蛮族《ばんぞく》の中にいても恐ろしいことはない」と答えている。

つまり、日常でも、仕事をするときでも自分を慎《つつし》み、人を敬い、人に誠意をつくすことである。

また、孔子は「自分の行ないが正しければ、命令するまでもなく実行されるが、自分の行ないが間違っていては、いくら命令しても実行されることはない」ともいっている。このように考えると、尊敬されるトップの条件に、恭、敬、忠に加えて〝正〟も有力な条件といえよう。

さらに、よくいわれる条件に、智、仁、勇があげられる。これは、すべてを集約したものといえるが、すなわち「智者は惑《まど》わず」「仁者は憂《うれ》えず」「勇者は恐れず」の三徳を身につければ、いかなる大事業に挑戦しても恐れるに足らないといえるのである。

「大勇《たいゆう》は怯《きょう》の若《ごと》く、大智《たいち》は愚《ぐ》の如《ごと》し」という言葉がある。大きい勇気のある人はほとんど激昂《げっこう》することはなく、表面はいかにも怯懦《きょうだ》に似《に》ている。大きな知恵のある人は才能を表にださないから愚にみえる。つまり、本当に大勇、才智のある人は謙虚《けんきょ》ということをよく知っているものであるという意味である。

勇気や才能をことさらに、自分だけがもっているかのように表にだすから、部下からも「あれだけの人間さ」と軽視されるようになるのである。これでは、部下の信頼、尊敬をうけるどころか、失なうことになるだろう。

各所でのべているように名将が部下の心をひきつける決め手は、有為《ゆうい》の人材には名利を与え、功ある者には速《すみ》やかに功を惜《お》しまず与えねばならないが、それだけでは十分とはいえない。そこに、平素から、運命をともにしているのだという連帯感があってこそ兵は将に従うのである。

連帯感は将が兵と行をともにすることから培《つちか》われる。

第二次大戦末期に私は召集され、伊豆大島で軍隊生活を送った。

二等兵の悲しさ、食料と水不足に悩まされた。夕方、海岸へ食器洗いに将校宿舎の前を通ると、食卓の上にビールが並んでいる。

兵隊に酒の配給のあったのは三か月半に二回、それも雀《すずめ》の涙ほどの量。当時、私は酒を飲まなかったので戦友の飲み助にキャラメルと交換してやったが、彼らは将校のビールを見てはノドをならしていたのではないかと思う。

ある夕方、戦友が海岸で食罐（といっても醬油樽《しょうゆだる》）を洗いながら樽底に残っている飯粒《めしつぶ》をつまみ食いしていた。そのとき、「あのビールを一杯でいいから飲みたいものだ」といっていた。

そこで話した。

「昔中国のある名将は、竹で作った器に入れた酒を一つ贈られたが、兵全員に飲ませるにはもちろん足らない。そこで、その酒を川に流し兵とともに川の水を飲んだという。川の水に酒の味がすることはないが、兵はその将のために命を投げ出してもよいと思ったという」と。

四　細行《さいこう》を慎《つつし》む

「夙夜《しゅくや》勤めざる或《あ》る罔《なか》れ。細行《さいこう》を矜《つつし》まずんば、終《つい》に大徳《たいとく》を累《るい》せん」（王者たる者は朝から晩まで、徳をつむことに励まなければならない。小さなことだからといって慎まないと、大きな徳をも失なうことになる）。これは周朝を開いた武王《ぶおう》を召公《しょうこう》が諫《いさ》めた言葉である。

現代でも、企業のトップが社内で悪評をたてられたり、過《あやま》ちを犯して責任を問われたりする例が少なくないが、最初は些細《ささい》な、とるに足らないことから出発しているものである。

卑近《ひきん》な例が、トップの経費の公私混同にしても最初はきわめて僅《わず》かなものでしかない。したがって社内の誰も気づかない。気づいたとしても、トップであれば、あの程度のことなら、ということで気にもかけない。そのため、気にかけながら行なっていたものも、しだいに許されることだと思いこむようになる。回数も多くなれば金額も多くなる。ついには、権力者がこの程度のことをするのは当然と考えるようになる。罪悪感もなくなってくる。目に余るようになってから、社内のあちこちから非難の声がでてくる。自覚症状がでるようになってからではガンは手遅れといわれているように、こうなっては社内の口を塞《ふさ》ぐことは困難になる。こうしたことは尾鰭《おひれ》がついて伝播《でんぱ》するから、一のものが十にも二十にもなる。

中国最古の国といえる殷《いん》の紂王《ちゅうおう》は史上最悪の国王とされているが、事実は今に伝えられているほどはなはだしいものではなかったのだ。このことからみても、人の上に立つ者はすべての汚れを遠ざけるべきである。それが小さなことであっても、ひとたび汚名を着ると、天下の汚名をことごとく一身で負う結果となる――このようにのべたのは、いまから二千五百年も昔、孔子の高弟子貢《しこう》だが、この戒《いまし》めを破った人がいまのわが国にもいる。

花街《はなまち》やネオン街に足を運ぶ人も少なくない。

会社のための接待や付き合いといいながら、その相手の中には法を犯した者もいるだろうし、会社のかねで遊んでいる横領社長もいるだろう。ときどき新聞の三面記事になっているのは氷山の一角にすぎない。その大部分は、「疎《そ》にして漏《も》らさない」はずの天の網《あみ》の目から漏れている。

枢要《すうよう》な地位にある者は、花街《はなまち》に自費で行ったとしても四面楚歌《しめんそか》となる。一度しか行っていなくても、世の中のすべての女性を独占しているかのように騒ぎたてられることがある。権力を一手に握っているものは、汚名も一身で負わなければならない。

中国の戒《いまし》めに「瓜田《かでん》に履《くつ》を納《い》れず、李下《りか》に冠《かんむり》を正さず」とある。瓜畑《うりばたけ》で靴をはいたり、すもものの木の下で冠を直していると、瓜やすももを盗んでいるのではないかと疑われるので、そうした動作はしないほうがよい、という意味だが、上に立つ人は瓜畑に近寄ることさえ慎《つつし》まねばならない。

その昔、クラリオンの創立者滝沢佐内氏からきいた話である。

「私は社内で公私混同を絶対してはならぬ、ときつくいっている。あるとき、自宅で使う電球一コを会社から持ち帰った。その月の報酬明細書を見たら電球一コ分の代金が差し引かれていたのでひと安心した」といっている。

今日《こんにち》のクラリオンを築きあげた所以《ゆえん》のものは、こうした点にもあるといえるだろう。

五　人生の大病

「人生の大病は、只《た》だ是《こ》れ一《ひとつ》の傲《おごり》の字なり」という言葉がある。

人の一生でいちばん害となるのは傲《おごり》の一字につきる、という意味である。

傲慢《ごうまん》や自惚《うぬぼ》れはだそうとしてだしているものではない。時期によってでてくる持病である。たとえば、会社の業績が良くなってくると持病の発作が起こってくる。いかにも自分一人の力で業績が良くなったかのようにおごりたかぶる。この発作は場所や人を問わない。石の地蔵にも自慢したくなるのである。

また、会社トップのなかには無邪気な人もいて、業績が良くなってくると、盛《さか》り場や銀行などへ出向くようになる。盛り場の彼女たちにも羽振りの良いところを話したいのである。銀行では不景気な時期には自慢話もできないが、好調なら話もつきない。とにかく自慢したいのである。

さらに、これが嵩《こう》じてくると、人を人とも思わなくなる。

傲慢《ごうまん》、自惚《うぬぼ》れというものには限度がない。事実に自惚れている間はよいが、それ以上はウソになる。ウソにウソを重ねていくから信用をおとし、誰も相手にしなくなる。

いちばん鼻もちならないのは、少しでも会社が好調になってくると、社員に対する訓示まで変わってくることだ。わしの手腕を見ろといわんばかりの話になる。肩で風切る態度は尾羽《おば》うち枯《か》らしていたころとは別人のようになる。

次に、傲慢《ごうまん》は忠臣を遠ざけるという経営者にとっては致命的な病気でもある。

傲慢なトップは自分の力でトップになり、自分の力でトップの座にいるものと思いこんでいる。もっともえらいのは自分だけと信じきっているから、他の人間、ことに部下など一人前の人間とは考えなくなる。確かにえらいからトップになれたと他は思っているのであるから、ことさらにえらぶらなくともよさそうに思うが、そこは病人の悲しさ、俺は健康であることを示したいのである。病《やまい》が膏肓《こうこう》に入ると部下の言葉など信じられなくなる。自分の考えのほうが勝《まさ》っているから聞く耳もたぬということで、傾けるべき耳まで冒《おか》されてしまうようである。わが身の不利をも顧《かえり》みず直言してくれた忠臣まで追いだすことになる。

「富貴《ふうき》にして故郷に帰らざるは、繡《しゅう》を衣《き》て夜《よる》行くが如《ごと》きのみ」（富貴の身になって故郷に帰らないのは刺繡《ししゅう》をした美しい錦《にしき》を着て、夜行くようなものだ。誰も見てくれないではないか）。

こういったのは楚《そ》の項羽《こうう》であるが、まだ、西漢の劉邦《りゅうほう》と天下を争っている最中である。これを諫《いさ》めたのが韓生《かんせい》であるが、項羽は諫めた韓生を煮殺している。すでに天下を得たのも同然と項羽は考えていたのであろうが、いくばくもなく烏江《うこう》の露《つゆ》と消えている。『史記』の著者司馬遷《しばせん》は項羽を評して、「数百年の間稀《まれ》にみる大人物であるが、指導者として欠ける点があった。われとわが功を誇るあまり、自分一個の知恵に頼って歴史上の教訓を学ばなかったことである」としている。傲慢《ごうまん》一人よがりが身を亡ぼしたといえよう。

「据慢驕奢《きよまんきようしや》なれば、則《すなわ》ち凶之《きようこれ》に従う」という戒《いまし》めがある。要するに、人に対して、おごりたかぶり、ぜいたくにしていれば、必ず災《わざわ》いが身にふりかかってくる、ということだが、歴史上の興亡盛衰の原因の多くは、傲《ごう》の一字にあるというも過言ではない。

こうした経営者にとっての〝落とし穴〟は自ら掘っているのであるが、それだけなら良いが、その結果、自ら〝墓穴〟を掘ることになる。この愚を自らおさえるにはどうすべきか。もちろん意志の問題であるが、ぬいぐるみの虎よりも、ほんものの狼《おおかみ》のほうが恐ろしいことを早く知るべきである。

虚勢《きよせい》は子供もバカにするが、実力はたとえ小さくとも大人《おとな》も侮《あなど》ることはない。

六　徳の強さは識者の協力

「徳は孤《こ》ならず、必ず隣《となり》あり」とは『論語』にある有名な句である。

徳というものは、もともとすべての人の心に備わっているもので、しかも誰もが同じように好み求めているものである。そのため、徳のある人は、徳のある人や徳を慕《した》う人を親しく思ってついていく。それはちょうど隣同士が相寄るようなものである。

「徳によって興《おこ》り、徳に背《そむ》いて亡ぶ」とは歴史が証明しているところだが、その理由は一つ。興るときは徳の高い名主があり、それを慕って賢人能者が献身協力している。亡びるときは権力者が徳に背き、諫《いさ》める忠臣を退《しりぞ》け、ついには協力する者がなくなって亡びている。

現代でも企業の明暗をわかつものは人といわれているが、人の中の人とは徳の高い経営者といえるのではないか。

「徳は才の主《しゅ》にして、才は徳の奴《ど》なり」ということがある。徳は才能をおさめ率《ひき》いるものである。才能は徳をたのみとするものである。

「徳有れば、動きて利あらざる無く、為《な》して成らざる無し」（徳のある人は、行動すれば利があり、事をなせば成功する）ということだ。

なにごとをなすにも一人では困難である。人にはそれぞれ得意がある。しかし、一人の得意では困難なこともある。そこに有力な協力を得えば成しうることも多々ある。問題は協力の絆《きずな》を何に求めるかである。

一時の感情で握手したのでは熱がさめるにつれて絆は弱くなる。打算で結ばれたものは困難に突きあたれば挫折《ざせつ》のおそれがある。権力で結ばれたものは竹に木を継《つ》いだ絆である。

やはりもっとも強いのは〝信〟と〝敬〟とを織り混《まじ》えた絆ということになる。「お互いに信じ合うこと」「敬は、お互いに己《おのれ》を慎《つつし》み、人を敬《うやま》うこと」。言い換えれば徳を芯《しん》とした心の絆といえるのではないか。

さきごろ、堺屋太一さんが、本田宗一郎さんをゲストにした対談記事を読んだことがある。そのなかに、こんなくだりがある。

「本田さんはオートバイを考えられたときから、おそらく有利不利を考えたことはなかったと思うのです」という堺屋さんの問いに、

「ないです。私はいいモノをつくりゃいい。そのかわり副社長（故藤沢武夫氏）が何でも後始末をしてくれた。何せ一人じゃできません。やっぱり相手がいりますね。副社長と私は

それぞれ得意の分野を受けもった。私は生まれてから一ぺんもかね勘定《かんじょう》なんてやったことがない。副社長が全部つかんでいたんです。

副社長とは終戦直後、浜松の自宅で会ったのが初めだが、〝おれは作る方の仕事だけだ、勘定は一つ頼む。二人で一人前になればいいじゃないか〟というわけで二人の提携《ていけい》が始まった。

私は現役の社長をやっているときから重役会には一ぺんも出たことはない。ほかの重役が全部やってくれるから。私も出ないが藤沢副社長も出ない。あれも度胸のいい男でね。あんな人と付き合ったのは初めてだ。あの人は僕と付き合わなければもっと偉くなっただろう。いま考えてみると、社長、副社長ぐらい楽な商売はなかったですね。なにしろ全部やらせて、結果が悪けりゃ叱言《しつげん》すりゃいいんだから」

以上わずかな部分でしかないが、本田さんの謙虚《けんきょ》、雅量《がりょう》、信頼、勇気、創造…等々、将たる者の条件が言外に溢《あふ》れている。「あの人は僕と付き合わなければもっと偉くなっただろう」——世界を制した二輪界の王者の口からでた言葉とは思えない。それに、副社長と私というように、対談中でも社長は副社長に礼を忘れていない。正・副社長を結んだ絆《きずな》は〝敬〟の一字であったといえよう。

「徳は孤《こ》ならず」を地でいったのが本田さんである。

第四章　恕《じょ》の第一は
会社の安泰成長

一　社員のもっとも願うことは

〝恕《じょ》〟すなわち思いやりの最たるものはなにか。

これは、私がある会社に関係する際、直面したことであった。社員の立場、顧客の立場にたったとき、この会社に何を望んでいるだろうか、ということである。相手の欲求を満たすことが組織活性化の決め手であると考えていたからだ。

労使対立が激しく、業績は不振を極め、組織はあるが機能せず、令も達せず、人々は迷える羊のごときありさま。枝葉末節《しようまつせつ》に捉《とら》われていては「百年河清《かせい》を俟《ま》つ」ことになるだろう。

年何回かのベア、ボーナスなどの要求に応じ、いちおう組合交渉は終結するが、組合は一時の勝利によって赤旗をおろすにすぎない。

また、要求を勝ちとったとしても、勝ちの悲しみ、不安を味わっているにすぎない。会社は要求をのんだが、はたして大丈夫なのだろうか。はなはだしい不安を残している。

これでは社員を思いやって、一時の喜びと永久の不安を与えることになる。

真の思いやりは、一時の喜びにとどまらず、永遠の喜びとともに安心感を与えることにある。さらに、とどまることのない希望を与えつづけなければならない。

このようにつきつめてくると、真の思いやりとは、企業の安泰と成長ということに気づく。企業の三目的を公共、営利、健全としているが、この目的にそうことこそ真の恕《じょ》、言い換えれば「近き者喜ぶ」への道であるといえる。

その会社へ入社するにあたって、三つの目標をもった。業績を伸ばす、人を育てる、経営基盤を強固にするというものであったが、近き者に喜びを与える道に通じているものである。

さて、安心と希望を与えるには、第一歩として赤字経営から黒字経営に転ずることが必要である。

赤字から抜けきれず、万年欠損会社ということでは安心と希望どころか、不安と失望を与え活性化など望むべくもない。

そこで、赤字の原因が借金過多にあることは明らかであったため、借金経営から無借金経営を志向することにした。

第一次石油ショック後の長期不況のさなかに、〇《ゼロ》（無借金）、一（東証一部昇格）、二（無配から二割配当）、三（年三回の社員ボーナス）のいわゆる〝〇、一、二、三〟を目標とした五か年計画を発表した。実施にあたって、第三の年三回ボーナスから実現するとつけ加えた。

幸か不幸か、私には困難、厳しさ、不得手、嫌いなことから手をつける習性がある。嫌いなものから食べ始めるという具合に。

その会社をもっとも圧迫していたものは借金過多にあったため、この解消から手をつけたことになる。

「激水《げきすい》の疾《はや》くして石を漂《ただよ》わすに至《いた》る者は、勢《せい》なり」。せき止められた水が一挙《いっきょ》に流れだすと石を浮かしてしまう。これは水に勢いがあるからだ。孫子の教えだが、借金返済に集中攻撃を加えたため、五か年計画がその半分の期間で解消している。借金がいくらかでも減り始めると、不可能と考えていたことが可能だと信ずるようになる。私は一円の借金も返したことはないが、社員一人一人が可能性を信じ、その力が結集されたからだと思う。安心、希望へのあこがれがいかに強いものかを知らされたものである。

その五か年計画は、三、〇、二、一の順で計画期間内に実現している。

計画発表のとき、目標達成を信ずる者は皆無に等しかったろう。

発表の翌年、社長の発案で三回目のボーナス支給を改めて発表したが、眉《まゆ》つばもの程度に思っていた人もあったろう。

その後、異変ともいえることが起こった。

例年、設備投資は各部門を促《うなが》しても申し出るものは少なく、せいぜい法定償却に達すればよいという程度であった。それが三回目のボーナス支給を実施した後には、例年の十倍の申請が出された。設備を更新したところで会社がよくなるわけじゃない、というようなあきらめから、将来への希望へと変わった、その現われではなかったかと思う。失意から希望へ転じると、魚が水を得たごとく元気をとりもどすものである。

こうした体験から、「部下を思いやる第一は、企業の安泰と希望にあり」といえるのである。

二　将来の安心感

「百憂其《ひゃくゆうそ》の心を感ぜしめ、万事其《そ》の形を労す」（いろいろな憂《うれ》いが人の心を動かし、もろもろのことが人の体を疲れさす）。

人間というものは、無くて憂い、有《あ》って憂い、行なわず憂い、行なって憂い、成らず憂い、成って憂うる。憂いをなくすために努めながら憂いている。憂いても仕方のないことまで憂いて、心と体を疲れさせている。

こうした憂いは年をとるにつれてつのってくる。若いころの憂《うれ》いは、若さと体力という自信が大きく中和してくれるからだと思う。

サラリーマンにしても、独身時代には将来を考えるなどということはないが、結婚して子供ができると、そろそろ責任の自覚もでて、健康に注意したり、貯蓄の必要を感じるようになる。万一の場合の心配があるからだ。

五十歳を越し、定年を意識するようになると、定年後の職業や生活について心配しはじめる。定年はまだ先のこととか、退職してもどこか働く場はある、と自分に言いきかせようとするが、自分を納得させることはできない。かえって不安が増してくる。

勤務先が安泰であれば、定年までの収入は確約されているし、退職金、年金も受け取ることができ、場合によっては定年後の就職も可能になる。

新学卒者が、まず生涯の安全に重点をおいて、中央・地方の公共団体、民間大企業を職場に選んでいるのをみても、いかに遠謀深慮《えんぼうしんりょ》であるかがわかる。就職が一生の幸不幸をわかつこともありうるため当然といえる。

ときおり企業倒産による従業員の悲劇を見聞きするにつけ、経営者は何をおいても企業の安泰を計らなければならない。

また、企業の業績不振はどれだけ社員の不安を助長し、志気低下をもたらすか計りしれないものがある。

関係した会社がピンチに陥《おちい》ったときの社員の動揺《どうよう》はすでにのべたが、志気低下については、その後日談がある。

会社がピンチを脱し、しばらくぶりに法人税を納めることになった。私は会社再建の目標を当面二桁《ふたけた》の法人税、つまり十億円以上としていた。払込資本金と同額の法人税で少々物足りないが、一人前の会社といえるだろうと話した。

しかし、税金を納めるようになると、ただ税金を取られてしまうように感ずるのか、「せっかく稼いだのに税金でもっていかれてしまうとは」とボヤく者もあれば、税金を納めなかったころの、はるかに大きかった苦しみを忘れて、「税金を納めるのがひと苦労」などといっている者もある。なかには「税金を納めるくらいなら社員に分けてしまえばよかった。経費を存分に使わせればよいのに」など、言いたいことを言いだす。

そうしたボヤキを聞くたびに私はこう話した。「よく、〝税金を納めるのはバカらしい。稼いでも、使ってしまって赤字決算にしてしまえば納めなくともすむ〟といって欠損決算にしている会社もないではない。なるほど、これなら税金は納めなくともすむから、いかにも得をしたように思えるが、これは見えない大きな利益を失なっていることに気づかないだけである。ソロバン下手な経営者の筆頭といえるだろう。

毎年毎年欠損であれば、取引先も、社員も将来が心配になる。社員は社員で〝この調子でよいのだろうか〟〝会社は定年までもつだろうか〟〝途中で投げ出されたらどうしよう〟〝退職金はどうなるのだろう〟という心配が当然起こってくる。

それに、われわれは一生懸命に働いているのに、なぜ欠損つづきなのかという疑問もでてくる。

これでは、いかに意欲的な社員であってもやる気を失なってしまうだろう。

また、お客さんはどう考えるか。私もこの会社が欠損つづきのころ販売担当者とお客さんを訪問したことがある。
二、三の客から〝おたくの会社は危ないというわさがもっぱらだ。危ない会社から機械を買っても、つぶれたら修理もしてくれないことになる。そういう会社からは買えないね〟といわれたことがある。
また、九州の販売代理店主何人かと共同出資して独立会社を設立しようとしたが、本社の窮状《きゅうじょう》を知っていたためか、出資を危《あや》ぶみ、話し合いがつかない。説得のためすぐ来てくれといわれ、取るものも取りあえず空港へかけつけたことがある。

それが今日《こんにち》では欧米、中国から提携を申し込んでくるようになっている。いずれも、将来までの安心を得たからではないか。してみれば、十億円の法人税など小さい小さいといえやしないか」と。

欠損会社は底に穴のあいた舟と同じ。浸水している舟に乗って激励したところで、社員は不安が先に立って浮き足立つばかり。志気昂揚《こうよう》どころか、舟からの脱出を急ぐことになるだろう。

三　社員の期待するもの

社員が会社の安泰を願っていることはすでにのべたが、どれほど安泰であっても、それだけではもの足らなくなる。

その昔、私が銀行を退職する際、第二の人生をどこに定めるかで戸《と》惑《まど》ったことがある。四つの候補会社のうち一つを選ばねばならない。

一つは半官半民といえるもので、倒産の心配は全くない。給与も公務員に準じているし、生活は保証される。

しかし、この会社、なんとしても発展性がない。幹部は天下《あまくだ》り、ことなかれ主義で、全く生気がない。

次の会社は同族会社で、私を紹介してくれた人から、「社主の資産は巨大なもの。あなたの給料ぐらいは、一つの銀行からの預金利息で足りる」といわれたくらいだから、まず、給与や退職金の心配もない。しかし、この会社はその場で断った。いわゆる氏族《しぞく》制度で肩書のつくものの多くが眷族《けんぞく》でしめられている。

これでは天下の人材を集めることは不可能だし、いずれ「蝸牛角上《かぎゅうかくじょう》の争い」によって衰退するであろうと読んだからだ。

次の会社は、会社資産はあるが、新社長になってから会社を私物化して公私混同が著しい。子供の学資から自宅の植木の手入れ費用まで会社支払いだという。すでに会社の命脈がつきたのも同然。なにも火中の栗を拾うことはない。

第四の会社と定めたわけだが、会社の収益力、資産状態はいちばん劣っていたが、私が着目したのは、社長は創業者でいながら発行株式数の五％（当時）きり所有していない。東証二部に株式を上場した際、大部分を放出したからだという。これで社長の志《こころざし》が奈辺《なへん》にあるかがわかる。

これなら広く人材を集めることができ、会社の成長も期待できると考えたからである。「人は高きに向かい、水は低きに流れる」という諺《ことわざ》がある。人間はつねに向上心を抱いて努力している、という意である。

水は低い方向へ流れるが、もし塞《ふさ》ぎ止められて流れなければ洪水になって害を与えるか、溜《たま》り水になって腐ってしまうだろう。

これと同じく人間も、洋々たる前途を志《こころざ》して努力しつづけたが、向上の道が閉ざされているとしたらどうか。たちまち戦意を失なってしまうだろう。求める心の強い人間ほど気力を失なうことになる。

会社が安泰以上に成長をしつづけなければならないという理由は、人材確保と志気の昂揚《こうよう》ということにある。

会社が成長拡大していけば、中間管理職から経営陣の増員も可能になる。この増員をめざして努力しなければならない。会社が成長もせず、ポストがない、あっても万年課長・部長が占拠《せんきょ》したままということでは、ドブ水の溜《たま》りと同じ、ボウフラの住処《すみか》でしかない。

会社の成長を志《こころざ》すなら、「社員の出世の椅子を用意せよ」、言い換えれば「経営者は社員の功に報いる準備を怠《おこた》ってはならない」というのが私の持論だが、分社経営を実施したのもその趣旨にそうものである。

かつて販売部門を中心に四十社におよぶ独立会社をたてたが、一社三人の取締役にしても百二十人を役員にすることができる。成績が良ければ新会社の役員になることもできるし、前記のように社長の持株が少ないのでトップの可能性もでてくる。つまり出世に天井《てんじょう》なし、といえるわけである。

「安居《あんきょ》なきに非《あら》ず、我れに安心なきなり」という言葉がある。安心して居る所がないわけではないが、自分に、そこに安《やす》んじている心がないのである。つまり、進んで困難に挑《いど》み、望みを達成したいのだという意である。志《こころざし》ある者は、安泰より向上を望む。この心に応《こた》えようとすることが名リーダーとしての誉《ほまれ》を高める道といえるだろう。

四　トップの経営姿勢

会社の安泰成長を願っている社員や顧客が関心を寄せているものは、経営者、とくにトップの経営姿勢である。

たとえば、会社の経営に忠実であるか、それとも、趣味や娯楽に凝《こ》って経営を疎《おろそ》かにしているか。約束を守るか、守らないかなど、将来の会社の浮沈を占《うらな》う要件まで見ぬふりをして見ているものである。

一、二回しか会ったことのない人や、社長のことを雲の上の人といっているような下級の人からまで、あの人は経営者にふさわしいとか、あれはダメだなどと区分されている人がよくある。神ならぬ身に、どうして判別できるのか。なにか、理由があるに違いない。それは、社内での行き交《か》いの際の態度、説示の一言からも仕《つか》える者は使う者の心を見抜く微妙《びみょう》な神経の持ち主だからである。また、第一印象ということも案外正確なものである。

人の心というものは、本人は気づかないが鏡のように表に現われ、周囲の者、ことに使われる者にはよく見えるものである。

しかも、その見えたものを見っぱなしにするということはない。それからそれへと将来につなげて考える習性がある。

たとえば一人の男が、ある会社で経理責任者を求めているというので応募して、幸い入社が許された。その男は前に勤めていた会社が倒産し、一年間も浪人生活をしていたのでたいへん喜んだ。

ところが、半年もたたないうちに退職願いを出してやめてしまった。理由は社長が釣り気違いということで先が思いやられたからだという。辞職する前に社長から、「会社で社員用のボートを買うから資金を用意しろ」と命じられたのが、いや気をさした動機らしい。社員の福祉用といっても社員が使うことはない。社長用である。

三千年も昔、中国の殷《いん》の紂王《ちゅうおう》が象牙《ぞうげ》の箸《はし》を作ったのを諫《いさ》めた人がいる。微子《びし》、比干《ひかん》、箕子《きし》の三臣だ。王が象牙の箸を使えばつり合いから玉の杯《さかずき》を作り、食べる物もぜいたくになり、着物も豪華に、住む家もかや葺《ぶ》きの家ではなくなり、広大な邸宅に住むことになる。このように順々にぜいたくになれば天下の富を集めても足らなくなり、国民は不平不満から王に背《そむ》くようになり、国は亡びることになると心配したからだ。殷は、忠臣が予想したとおり亡びたが、従う者というものはトップの箸からさえ将来を憂《うれ》える。そのため、名君というものは、

「一顰一笑《いちぴんいっしょう》を愛《お》しむ」といわれるとおり、眉《まゆ》をしかめるのも笑うのも理由あってのことであるから、やたらに笑ったり、眉《まゆ》をしかめてはならない、と戒《いまし》めているのである。

かつて、アメリカ留学を終えて帰ってきた私の長男に、「就職先を見つけたい。ついては、いくつかの候補会社を教えてくれ」といわれ、数社を選んだことがある。

まず証券取引所へ行って会社の状態を調べてきた。

当時、業績も良く株式市場でも花形銘柄といわれた会社を選ぶものと考えていたところ、その会社をまっ先に候補から外《はず》してしまった。わけをきくと、この会社は現在は好調だがいずれは斜陽化する。なぜなら、トップが自分のために会社を経営しているとしか思えないから、といっていた。

果たしてその会社、現在では全くの鳴かず飛ばず、ただ存続しているにすぎないという状態になっている。子供の先見をのべているわけではない。トップの経営姿勢が数字にまで現われ、若い書生の目にもとまるようになっているということである。

順を追って経営姿勢をのべたいと思うが、トップの姿勢はどのように繕《つくろ》い飾ったとしても現われないことはない。

しかし、心が正しければ、姿勢も必ず正しくなる。社員はそれを渇望《かつぼう》しているのである。

五　経営者の財務認識

企業経営者の力量は、一枚の財務諸表に集約される。

優《すぐ》れた経営者は鋭い財務感覚をもち、数字をもととし、数字を予測して経営にあたっている。また、財務に不得手な経営者はその一切を補佐する者に任せて、自分の専門に精力を集中している。いずれも財務を重視していることに違いはない。

反対に業績不良の企業は、経営者自身が財務について無関心、無智である。

なかには、かねにかかわることは、いかにも沽券《こけん》にかかわるかのように思い込んでいる人もある。資本は企業にとって人体の血液にたとえられるほど不可欠のものだが、無欲を装うむきもある。

上に立つ者がこのようであるから、財務、会計などという部門は、なんの権限も与えられず、他の部門の尻拭《しりぬぐ》い役ぐらいに見下げられている。結果は収支バランスを失なって会社を危地に陥《おとしい》れることになる。

さらに、収益力を誇る会社は、収益の源泉には出《い》ずるをおさえることと、売上げなど入るを計って利を生みだす二つがあることを知っている。収益力に劣る会社は入るだけを計っている。長い間には格段の差がついてくる。

経費などの支出をおさえられない理由は、自身の体面や人気を先にしているからである。出《い》ずるをおさえたらケチ社長といわれやしないか、小心社長と陰口をたたかれやしないかなど権力者の見栄《みえ》があるからではないか。

いまどき、出すべきものも出さずケチっている者はない。ムダを省《はぶ》いているのであって、なにも気兼ねすることはない。社員の給与や技術開発費などまで出し惜《お》しむから非難の的《まと》になる。

ある会社は乾いたタオルをしぼる、といわれるほどムダをなくしている。社員はそれを当然と考えている。しぼったかねは有効に支出されているからだろう。

私も現職時代、会社再建の必要もあって徹底した倹約を実行した。ストのときなど「ケチ出ていけ」「ケチを追放せよ」などというビラをたくさんはりだされた。

ところが、収益が増してきてからは、「ケチ追放」のビラはでなくなった。ケチの必要がわかったのかもしれない。

一つの会社内だけでも、こうしたトラブルが起こる。倹約の原点をあいまいにしているからだろう。

近年の国際社会においても、日本人は働きすぎ、貯蓄の増やしすぎなどと非難攻撃されていたが、最近では、そう非難していた国が、サミットから貯蓄を勧告されている。

「一人倹《けん》を知れば、則《すなわ》ち一家富み、王者倹を知れば、則《すなわ》ち天下富む」（主人一人が倹約の効用を知っていれば、家全体が豊かになり、君主一人が倹約の効用を知っていれば、国全体が豊かになる）。いまから千年も昔にいわれた言葉だが、現代の家庭や企業をみても理解されると思う。

『菜根譚《さいこんたん》』に「勤《きん》は徳義《とくぎ》に敏《さと》し、しかるに世人は勤を借りて、もってその貧を済《すく》う。倹は貨利《かり》に淡《あわ》し、しかるに倹を仮りて、もってその吝《りん》を飾る。君子身を持するの符《ふ》は、反《かえ》って小人私を営むの具となれり。惜《お》しいかな」（勤勉とはもともと道徳の実践に励むという意味だが、世人はそれを財産を増やすためと誤解している。倹約とは本来、利の追求に走らずということで、むしろ財には淡泊なことであるが、世人はそれを吝嗇《りんしょく》を飾る口実として使っている）とある。

このように、倹約、蓄財については誤解も少なくない。そのために、手段を違え、目的を誤《あやま》ることになる。

「若いうちから倹約して貯金しているようではロクな人間になれないぞ」とよくいわれる。理屈はそのとおり。よく学び、体験のためにかねを使い、自己形成に励《はげ》め、ということで異論はない。

しかし、若い人の多くが実際にやっていることは、耳目と口を喜ばせるためにおかねを使っている。それならば若いうちから倹約して貯《たくわ》え、将来に役立てるに如《し》くはない。

さて、現代の君主たる経営者が企業経営にあたってどのような財務感覚をもち、どのような管理をしているか。これも社員にとっての関心事である。入社間もない私をケチと決めつけているほどであるから、僅《わず》かなことにも注意をはらっているに違いない。

それなら社員はトップの奢《しゃ》と倹のいずれを喜ぶか。

「奢《しゃ》なれば則《すなわ》ち不孫《ふそん》なり。倹《けん》なれば則《すなわ》ち固《こ》なり。其《そ》の不孫ならんよりは、寧《むし》ろ固なれ」（贅《ぜい》沢《たく》をしていると、謙遜《けんそん》さを失なって傲慢《ごうまん》になってしまう。どちらかといえば不遜であるより頑固であるほうがよい）と孔子の言葉にある。

昔から倹によって国を亡ぼした者はいないが、奢によって失なったものは多い。社員はそれを知っているのである。

六　全軍奮起《ふんき》の将の条件

太公望《たいこうぼう》といえば、釣り師のことであるが、この太公望が中国でもっとも古い『六韜三略《りくとうさんりゃく》』という兵法書を書いたといわれている。

太公望は周《しゅう》の文王《ぶんのう》に見いだされ、周朝創業に力をつくしたが、あるとき、文王の子武王《ぶおう》からたずねられた。

「全軍の兵士が、攻城に際しては先を争って城に登り、野戦のときは先を争って進み、退却を命じられれば憤激《ふんげき》し、進撃を命じられれば勇み立つ……このように戦わせたいと考えるのだが、どうすればよいのだろうか」と。

太公望はこれに答えて、

「将が勝利を得る条件は三つあります。

その一つは将が礼を心得ることです。

礼を心得た将というものは、冬は温かい皮衣などを着ずに兵士と寒さをともにします。夏は扇を使わず、兵士と暑さをともにします。雨が降れば、兵士とともに濡《ぬ》れるような人物です。

このように自分を規制しなければ、部下のおかれている境遇を知ることができません。

その二として、骨惜《ほねお》しみをしないことです。

骨惜しみをしない将とは、険《けわ》しい地形や泥道を行軍するとき、車からおりて歩くような人物です。骨惜しみするようでは、部下の苦労を知ることはできません。

その三は、欲望をおさえることです。

欲望をおさえる将は、全軍の宿舎が決まったあとで宿舎に入り、全員の食事が用意されたあとで食事をし、火が使えないため、部下が火の通った物を食べられないときは、自分も口にしない。こういう人物が欲望をおさえた将といえます。将が欲望をおさえなければ部下の腹具合を知ることはできません。

将たる者が部下の兵卒と暑さ寒さをともにし、労苦も、空腹や満腹も一緒ということであってこそ、全軍が進撃の合図をきけば喜び勇み、退却の合図をきけば憤激《ふんげき》するのです。

城高く、堀深く、矢や石が雨のように降ってこようとも先を争って登り、斬《き》り合いになれば、われ先に突っこんでいきます。

兵は、何も好んで死ぬわけでもなければ、喜んで傷つくものでもありません。将たる者が部下の状態をよく知り、思いやり、その労苦を自ら体得していることが兵をそうさせるのです」と。

現代社会でも「部下の面倒みがいい」といわれる人がある。部下の面倒は私的な面にもおよぶ。部下としては大きな心の拠《よ》りどころとなる。

この間柄は人情義理に結ばれた、親分、子分のようになってくる。昔の主従ではないが、切っても切れない心のつながりができてくる。これが、「ことあれば立つ」の強い心を培《つちか》う。全軍奮起《ふんき》、志気昂揚《こうよう》には、声高く号令をかける者もあれば、鉦太鼓《かねたいこ》を用いるものもある。死を忘れさすために出陣を前に酒をふるまうこともある。

しかし、それは一時の興奮にすぎなかろう。

諸葛孔明《しょかつこうめい》ではないが、「臣鞠躬尽力《しんきっきゅうじんりょく》、死して後已《のちや》まん。成敗利鈍《せいはいりどん》に至《いた》りては、臣の能《よ》く逆《あらかじ》め観《み》る所にあらざるなり」（私は一生懸命、力の限りをつくし、死力をふるって、倒れてのち止《や》むの覚悟であります。事が成功するかどうかは私の予想するところではありません）――臣の心がここまでになるのは、将の号令や、鉦太鼓《かねたいこ》の音ではない。将の心にあるといえるのである。

本書は社長の人柄について各所でのべているが、望むところは一つ、「部下から尊敬される社長であってほしい」ということにつきる。

部下にとって、社長の与えるものは、名利にしても一時の喜びでしかなかろう。特別に大幅な昇給を与えられても、翌月には喜びは消える。地位はあがっても一時の感激にすぎない。そのときは、「よし、やってやろう」と意気込むが、感激が霞《かすみ》となれば気力も霞《かす》む。トップに「部下とともに歩む」という心があれば、上下の足並が乱れることはない。

第五章　トップの魅力と人間尊重

一　謙、敬の心

「近き者説《よろこ》べば、遠き者来たらん」が、会社経営の原点である、とすでにのべた。

経営者は会社でもっとも近い者である社員と常に接しているが、それでは、互いにもっとも親しく感じ、うれしいものとは何であろうか。それは心が通いあうことである。言い換えれば、社長は社員を大切に思い、社員は社長を頼《たの》もしく、大切に思うことといえるだろう。

さらに言い換えれば、互いに敬《うやま》うこと、へりくだる心である。

よく、上役が自分を可愛がってくれる、面倒を良くみてくれる、ということがある。上役は部下を大切に思っているから感激し、あの上司のためならという気になる。

こうした気持ちのある上司は、いつも謙虚《けんきょ》で、人を敬う心が自然にでてくる。そしてなにも企むことなく、大切に思う人の輪を拡げているものである。

たとえば、部下を大切に思うような人は、社の内外を問わず、上下、老若男女の差別はない。いちように敬意を表しているものである。

かつて現職時代、会社の販売担当者の集まりで質問を受けた。「得意先回りをするが、会社や団体などのおえら方に会うと気後《きおく》れがして話もろくにできない。なにか度胸をつけるよい方法はないか」ということであった。私はこう答えた。

「私は銀行時代から、大臣だろうと大会社の社長だろうと、用務員も受付係だろうとだれかれの区別はない。呼ぶときはすべて〝さん〟をつけて呼ぶことにしている。そのため、大臣に会っても守衛さんに会っても同じ気持ちだ。

もし皆さんが、えらいお客さんと会っても引け目を感じないようになりたいなら、ビル管理会社から派遣されている掃除のおばさんに〝おはようございます。ご苦労さまです〟と自然に挨拶《あいさつ》できるようになることだ」と。

肩書と面会するから、おじけづく。人と会うなら、そうしたことはないはず。

とかく、権力を得たり、財を積むと、謙虚《けんきょ》を忘れる。部下を部下とも思わなくなる。謙虚を失なうことは、信用を失ない、協力者を失ない、先見や創造力をも失なうことになる。

よく、傲慢不遜《ごうまんふそん》だから、あの上役は気にくわないというが、その裏には、進歩を失なった人間には魅力がないという意味が含まれているのである。

「能《のう》を以《もっ》て不能に問う」という言葉が『論語』にある。才能があるのにへりくだって、才能のない者にたずねるという意味である。

また、「敏《びん》にして学《がく》を好み、下問《かもん》を恥《は》じず」とある。修養を志《こころざ》す人は、人にものを教わることも、ものをたずねることも恥であるとは思っていない。謙虚《けんきょ》に知識を求めている姿勢をのべたものである。

職場で部下に質問するなど、いかにも威厳《いげん》にかかわるかのように考えがちだが、大きな誤《あやま》りである。部下からみればおくゆかしい上司と考えるものである。

とかく、「謙虚」「敬う」などといえば、部下に媚《こ》びへつらうと考えるむきもあるが、謙と敬は人格を高めるものである。

しかし、心したいことは、心にもなく頭を下げ、丁重《ていちょう》にすぎることは相手を侮蔑《ぶべつ》することになる。真に相手を大切な人と考えれば、呼び捨てにしても、本心は伝わることになる。

その真偽《しんぎ》を見わける能力は、使われる者のほうが優《すぐ》れているものである。

だいたい経営というものは、人と人との信頼によって成り立っているもので、経営者に徳があり、社員に信頼があれば、規則を設け、策を用いなくとも成り立っていくものである。

昔、秦の穆公《ぼくこう》のもとへ西域の遊牧民の王の使者として由余《ゆうよ》がきた。

穆公は蛮族《ばんぞく》の国から使者がきたというので誇らしげにたずねた。

「われわれ中原《ちゅうげん》の国では、詩書、礼楽《れいがく》、法律などによって国を治めているが、それでも騒ぎが絶えない。貴国などは基準となるものがないようだが、それでは国を治めることはむずかしかろう」

由余《ゆうよ》は笑って答えた。

「それはむしろ逆で、基準に頼っているから騒ぎが絶えないのです。基準などに頼ったところに政治の堕落《だらく》が始まったのではありませんか。

人間は健康であるときは、自分のからだがどう動いているかも意識しません。どういうことかわからないが、とにかく健康というのがもっとも好ましい状態です。国も自然のうちに治まっているのが最上といえるでしょう」と。

二　部下の尊重と人材教育

名誉や地位を望むことは、昔も今も同じである。

「聖《せい》は天を希《こいねが》い、賢《けん》は聖を希い、士は賢を希う」。すなわち、聖人は天をめざし、賢人は聖人をめざす。高い志《こころざし》をもつ人は、自分より一つ上の地位をめざして自己の向上に努めている。

現代の経済社会にあてはめると、課長は部・局長をめざし、部・局長は取締役をめざし、取締役は社長をめざすということになる。

企業としても、こうした意欲は大いに歓迎すべきであって、無視すべきではない。意欲が人材をつくり、人材が企業の発展を促《うなが》すことになるからである。

もし、肩書などは無用、苦労なし、責任なしですごしたいという社員だけになったら、会社が苦労することになるだろう。

人は石垣というが、弱く、脆《もろ》い石を築いたのでは、たちまち崩《くず》れるだろう。強固な石を重ねてはじめて不落のものとなる。

人を石垣、城として会社の基盤を固めようとするなら、能ある人材をもってしなければならない道理。だから、企業にとってもっとも必要なことは人を育てることである。

『言志四録』に「能《よ》く子弟を教育するは、一家の私事《しじ》に非《あら》ず。是《こ》れ君《きみ》に事《つか》うるの公事《こうじ》なり。君に事《つか》うるの公事に非ず。是《こ》れ天に事うるの職分《しょくぶん》なり」とある。

これは、企業におきかえても通じることで、社員を教育しないことは、課せられた任務を怠《おこた》っているというも過言ではない。

教育は社員も望んでいることである。

日常業務をただただ果たしているだけでは、昇格・昇進が遅れるということも知っている。厳しくとも研修の機会を与えてもらいたいと願っているものである。これに手を差しのべてやることは、社員としても望むところである。

部下を思いやるためか、経費を惜《お》しむためか、人材教育を避けている経営者もある。これは、社員の真の心にそうものではない。

昭和三十年、銀行の課長時代、行員指導課を設けるよう献策し、実施したことがある。当時としては画期的な試みであったため内外から注目された。当時は職員組合を中心に反対をうけたが次第に認識され、研修に参加することを名誉と考えるようになった。

近年では、研修制度のない企業はむしろ稀《まれ》という状況になっている。企業の必要からでもあるが、社員の向上意欲がしからしめているともいえよう。

現職にあった当時、社員教育は、社員を尊重する最大の道であると同時に、会社と社員の財産構築の有力な手段である、といったことがある。財産は智と汗の結晶といえるが、智と汗は教育によってより高めることができるものである。

これも現職時代である。

「この会社はまだ半人前の会社だ」といったところ、「一人前の会社とはどういう会社だ」ときかれ、こう答えた。

「その一つは、社員の教育制度がないことだ。書物を買い与えても読まないような人間がいるから制度が必要になる。自分から進んで学ぶ者だけになれば、教育制度など不必要になる。

二つに、生産販売などにノルマがないことだ。ノルマを課しても果たすことのできない者もあれば、果たそうとしない者もある。これでは半人前でしかなかろう。

三つは、定年制度のないことだ。高齢になると、体力、知力も劣り、給与とアンバランスになるから定年制が必要になる。少々無理な話になるが、アンバランスがないようであれば定年は不必要になる」と。

だれにしても、学ぶより遊ぶほうが楽しい。

しかし、この気ままを許すことは、結果として社員を思いやらぬことになる。

真の思いやりとは、社員を自分より優《すぐ》れた人材に育てあげることといえるだろう。

ところが、経営者のうちには人材教育などは不必要だ、といっているむきもある。効果がない、といっている人もある。

ある中企業のトップは、「うちの会社へ入ってくる人間は、一流会社に入れず、やむなく入ってきたようなもので、ロクな者はいない。こういう人間を教育したって無駄だ」といっていた。

そこで、こう話した。

「寸法をとらないで草履《ぞうり》を作っても、モッコほど大きく作るものはない。草履の形や大きさが同じなのは、だれの足も似《に》たりよったりであるからだ。

また、うまい料理はだれが食べてもうまいのは、人間の味覚が共通しているからだ。美人はだれが見ても美人なのである。

このように万人が肯定するようなものをだれも備えているはずで、聖人や優秀な人間だけに備わっているのではない。

たとえば、大麦を蒔《ま》いたとしよう。場所によって出来ばえのよいのと悪いのができる。これは地味《ちみ》や、手入れ、その他の条件の違いによるもので、麦種そのものの違いではない。

社長はいま、新入社員をロクな者ではないといっていたが、元は同じ人間、会社の宝で、お宅へ入ったのは、まだ少々磨《みが》き足らないだけではないだろうか」と。

『孟子』にある話を引用したわけだが、磨きもしないで石ころ扱いしてしまう。これほど人間無視はない。

石を宝玉《ほうぎょく》に磨《みが》きあげることが、会社の輝きをます道であることも知っておきたい。

三　同人同仁

母親というのは、わが子が何人いようと差別なく温かい心で育てあげるものである。

組織の中でも、上に立つ者の下を見る目は母親と同じように、すなわち同人同仁でなければならない。そこに、好き嫌いなど感情を交《まじ》えるべきではない。

ここで下を見る目とは、部下の人格や能力まで同じに見るということではない。人間を見る目、慈《いつく》しみの目という意味である。

人格、能力などを見る目は、慈《じ》を考えない合理的な目ということになる。

とかく、これを混同して誤解をまねく。

たとえば、能力に若干劣る社員をダメな人間、月給泥棒などと決めつける。病気になると、不摂生《ふせっせい》だからだ、たるんでいるからだと吐き捨てる。ここには温かい血が感じられない。

こうした冷酷な態度は部下の心をいっそう凍《こお》らせることになる。反抗心がでればとて反発心は起こらない。

だいたい特異な思想信条などに凝《こ》り固まっているような例外を除けば、上司の温かい血は通うものである。

「游蕩《ゆうとう》の子弟も、亦棄《またす》つべきに非《あら》ず。一旦悔悟《いったんかいご》すれば旧悪は追うべからず。その無頼《ぶらい》を為《な》すも、亦才に出《い》ずるをや」（子弟が放蕩《ほうとう》だからといって見捨てるべきではない。いったん悔《く》い、悟ったのであれば昔の悪にふれぬがよい。まして放蕩したのも才能からであれば、なおさらである）と『言志四録』にある。

今日のように時代の進歩が激しくなると、進歩から遅れる者もでてくる。むしろ、遅れる者のほうが多いといえるだろう。会社にとっては大きな損失だが、当人にとってはなおさらマイナスで、敗北を自覚したらやる気も失《う》せてくるだろう。進歩の激しい時代、上に立つ者の可否は、こうした気力の低下をどう喰い止めるかということにかかってくる。

現職時代、技術の進歩から取り残された二、三人の中年社員がいた。各部門を独立採算制にしたので、足手まといになるような者は邪魔《じゃま》者あつかいされている。出勤しても仕事は与えられず、時間のつぶしようがない。

そこで、分社経営を機会に、それら二、三の社員を経営者とする独立会社をつくり、本社および子会社で使用する用品などの仕入れ、販売業務に当らせた。

それまで眠っていたような人間が、人が変わったように働きだした。社員食堂で使う味噌を醸造元へ出向いて安く仕入れ、食堂へ卸売りする。住宅紹介業の許可を受けてとび回るなど、それからそれへと拡張を計っている。それまで機械を作っていた専門から全く違った仕事に取り組んでいる。いまでは、不振に陥《おちい》った兄弟会社を吸収合併して黒字経営をつづけている。

「天下に無用の者なし。無用の物なし」というが、仕向け方によっては殺すことにもなるし、生かすことにもなる。

四　和の中の厳

「和を以《もっ》て貴《とうと》しとなす」とは、よくいわれることである。

それなら和とはなにか。和気《わき》藹藹《あいあい》、なごやかの和である。組織内に反目《はんもく》する者もなく、上下が信じあい、親しみあえば、ことにあたって打って一丸となる輪《わ》にも通じ、強い把《わ》にもなる。組織運行上、欠くことのできないことといえる。

しかし、この和を重んずるあまり、〝恕《じょ》〟つまり思いやりにすぎ、かえって悪影響をもたらすことがある。

その一つは、与えられた権力を行使しないことである。

会社が地位を与えることは、相応の権力を与え、これを正しく行使せよということである。その行使のなかには当然に部下の指導教育がある。誤《あやま》りを改め、欠点を正し、優《すぐ》れた人材に育てる任務がある。これには厳しさがともなうが、和を先にするため任務を怠《おこた》ることも少なくない。罪を犯しても罰しようとしない。勉強を怠っても勧めようとしない。和の乱れることを恐れるからだ。

その結果は規律が乱れ、命令にも服さず、責任も負わずということになる。なにをしなくても責められることはないからだ。

昔、兵を率《ひき》いる将は温情をもって教育し、平素から軍律の徹底につとめて統制を計っていた。つまり、愛情のなかにも厳しさを忘れてはならないということである。

話は外《はず》れるが、だいたい企業がさしたる原因もなく衰退していくのは、社員の資質低下にある。さらに、その原因は人事管理の甘さにあるといえよう。中途退職されては支障を来《きた》す。そのため社員の怠慢、過《あやま》ちも見すごす。社員の歓心を買うためにアメは与えるが鞭《むち》は加えない。これでは会社が甘くみられるのも当然である。

ある銀行マンが倒れかかった会社の再建に出向した。最初に手をつけたのが社員の出退時間の厳守であった。

それまでは、特殊技術者とか中間管理者のなかには、夜のほうが能率がよいとかの理由で、午後から出勤する者もあれば、都内出張の名目で早退する者もあった。それらを厳しくしたわけだ。

こうしたルーズな態度は、いわゆる〝正直者がバカをみる〟の気風を助長し、ついにはその気風が限りなく蔓延《まんえん》し、収拾がつかなくなる。人は城というが、崩れかかった人垣、無気力人間で埋《うず》まった堀では、堅固を誇る城も落城することになるだろう。

こうした人間は別に、窃盗《せっとう》、横領などの罪を犯しているものではない。しかし給与は受けている。会社側からすれば不良財産を抱えたのと同じになる。人間を物扱いすることは慎《つつし》むべきことだが、価値からするとそういうことになる。なぜなら、〝財産とは将来、価値を高めるもの、価値を生みだすもの〟という定義からすれば、無気力人間は不良財産ということになる。

「若い社員は金のタマゴ」「社員は財産」といわれているが、価値を生まない玉子ではガラス製の疑似《ぎじ》玉子でしかない。

また、商品材料などの不良資産なら利益で除却することもできるし、金利や倉庫料の経常損ですむが、人間ではそうはいかない。

こうしたお荷物扱いされる人たちを見る周囲も厳しい。会社は慈善事業ではないといわんばかりの態度になる。表面は同僚、同期というような平等の付き合いであるが、一方は優越感、一方は劣等感を抱き、後者は次第に萎縮《いしゅく》してくる。ついには新入社員、パート社員たちからも軽視されるようになる。

こうした状況をいやというほど見てきたわけだが、この責任はどこにあるのか。はたして不良在庫視される人間の身からでた錆《さび》なのか、それとも経営者の責任なのか。

司馬温公《しばおんこう》は、「子を養《やしな》いて教えざるは父の過《あやま》ちなり。訓導して厳ならざるは師の惰《おこた》りなり」といっている。現代流にいえば、自分の子を教育しないのは父の過ちだし、門弟を教育するのに厳しさを欠いているのは先生の怠慢《たいまん》である、ということになる。裏返せば、父が子に教えても覚えないのは子の怠慢、師の教えが厳しいのに会得《えとく》しないのは弟子の責任ということになる。

さらに、これを企業に置きかえれば、経営者が厳しく教育しつづけてきたのに、不良財産視されるのは社員自らの責任ということになる。

人的不良財産を抱えれば会社は損になるが、当人としても一生の損。相互の損は国家の損でもある。

岩谷産業創立者の岩谷直治さんが、こう話してくれたことがある。

「せがれに、大学を出るとすぐ、日本ガスというプロパンの小売屋をやらせた。

〝おまえに財産の半分をわけてやるからやってみろ。そのかわり、資金はわしは一銭も出さん。銀行を教えてやるから、おまえ一人でやれ〟といってやった。

三和銀行の常務をよく知っているものですから、銀行へ連れて行って株券を担保にかねを借りて、あとの資金は社員と半々で都合しろ、ということにした。

親類なり、家内の弟なんかがずいぶんやかましかった。〝東大卒業させて、リヤカーひっぱらして、プロパンの小売りなんかおかしいじゃないか〟といわれた。

〝せがれは、はじめから商売が好きで、私もそう思って、小学校のときからそういうふうに育てたんです。好きなことを本人がやって、そのために財産を失なってもいいといってるんですから、いいじゃないですか〟といっておきました」と。

五　頑固一徹の是非

現代の企業経営者には一つの型があるように思う。それは、頑固一徹といわれるもので、自分の考えをあくまで実現しようとする型である。いったん自分の口からでた以上、誰がどういおうと頑《がん》としてきこうとしない。いわば、己《おのれ》の考えは最高と考えているもので、案外創業者に多い。ただ、このことについては、自分の志《こころざし》を貫《つらぬ》いて一応の成功を収めている以上、とかくの批判はすべきではない。

といっても、経営上欠陥なし、とはしない。

その功罪の一つは、頑固一徹であれば、時代の変化が目に映らない。映っても対応しようとしない。

変化の激しい時代にトップに要求されるものは、変化を予測し、それに対応して自らの方向を修正する能力、新しい技術を生みだす創造力ということになる。しかし、自己最善ということでは、この要求を満たすことはできない。過去に成功したやり方が、将来も仕事を成功させるとはかぎらない。やはり、時代に対応する柔軟性がなければならない。

そのかわり、会社がピンチに陥《おちい》った際など、小田原評定《おだわらひょうじょう》で時をすごしているような優柔不断よりははるかに役立つ。一徹だけに、俺に続けとばかり一騎で敵にむかう勇気もあるからだ。

功罪の二つに、頑固一徹型は融通《ゆうずう》はきかないが、合理的である。すべて経営本位で割りきる傾向がある。戦いであれば、勝つことがすべてである。その反面悪くいえば、人に対して冷酷になる。結果として恨《うら》みをうける心配がある。

中国の歴史では楚《そ》の項羽《こうう》、わが国では織田信長ということになろうが、一徹、薄情、自滅の道を辿《たど》ることになる。

「直《ちょく》にして枉《ま》ぐる能《あた》わざれば与《とも》に大《だい》に任《にん》ずべからず。方《ほう》にして円《えん》なる能わざれば与に長く存すべからず」(あまりに一本気で自ら折れることのないものは、ともに重大な任務につくことはできないし、あまりコチコチで円満さに欠ける者は長い間いっしょにいることはできない)。これは、『説苑《ぜいえん》』にある文句だが、融通のきかない人の戒《いまし》めである。

頑固一徹な人は、それだけに正論を主張しているが、誰も耳を傾けようとしない。「また始まった」ぐらいで退《しりぞ》けられてしまう。

これでは、せっかくの正論も通じなくなる。

三つに、自己過信に陥《おちい》りやすいため、諫言《かんげん》をきかず、ことを誤《あやま》ることがある。

したがって部下は、ワンマン経営と非難し、上下の離間《りかん》をまねく危険が多分にある。

頑固一徹が図に当っているときはよいが、外《はず》れると、それみたことか、ということで協力するものがない。

四つに、「一本道を暗くなるまで歩く」という諺《ことわざ》がある。「棺《かん》を見ねば涙をださぬ」というのもある。

棺を目の前にしないと、完全に失敗したということがわからない、自分のやり方が間違っていたことを納得しないということである。また、一本調子で臨機応変の処置ができないことをいっている。

なかには、途中で間違っていることを注意されても耳を傾けず、そのまま進んでしまう者もある。

なお悪いのは、ここで中止することは、あくまでやり抜く勇気がないと思われると考えてか、そのままやり抜こうとする者がある。「意地でもやってみせる」と、いかにも勇気に満ちているようであるが、結果は身を誤《あやま》ることになる。間違いに気づいたら撤退するのが真の勇者なのである。

最後に、頑固な者は感情に走りやすい欠点もある。怒れば、部下もひれ伏して頭をあげることができないほどになる。部下は恐れおののくばかりで生きた心地すらなくなる。これでは人を用いることはできない。人間尊重どころか、虫けらのように扱われて、反抗心の起こらぬものはないからだ。歴史に残る英雄の信長も、この一点がわざわいして明智光秀に討《う》たれている。

ある東京の創業者は、部下へのたび重なる罵倒《ばとう》がわざわいして刺し殺されている。心したい点である。

六　人材登用の鉄則

中国の史書に『戦国策《せんごくさく》』がある。主として戦国時代の説客《ぜいかく》たちの権謀術策《けんぼうじゅつさく》を集めたものである。「鶏口《けいこう》となるも牛後《ぎゅうご》となる勿《なか》れ」といって六か国の合従《がっしょう》に成功した蘇秦《そしん》、その合従を破った張儀《ちょうぎ》など、当時の優《すぐ》れた策士の物語などが記されている。そのなかのひとこまに、斉《せい》の宣王《せんおう》と、説客《ぜいかく》の王斗《おうと》とのやりとりがある。

案内され奥に入った王斗《おうと》に王が、

「わたしは先君の宗廟《そうびょう》を守り、一国の政治をあずかっている。先生は誰に対しても直言する方とうかがっておりますが」と、話しかけた。

王斗はそれに対し、

「とんでもない。なにしろ乱世に生まれ、ろくでもない君主に仕《つか》えるのです。うかつに直言するなどとてもできることではありません」

王の顔はありありと不機嫌《ふきげん》になったが、王斗はおかまいなしにつづけた。

「ご先祖の名君桓公《かんこう》には好きなものが五つありました。それによって桓公は諸侯《しょこう》に号令し、覇者《はしゃ》となった。いま、あなたが好むものは四つあるようです」

「いや、私は斉《せい》の国威の失墜《しっつい》することだけを恐れている。とても四つなどおよびもつかないことだ」

「いやいや桓公は馬を好んだ、犬も好んだ。あなたも馬、犬ともに好き。また桓公は酒を好み、女を好んだが、あなたも両方とも好き。ただ、桓公は人材を好んだが、あなたは人材だけは好まない」

「いまの時代に人材はいない。好もうにも好めないではないか」

これに対し王斗《おうと》はこういった。

「いまの世に麒麟《きりん》（名馬）はいなくとも、あなたは、馬車馬にこと欠くことはない。名犬はいなくとも飼犬に不自由することはない。

とびきりの美女はいなくとも、後宮《こうきゅう》は女であふれています。あなたが人材を好まないだけのことで、人材がいないなどとはとんでもないことです」

「そういうな。私は人材を招いてよい政治をとりたいとばかり願っているのだから」

「王はそういわれますが、民《たみ》より絹を愛しているように思います。

絹の冠をつくらせる場合、お側《そば》に仕える家臣ではなく専門の職人を使うのは、専門職人のほうが上手《じょうず》につくるからです。

ところが国を治める場合には、おべっかの上手な、いわゆるおべっか専門の家臣だけを用いています。それで民より絹を愛していると申しあげたわけです」

ここで王斗のいわんとしたことは、「人材を登用しようとするなら人材を愛しなさい。人材を好まぬ王のもとには人材は集まらない」ということが第一。

第二は、「冠をつくらせるなら技術に優《すぐ》れた者を使え」ということで、「情実よりも能力、実力主義に徹すべきだ」ということである。

『史記』に、次のような話がある。

中国の戦国時代には、人材確保の目的から、なにか得意や得技をもつ人間を食客《しょっきゃく》として養っていた。

斉《せい》の名宰相といわれた孟嘗君《もうしょうくん》は三千人もの食客をおいたといわれる。

その孟嘗君があるとき、気にいらない食客を追い出そうとした。それを知った魯連《ろれん》という高節《こうせつ》な人がこれを諌《いさ》めた。

「猿は木登りが上手《じょうず》だが、木からおりて水に入れば魚にはかなわない。名馬も険《けわ》しい道を走れば、狐狸《こり》におよばない。三尺の剣をとれば群がる敵を倒すが、鋤《すき》をもって作業すれば農夫にはかなわない。このように得手なことをさせないで、不得手なことをさせれば聖君の堯《ぎょう》ですら困ることがある。使った者が無能だからといって追放する、教えても覚えが悪いからと愚《おろ》か者あつかいしてやめさせる……。

見放された者は一度は他国へ去るだろうが、いつか、その報いに帰ってくるだろう。

あなたのしようとしていることは、世間一般のバカ者がやること以下のやりかたではないか」と。

孟嘗君《もうしょうくん》は追放をやめた、とある。

そういえば、孟嘗君が秦《しん》に使いしたとき、秦王は並々でない名宰相が隣国にいることは不安でならないということで、孟嘗君が秦に来たのを幸いに、殺そうとして牢《ろう》に入れてしまった。

孟嘗君は牢から出るために王の寵愛《ちょうあい》する女性に頼んだ。彼女は狐白裘《こはくきゅう》（狐《きつね》のわき毛の部分の白い毛皮で作った皮衣《かわごろも》）をくれたらという条件をつけた。国を出るとき、一枚持参してきたが、すでに王に献上したあと。

それをきいた随行者のなかに、コソ泥が得意の男がいた。その男がまんまと宮中から盗みだして牢から出ることができた。

早々に逃げだし、函谷関《かんこくかん》まできたが、関所の門は朝一番鶏の鳴き声で開く掟《おきて》。しかし、それを待っていては追手《おって》につかまってしまう。

そのとき随員の一人に物マネの巧《たく》みなものがいた。関所へ忍びこんで一番鶏の鳴き声をだした。物マネだが、あまり上手《じょうず》なので番卒が門を開け、難なく一行は斉《せい》に帰ることができた。

「鶏鳴狗盗《けいめいくとう》」のいわれだが、くだらない人間も時と場合によっては大役を果たすことができ

る。悪くいえば、バカとハサミは使いようである。人間に捨てる者はない、ということにな
る。
天は人間に、なにか世のために役立つ才能を与えてくれている。この才能をどう見いだす
か、そして、この人間の役立つ点をどう伸ばしてやるか、という温かい心以外に人材登用の
鉄則はない。

第六章　志は易《やす》きに求めず、事は難《かた》きを避けず

一　立志《りっし》の四要

「立志は高明《こうめい》を要し、著力《ちゃくりょく》は切実《せつじつ》を要し、工夫《くふう》は精密を要し、期望《きぼう》は遠大《えんだい》を要す」
要するに、立志には見識を高くし、力の入れ所は実際にあてはまるようにし、思考はくわしく、期《き》して望むところは遠く大きくありたいということで、『言志四録』にある。これが「立志の四要」である。

とかく、志《こころざし》は大きくたてるが、工夫に精密を欠く。遠大な計画をたてるがたびたび変更して、ついにはあいまいになる。志がどこへ行ったのかわからなくなる。

また、志を大きくたてるのはよいが、準備を怠《おこた》って中途挫折《ざせつ》してしまうこともある。志はたてるが枝葉末節《しようまっせつ》にとらわれて、達成可能を不可能にしている。

これらのうちもっとも多いのが、困難の壁に突き当ってあきらめてしまうことである。

「志《こころざし》を白刃《はくじん》に降《くだ》さず」とは、白刃に脅《おびや》かされても志は捨てずということだが、困難を前にして志を捨てるようなら初めから志などたてぬがよい。

だいたい、人間社会に困難、不可能ということはないはずで、天地自然の理に逆《さか》らうことは不可能だが、それ以外はみんな可能である。

不可能を先に口にする者は〝理想論〟という文句ですべてを片づけてしまうが、理想論とは実現可能なことを考えることだと思う。

よく「それは理想論だ」「困難だ」「不可能だ」といって片づけたがる人もあるが、これでは多くの人を率《ひき》いることも不可能になるだろう。

志《こころざし》をたてて困難も厳しさもない、まして行き詰まることもないというような志は、誰にもできる平易なものでしかない。そんな志ならたてないほうがよい。やり遂《と》げたとしても小さな益しか望めないものである。歌の文句ではないが、「人のやれないことをやれ」というのが大丈夫の志といえるのではないか。

「老いてますますさかん」という文句があるが、「老い」には「肉体的老い」と「心の老い」の二つが考えられる。心が若ければ、古稀《こき》、喜寿《きじゅ》も青年のうち。心が老いていれば、二十、三十歳でも翁《おきな》である。大きく、遠大な志もたてず、困難や不可能を先に考えている人間は老齢年金受給資格者といえるだろう。

遠大な計画をたて、可能を信じて挑戦する者には、七十歳を越しても部下は青年リーダーとして心服するに違いない。要は、困難を嘆《なげ》かず、可能を信じる心が大きいか小さいかということである。

『三国志』に登場する蜀《しょく》の劉 備《りゅうび》玄徳《げんとく》は、軍師の諸葛孔明《しょかつこうめい》を〝三顧《さんこ》の礼〟をつくして協力を求めたとき、劉備はすでに五十歳近かった。そのころの五十といえば晩年に近い。その劉備に二十七歳の孔明が心服し、最後まで忠誠を尽くしている。

これは、「天下を平定して万民を安《やす》んぜん」と志《こころざ》した劉備の大志と人格に魅《ひ》かれたからにほかならない。

劉備は兵法もろくに知らず、戦いには負けつづけたほどの苦難をへているが、義兄弟の契《ちぎ》りを結んだ関羽《かんう》と張飛《ちょうひ》、さらに「水魚の交わり」を結んだ孔明など、いずれもが艱難《かんなん》をともにして献身的な協力をしている。将の将たる者の魅力があったからといえるだろう。

「事は難《かた》きを避《さ》けず」とあるが、「事の難きに挑《いど》む」とすることもよい。自ら進んで困難、不可能に挑むということである。

現代組織内でも、困難は部下に、安易は自分が、というむきもないではない。安易で功の多いことは部下にやらせ、困難は自ら買ってでるということであれば部下は必ずついてくる。

死地に突入するとき、自分は後尾で督励《とくれい》しているようでは、勝つことはできないものである。

二　志あれば成る

昔、子供に将来なにになりたいかときけば、大将、大臣になりたいと答えた。現代の子供にしても、有名人になりたい、大金持ちになりたいと夢は大きい。ところが学校を終え、社会に一歩踏みだすころには、自分の能力の限界を意識しはじめ、なかには劣等感にとらわれて夢も希望も失せる者もでる。

しかし、心ある者は小さな夢を次第に大きく育てあげ、大きな夢を抱いて常に努力しつづける。入社して、定年まで平社員で満足だという人間は一人もいなかろう。口では一家平穏《へいおん》にすごせれば満足といっているが、内心では財産を得て豊かな生活をしたいと願っているに違いない。

ということは、すべての人たちが自分の願いをかなえてくれる働き場を求めているということである。

そのため、人々はすでに大を成している企業を望み、大きな志《こころざし》を抱く経営者のもとに走るのである。小さな志《こころざし》をもつ者は、それを達成すると満足してしまうから、そのあとの進歩がない。進歩がないということは落伍《らくご》を意味する。落伍を予想しながらついて行く者はない。

『列子《れっし》』に、「呑舟《どんしゅう》の魚《うお》は、枝流《しりゅう》に游《およ》がず。鴻鵠《こうこく》は高く飛んで、汚池《おち》に集《とど》まらず」とある。舟を呑《の》みこんでしまうような大魚は小さな枝流には泳がないし、鴻《おおとり》のような大きな鳥は空高く飛んで、水たまりなどにおりることはない。人もまた志の大きい者は、小人の批判や抵抗にひるむことなく、大志に挑《いど》みつづけるものである。

「燕雀《えんじゃく》安《いずく》んぞ鴻鵠《こうこく》の志を知らんや」（燕《つばめ》や雀《すずめ》のような小さい鳥に、鴻《おおとり》や鵠《はくちょう》のような大きな鳥の心がわかるものか）といったのは、雇《やと》われ百姓の陳勝《ちんしょう》だが、後に大国の秦《しん》に反旗をひるがえして、張楚《ちょうそ》王《おう》と称するまでになっている。

この男にしても、最初は九百人の百姓を率《ひき》い、蓆旗《むしろばた》をおしたてて進軍したが、陳に入城するころには数万の兵になっていたという。

大志ある者は、小さく細い道を広く切り開いていくことに努める。

この陳勝《ちんしょう》に呼応してたったのが江東の楚《そ》の項羽《こうう》であるが、子弟八千を率《ひき》いて揚子《ようす》江《こう》を渡ったが、劉邦《りゅうほう》と争ったころには兵四十万と号している。

また、劉邦は宿場の長でしかなかったとき、秦《しん》の始《し》皇帝《こうてい》の豪華な行幸《ぎょうこう》を見て、「大丈夫当《まさ》にかくの如《ごと》くなるべし」（男と生まれたからにはかくありたいものだ）といったが、ついに項羽を亡ぼして天下を得ている。

トップの大志は部下にとって大きな魅力である。魅力あるところに人材は集まる。集まるから、隘路《あいろ》を大道とすることができる。

トップの志《こころざし》が小であれば、志の大きい部下は去って行けばとて来る者はなくなる。広い道も次第に狭くなり、ついには行き止まることになる。

「志有る者は事竟《つい》に成るなり」（意志を強くして自分自身の目標にむかって進む人は、時に困難に出会っても、最後にはその志を遂《と》げるものである）とは『後漢書』にある言葉だが、大志あるものの前には大道が開かれるのである。

「かねがない、かねさえあれば、おれだって大実業家になってみせる、という人がよくいますけど、私はそういう人はかねがあってもうまくいかないと思う。ほんとうにやるのだったら、かねがなくともやるでしょう。

また、知識がなくてもやる気があれば、勉強しながらでも仕事をこなしていくのが、いま世間で一端《いっぱし》やってこられた方々の歩んできた道だと思います」と話しだしてくれたのは、建売住宅業界の草分けともいえる角栄建設の創立者の角田《かくた》式美《しきみ》氏である。

「私は広島で生まれ、旧制中学の夜間部を中退して山一証券の大阪支店へ入社した。終戦の年、召集されたがすぐに終戦になり、会社へ出ようとしたら取引所がいつ再開されるかわからないという。休んでいて月給をもらうのは悪いと思って辞職したが、家が山の中だから仕事といえば山の木を扱うぐらいなもの。そこで材木屋を始めた。木を扱った経験はなし、資金はゼロ、年は二十歳《はたち》で地盤もない。しかし、仕事を始めなければ食べていけない。そこでどうしたかというと、まず、町の家具屋さんや梱包材料で材木を使う鉄工所をまわって、製材機械と山の立木を買いたいから、先にかねを出してもらいたいといって予約売りを始めた。それがスタート。始めると、一生懸命に働く。こうして三年たったころには材木屋三、四十軒のなかで三、四番の出荷量になっていた。

ところが、四人の子供をつれた戦争未亡人と結婚したということで、反対されて東京へ出て、荷物の運搬、靴磨きをやった。板橋で六畳の部屋に六人暮らし。

そうしたとき、六畳の部屋代を千円だったか値上げしてくれといわれ、それなら掘《ほ》っ立《た》て小屋でも建ててそっちへ住もうと考えた。土地が借りられ、材木は月賦でいいといわれたので木造建築にしたが、資金は貯金六万円しかない。大工さん一人だけ頼んで、私が手伝ったから世間相場の半値で一軒できた。

それを見た人が譲ってくれという。それならもう一軒建てて売ろうと思った。売れたらおかねを払うという約束で材木屋、地主さんに渡りをつけ、建てて売った。これが、私がこの道に入った動機なんです」

製材業を始めるときといい、建売住宅の創業といい、かねや物から出発していない。智と汗で始めている。角田さんには、かねも体験も学問もなかったが強い志《こころざし》があった。

「志ある者は事竟《ことつい》に成る」という言葉を裏付けたのが角田さんといえるだろう。

よく、かねがない、時間がないからとボヤいている人があるが、自分に志がないのをボヤくべきだろう。

終戦直後の昭和二十年の暮れのある日、銀行の窓口に二十万円の融資を申し込んできた人があった。戦時中廃品回収をしていた人であった。借入金の使途《しと》は、溶接棒製造の開業資金である。要求に応じたが、幾日かたって、帰宅途中、その工場へ立ち寄ってみた。夜八時ごろだったか、薄暗い電灯の下で奥さんと薬品の配合をやっている。

「今日《きょう》、東大のN博士から指導を受けた。薬の配合割合を書いてもらってきたので家内に読ませ、自分で実験しているところだ。溶接棒はロイド規格に合格しないと上等品扱いされないから必死で研究している」といっている。そのおやじさんは字の読み書きができない。奥さんに読んでもらわなければならない。

私が一年後に立ち寄ったとき、「ロイド規格に合格しました。神戸製鋼など大手企業を含め、うちが二番目の合格」と話してくれた。現在では三菱重工をはじめ大企業へ納入する業界でも有数な地位になっている。

そのおやじさん、肩書は社長だが万年地下足袋《じかたび》で通した。字が読めない、かねもない、技術もない、文字どおり裸一貫で今日《こんにち》の大を成している。

中国の戦国時代、六か国同盟に成功し、自ら六か国の宰相《さいしょう》を兼ねた蘇秦《そしん》は、「我れをして洛《らく》陽負郭《ようふかく》の田二頃《けい》あらしめば、豈《あに》よく六国の相印を佩《お》びんや」(自分がもし洛陽城近くに一万一千坪余りの田をもっていたら、六か国の宰相になることはできなかったろう。無一物《むいちもつ》だからなることができたのだ) といっている。

もてる者は、それを守ることに努力する。なにもない者は攻撃以外にない。

三　志ある者の執念

「これからの人材とは執念《しゅうねん》」といった人がある。あくまで思いを遂《と》げねばやまぬ心といえる。

「経営は結果」といわれるが、結果のない経営はない。いかに学あり、財あり、権ありといっても、それを役立てて結果を得なければ、ないに等しかろう。名論卓説《めいろんたくせつ》も口先だけでは結果は得られない。権力を誇っても、それを行使して成果を得なければ無用の長物になる。

また、持つものを活《い》かして実行に移ったとしても、中途挫折《ざせつ》では始めないほうがよい。可能を信じたなら、あくまでやり遂げる根性《こんじょう》が肝要なのである。「根性とは一つの目的にむかって全知全能を傾注《けいちゅう》する気力である」とは、私なりの根性定義である。

「勉《つと》めて已《や》まざれば大事も必ず成る」の比喩《ひゆ》としてとりあげられている寓話《ぐうわ》に、『列子《れつし》』にある「愚公《ぐこう》山を移す」がある。

九十歳に近い愚公という老人が、高さ一万仞《じん》もある高い山二つを削《けず》り崩《くず》して、平坦な道をつくろうとした話である。

子と孫に箕《み》やモッコをもたせ、山に行って崩《くず》し始めた。これを見た男が、「バカもいい加減にしたらどうだ。老《お》い先《さき》短いのに山の一角さえも崩せまいに」といった。

愚公《ぐこう》は哀《あわ》れむように男にいった。

「お前さんのような浅はかな人間にはとてもわかるまい。たとえ老い先短い私が死んでも、子が残ってやるし、孫があとを継《つ》ぎ、またその孫の子が継いでやればいつかは崩せる。崩した山はもとに戻ることはないからな」

これには忠告したほうが二の句がつげなかった、とある。

『史記』に「断じて敢行《かんこう》すれば、鬼神《きしん》も之《これ》を避《さ》く」（決意して行なえば、鬼神もおそれて避ける。なにごとも成し得ないことはない）とあるが、執念《しゅうねん》で事にあたれば恐れるべきものは全くない。全身これ執念ということであれば、すでに自分というものを忘れ去っているからである。

かつて、関係した会社がピンチに陥《おちい》り、取引銀行から融資中断の宣告を受けるなど、万策すでに尽《つ》きたかの感さえあった。

急きょ、対策会議が開かれた。

その席で私は、起死回生のために二つの条件を提案した。人件費、物件費の大幅削減案である。

それに対して強い反対がでた。「なんとかなる」「なんとかしてもらえる」と、呑気《のんき》に構《かま》えている人間には、すでに危篤《きとく》状態にあることがわからない。

しかし、ここで抵抗に屈すれば会社の明日《あした》はなくなることになる。

そこで、きっぱりといった。

「当社の危《あや》うきこと累卵《るいらん》のごとしだ。この危地から脱する道はただ一つ、可能を信じて活路を見いだし、強行突破することである。〃一灯を掲《かか》げて暗夜を行く。暗夜を憂《うれ》うること勿《なか》れ。只《ただ》一灯を頼め〃ということがある。脱出という旗印に全力投球するだけだ。

中国の故事に、〃騎虎《きこ》の勢《いきお》い下《くだ》るを得ず〃というのがある。つまり、一日に千里を走る虎に乗った以上、途中で虎からおりることは許されない。おりたら虎に食い殺されてしまうという意味だ。いま私が当社のピンチ脱出のための二つの条件を示したことは、千里を走る虎に乗ったのも同じだ。いかなる抵抗があっても、ピンチを脱出するまでこれを撤回《てつかい》することは断じてできない」といいきった。

しかし、そのあと第一次石油危機に見舞われ、その後の長期不況と続いたが、ピンチ脱出の二条件をさらに強化することによって、ようやく脱出に成功した。

「志あるところ道あり」といわれるが、「執念《しゅうねん》のあるところ智、勇あり」ということを、会社再建に執念《しゅうねん》を燃やして初めて知ったわけである。

四　公欲と私欲

「私欲《しよく》あるべからず。公欲《こうよく》は無《な》かるべからず。公欲無ければ則《すなわ》ち人を恕《じょ》する能《あた》わず。私欲有れば、則ち物《もの》を仁《じん》する能わず」

『言志四録』にある言葉であるが、意味は、「私欲は捨てるがよい。公欲はもたなければならない。公欲がなければ人を思いやる心が失なわれ、私欲があれば他人に慈悲の心で恵むことはできない」ということである。

〝公私混同〟とよくいわれるが、企業であれば企業の利益を優先的に考え、自分個人の利を後にすることでなければならない。そこに関係する者が個人の利を優先的に考えるようでは、企業の利益は食いこまれてでなくなる。利益がでなければ、部下や得意先を思いやって利を多く与えることもできなくなる。

もし私利を少なく、公利を厚く、部下により多く分配をすれば、経営者は信頼をえ、それが部下の活力となって企業の発展を促《うなが》すことになる。結果は経営者の私欲をも満たしてくれることになる。

よく経営者で、会社から受ける報酬や役員賞与、さらには株主配当を多くすることによって私腹《しふく》を肥《こ》やそうと計る者がいる。

これは、「肉を割《さ》いて以《もっ》て腹《はら》を充《み》たすがごとし」の故事を地でいくようなものである。

中国唐《とう》の太宗《たいそう》があるときいった。「人君は国があるから立っているものであり、国は民がいるから成り立つものである。それを民から重い税をしぼりあげて君一人が贅沢《ぜいたく》をしたり、私有財産を築くことは、ちょうど、自分の肉を切り割《さ》いて、自分の腹に詰めこむようなものだ。腹がいっぱいになったときには、わが身が死んでしまうだろう」と。

これを言い換えれば、自分の会社だからといって、会社のかねで自分個人が贅沢をしたり、財産をつくりあげることは、ちょうど会社を食いものにしていることになり、食い終ったころには会社がつぶれている、ということになる。

このように、私利優先はいかにも大欲に見えるが、結果は無欲と同じになる。会社をつぶしてしまっては、せっかく築いた私財まで投げださざるをえなくなるからだ。

これに反して、私利を後にして公利を優先する者は、部下の信頼と活力によって企業を大きくすることができるため、報酬、役員賞与、株主配当なども多くなり、所有の自社株の値上り益もばく大なものになってくる。無欲であたれば自然に大欲を満たしてくれる。

「大欲は無欲に似《に》たり」「無欲は大欲に似たり」――いずれを選ぶかは自由だが、〝無欲の結果〟を望む者はないはずだが、どうも経営者の多くは〝無欲の結果〟の方を選んでいるようである。

言い換えれば、目の前にぶらさがっている小利に目が眩《くら》んで将来に得られるであろう大利を失なっている。

本章の標題を引用すれば、ちょうど裏返しに「志は易《やす》きに求め、事は難《かた》きを避けている」のである。

公利、私利の混同の原因は、会社の私物化にある。会社に百％出資していたとしても会社は公的なもの、私物ではない。それを履《は》き違えるから混同がおこる。「私事《しじ》をもって公事《こうじ》を絶対に害してはならぬ」と、己《おのれ》に確約してこそ真の経営者といえるのである。

確然とした公私の区分を知りながら公私を混同している者は、すでに経営者としての自分を見失なったものであって、そこにとどまることは許されない。いずれは公私とも失なうからである。

経営者の公私混同ほど部下の失意をまねくものはない。つくづく世の行く末がわかるからである。歴史が教えているのである。

それなら、なぜ私欲をおさえることができないのか。

ものの本に、「私欲の制し難《がた》きは、志の立たざるに由《よ》る。志立てば真に是《こ》れ紅炉《こうろ》に雪を点《てん》ずるなり。故《ゆえ》に立志は徹上徹下《てつじょうてつか》の工夫なり」（欲望のおさえられないのは、しっかり志を立てないからだ。志がしっかりしていれば、真っ赤に燃えている炉《ろ》の中に雪を入れたように欲望の炎は消えさる。だから立志は、上は道理を極め、下は日常の些細《ささい》なことまですべてに徹する工夫をすることである）とある。

会社を発展させよう、ピンチを脱出しようという志をたてた場合、「果たさずんば死すとも止《や》まず」という強い決意をもっていれば、いかに困窮《こんきゅう》しても志を曲《ま》げることはない。

「夫《そ》れ志正しければ則《すなわ》ち衆《しゅう》邪《じゃ》生ぜず」とか。志を強くして正しい方向に進めば、さまざまな邪念が生じるということはない。

もっとも恐ろしいのは、安易な道を選んだり、楽をして志を遂《と》げようなどと考えることである。

別途かね儲けをして早く会社を大きくしようとか、うまいことピンチを脱出しようなどと安易な道を選ぼうとする。これでは正しい方向にむかっているとはいえない。邪念を払って志を遂《と》げようとしても、邪念を加えてはかえって深場に落ちこむ危険さえある。

五　経営の妙薬は危機感にあり

関係した会社の再建を終えて退任するとき、管理職を前に話した後で社員代表に一枚の色紙を渡した。

その色紙は、その年、中国から来ていた技術研修生で達筆な人がいたので、その人に書いてもらった。「安《やす》けれども危《あや》うきを忘れず。存《そん》すれど亡《ぼう》を忘れず。治《おさ》まれど乱《らん》を忘れず」（安泰なときも危ないことが起こるのを忘れない。存続しているときも亡びることがあるのを忘れない。よく治まっているときも乱世のくることがあるのを忘れない）と書いてある。

この文句は『易経《えききょう》』にあるものだが、私がこれをメモに書いて研修生に渡したところ、「この文句はわれわれが常に上司や先輩からいわれているものです。よろこんで書きましょう」

といってくれたものである。

よく「治《ち》にいて乱《らん》を忘れず」ということを口にするが、この文句からでたものである。会社を去る人間がなぜ、そういう色紙を残したか。その会社は創業当時は厳しい経営を余儀《よぎ》なくされたが、十年後には株式を上場し、五百円額面ながら株価は一万円にも達する勢いを示すほどであった。

ところが、その辺を頂点として次第に業績が低下し、上場後十年になると株価は十分の一近くまで値下がりしている。

その原因はただ一つ、「安くして危《あや》うきを忘る」である。言い換えれば、「勝って兜《かぶと》の緒《お》を締め忘れた」といえよう。

だいたい失敗の種は好調のときに蒔《ま》いているが、好調に酔っているため、それに気づかない。そのため心ある者は、好調になればなるほど心を引き締めるのである。

その会社の収益が好調に転じてから、正副社長の通勤をハイヤーから当時の国電にかえたのをはじめ、その他の経費予算の削減を計るなどの措置をとった。

それに対し、業績が良くなったのだから経費を増やせという要望があった。そこで話した。

「業績が良くなったから出せ、という理由では絶対に出さぬ。絶対必要なことにはいくらでも出す」と。

必要なものに使うかねは有効だが、欲しいものに出すかねはおおむね無駄金である。経営者が、「経営とは、困難で、不可能であったから行き詰まったなどの言いわけは許されないもの」という認識を常に強くもてば、会社が好収益になったからといって余計なかねは出せないはず。にもかかわらず出そうとすることは、安きにいて危うきを忘れているのである。

現職時代のあるとき、会社幹部の何人かに質問ともなく話しかけた。

「天はなぜ人間に、好況、不況、会社に逆境、順境を体験させるのだろうか」

それに対し、いろいろな話がでたが、私はこういっておいた。

「人それぞれの考えがあるだろうが、当社としては、好況とは、不況のために天が与えてくれたものだ。

つまり、不況だ、赤字転落だといっても、そこに働く人間が生活を中断するわけにはいかない。それに企業は生きもの。いついかなる災害にみまわれるかもしれない。そうした万一の場合も含めて好況時に備えておくのが経営責任というものだ」

とかく、好調になると得意になり、好調が万年も続くものと思いこむ。ここから安易な考えだけがうかんできて、危《あや》ういことのあることを忘れる。忘れたころに災《わざわ》いはくる。

兵法に、「智者の慮《りょ》は必ず利害に雑《まじ》う。利に雑えて、而《しこう》して務め信《の》ぶべきなり。害に雑えて、而《しこう》して患《うれ》いを解くべきなり」（智者は、必ず、利益と損失の両面から考える。利を考えるときは損のあることも考慮する。そうすれば事は無事に進む。反対に、損をしたときはそれによって受ける利も考慮に入れる。そうすれば心配無用となる）。

ところが多くは利を追うとき、損は考えない。これが落とし穴となる。

「危機感を常にもつことは、人間の安易という虫を殺す殺虫剤である」と自分なりに考えているが、企業経営にしても楽観のなかから強固な経営基盤は生まれないものである。

六　宿命論に惑《まど》うな

「運勢、家相、人相などを信じますか」とよくきかれる。私の答えはいつも同じで、「自分の欠点を指摘されたときは、すなおに信じ、反省の役に立てる。もし、自分の進歩、前進を妨《さまた》げることであれば全面否定する」といっている。

運勢とは、生来その人に備わる将来の運ということだが、このなかには、その人の努力というものは含まれていないと私なりに考えている。

もし人間が、生まれながらにして貧賤《ひんせん》の刻印をおされ、いかに努力しても貧賤から脱けだすことができないということであれば、誰も汗を流す者はない。

また、生まれながらにして、富貴《ふうき》が約束されているとしたら、これも努力する者はなくなるだろう。努力せずとも富貴の身になれるのであるから。

だいたい、大成した人で、「自分の今日《こんにち》あるのは、生前からすでに決まっていたのだ」といっている者はない。「運が良かった」とか、「〇〇の協力があったからで、自分の力ではない」といっているが、まさか、自分の才能と度胸で成し遂《と》げたともいえないからで、謙遜《けんそん》なのである。

ところが、失敗者となると、とたんに宿命論者が多くなる。

「失敗は生まれる前から決まっていたもの。人力ではとうてい宿命には勝てない」とボヤく。

なかには、自分はかねに縁がない生まれ性《しょう》、どんなに努力しても貯蓄はできない、と最初からあきらめている人もある。かねのもてない生まれ性といって、贅沢《ぜいたく》している。なにも宿命なるものに忠実でなければならないということはないのである。

会社経営者のなかにも、宿命のとりこになっている人もあれば、責任逃れの便法としているものもある。この便法をつかうときは、いつも行き詰まったとき、失敗したときなどで、「これも宿命と思っています」という類《たぐい》である。

失敗者が、失敗の原因を宿命としてしまえば、自分の責任ではなく気楽になるだろうが、周囲の者は宿命と受けとめない。天が課した失敗ではなく、自ら招いたものである。

もし、会社経営者が宿命論者であったとしたら、会社はどうなるだろう。

「この会社の運命は昔から定まっている」「こういう困窮《こんきゅう》状態に陥《おちい》ったのも社運に恵まれていないからだ」と社長がいったとすれば、社員はどう受けとめるか。

会社の運命が決まっているとすれば、われわれ社員がどう努力してもいかんともしがたいのではないか、ということになる。

もしトップが宿命論を否定し、会社の困窮脱出に意欲を示すなら、社員も奮起するだろう。

世の失敗者は常に、「災難は避けようとして避けられるものではない」「幸福は求めても得られるものではない」などと宿命を盾《たて》に可能を不可能にしている。

これに対し成功者は、「幸福は努力次第でいくらでも得られるものだ」「企業の発展は無限である」というように、困難も可能として考え、誰がどういおうと、八卦《はっけ》がどう現われようと前進姿勢を崩《くず》さないものである。

昔、私は母からよくいわれたことがある。

昔の農家は一冊の暦《こよみ》を頼りに生活していたが、それには干支《えと》十二支《じゅうにし》で区別された人の性格、運命などが書かれている。

母がそれを読みながら私にいいきかせた。

「隆一は酉年《とりどし》で気が多く、あれもこれもと手をだして失敗するとあるから、一つのことに熱心にあたれ」というような話だった。

あれこれと手をだし、いずれも中途挫折《ざせつ》で失敗するということだろう。これが私の宿命と考えると、お先まっくらになる。

また、これは、はるかに後年、私が四十歳なかばごろ、人相を偶然の機会に見てもらったことがある。

「あなたは、まことに良い相をしている。使ったかねは必ず入ってくる相だ」といわれた。いい気分で帰って女房に話したところ、「かねがなくて死んだ人以外は、すべて使っただけ入ってきているんですよ。なにがいい人相なんですか。それは全然おかねが残らない、という貧相です」といわれたことがある。

こうした反省もあってその後は、なにごとも一点集中主義をとり、酉年《とりどし》から、一筋道をすすむ猪年《いのししどし》になろうと努めたものである。

「禍福《かふく》は糾《あざな》える縄《なわ》の如《ごと》し」

人間の禍《わざわい》と幸福は縄のように交互にやってくると考えれば、禍のあとは寝て待っていても福はやってくる。

しかし、『人間訓《じんかんくん》』には、「夫《そ》れ禍《わざわい》の来たるや、人自《ひとみずか》ら之《これ》を生じ、福の来たるや、人自ら之を成す」とある。禍福ともに人が自ら招くもの、という意味である。

宿命に捉《とら》われては当然に得られる成功も得られなくなる。「吉凶《きっきょう》は人力に及ばず」ということになってしまう。

第七章　賞罰の公平と統率力

一　刑徳二柄《けいとくにへい》

「明主《めいしゅ》のその臣を導制《どうせい》する所は、二柄《にへい》のみ。二柄とは、刑徳《けいとく》なり。何をか刑徳と謂《い》う。曰《いわ》く殺戮《さつりく》これを刑と謂い、慶賞《けいしょう》を徳と謂う」と、『韓非子《かんぴし》』にある。明君《めいくん》は、部下を統率するのに二つの柄《え》を用いるだけである。一つの柄は罰を加えること、もう一つは賞を与えることである、ということである。

トップが賞罰の権力を握っていれば、部下は罰を恐れ、賞を喜ぶ。恐れおののかせたり、親しみ喜ばせ、手なづけることができる。極言すれば最高権力者は、この二柄を公正に行使することができれば、いかに多くの部下であろうとも統率できるということになる。

それには常に温情をもって教育し、軍律を厳しく徹底しておかなければならない。「厳しく」とは、重すぎず軽すぎず、情に流されず公平であるということになる。

その時の感情によって罪を見すごしたり、重きに失したり、これでは〝お天気社長〟として信用を失なうだろう。

なかには、家庭でのトラブルを会社にもちこんで、叱《しか》りちらす者もある。心の底まで見すかされるだろう。

また、賞罰にまで公私混同している者がある。「あの男は、家庭の雑用までしてくれるから昇格させてやろう」「少々の罪は見ぬふりをしてやろう」という類《たぐい》である。

上司へ直言する者は勇気ある部下といえるが、それを曲解し、少しでも罪を犯すと、この時とばかり直言の怨《うら》みを加えてうっ憤《ぷん》を晴らしている者もないではない。

いずれも経営者不信を促《うなが》すことになる。

もっとも卑劣《ひれつ》なのは、己《おのれ》の罪を部下に負わせて省《かえり》みない者である。これでは心よく従う者はない。

さて、「罪をにくんで人をにくまず」ということがある。公的な罪は理由のいかんを問わず罰すべきだが、私的にはそこに慈《じ》の心を欠くことはできない。人を罰して怨《うら》みをかうのは、多くの場合、人間としての一滴の涙もないからである。

『言志四録』に、「必ずまず其《そ》の人の分量の至《いた》る所を知り、然《しか》る後備わるを責《せ》む」とある。つまり、人を責める際は相手の能力を知って、それ以下と思ったら責めるがよいということである。

たとえば、社長からみて平社員がもの足らないといって叱言《しつげん》する。もの足らないのは当然なのである。社長が敬服するほどの能力者なら社長と同じ待遇をしなければならないだろう。他の平社員に比べてもはなはだしく見劣るようであれば、叱正《しっせい》することは当然である。

言い換えれば、第三者からみても、なるほどと思われる賞罰であることが望ましいということである。

賞罰の公平によく引用されるのが『三国志』を飾る劉備《りゅうび》に仕えた諸葛孔明《しょかつこうめい》である。

孔明は命令に従わなかった馬謖《ばしょく》を泣いて斬《き》ったが、私的には遺族のめんどうをよくみている。

また、李平《りへい》と廖立《りょうりつ》はともに孔明に役職を取りあげられた者だが、孔明が死んだとき二人とも泣き嘆《なげ》き、李平は悲しみのあまり病気になって死んでいる。孔明は政治にあたって全く私心をさしはさまなかったからである。

『論語』に次のようなくだりがある。

ある男が、孔子に、斉《せい》の名宰相管仲《かんちゅう》の人物評を求めた。

「管仲は、斉の大夫《たいふ》であった伯民《はくみん》を罰し、広い領地を没収してしまった。そのため伯民は生活に困窮《こんきゅう》したが、終世怨《うら》み言をいわなかった。管仲の処置は誰からみても公正であったからだ」と。

次に、『史記』の著者、司馬遷《しばせん》にかかわる話がある。

前漢武帝《ぶてい》の時代に、忠誠な武将李陵《りりょう》がいた。

李陵はわずか五千の兵を率《ひき》いて匈奴征伐《きょうどせいばつ》にむかったが、強敵によって味方は全滅し、自らも人事不省におちいり捕えられてしまった。

それまで、李陵の勝報をきくたびに帝自ら百官とともに喝采《かっさい》していたものが敗報をきくと、口をそろえて悪口非難《あっこうひなん》した。ひとり司馬遷のみは李陵を弁護したため武帝の逆鱗《げきりん》にふれ、獄につながれ宮刑《きゅうけい》（去勢の刑）に処せられた。いわゆる〝李陵の禍《か》〟である。

「天は常に善人に与《くみ》す」というが、正しく主張して罰せられている。天道は果たして是といえるか。「天道は是か非か」の故事だが、誤《あやま》った罰は後世まで語りつがれるものである。

二　権力の行使と乱用

前項で、部下の統率は刑、徳の二柄《にへい》で足りるとのべた。

「苛砕《かさい》に大体《だいたい》無し」とか。細《こま》かいところにまでやたらに厳しい人は、大局的な見地に立って判断することができない。ことに最高権力者たる者は大局的見地から時代の変化を見きわめ、対応に誤《あやま》りなきを期すことが任務といえる。

東京に本社をもつ、ある会社の総帥《そうすい》に、

「数十の子会社の統轄《とうかつ》で多忙の毎日でしょう」ときいたところ、

「時間はあり余るほどある。なにしろ私の仕事は子会社や各部門長の首のすげ替えきりないのだから」といっていた。

あとは一切それぞれの責任者に任せっきり。さすれば、時間があり余るのもうなずける。最高権力者は、肝心《かんじん》な要《かなめ》をおさえておればよいのである。要《かなめ》とは賞罰の権である。

だいたい、部下のやるべきことまでやっているようなトップは、要《かなめ》をおさえることを怠《おこた》っているのである。扇《おうぎ》と同じで、要《かなめ》のおさえがないから組織があってないがごとくバラバラになる。部下の仕事までやっているから、要《かなめ》の必要もわからなければ、おさえ方もわからない。

優《すぐ》れたトップは賞罰の要《かなめ》をおさえて離さず、公正に行使して誤ることがない。正しい権力の行使をして、威厳と信頼を得ている。

要《かなめ》をおさえることを怠っているトップは、部下の仕事までして骨をおって悪口をいわれる。それは、正しい権力の行使をしていないからである。

正しい権力の行使とは、権力を与えられている者が当然に行なうべきことを行なうことである。

それには、賞罰の公正ということがいちばん大切であるが、その次にはどういうことがあげられるだろうか。すべて賞罰の公正につきているが、とくにあげねばならないのは部下の指導、教育である。

上に立つものの権力のなかには、部下の非を改め、曲直《きょくちょく》に正《ただ》して有為《ゆうい》な人材とすることも含まれる。これを怠《おこた》ることは、与えられている権力を行使しないということになり、権力の乱用よりも罪は重い。権力の乱用は乱用する者が信用を失ない、地位を失なうことになり、自ら天の制裁を受けるだけにとどまる。

しかし、与えられた権力を行使しないことは、部下を野放し状態にするため人材は育たず、組織の統制を失ない、企業に大きな損失を与えることになる。こうした見方から私は、人の上に立つ者が与えられた権力を行使しないことは、重大な罪にあたるとのべている。

その点、権力を乱用するような者は、虎の威を借《か》りる狐《きつね》よろしく、空威張《からいば》りに威張る。より大きな権力をもつ者の前にでると、米《こめ》つきバッタのようになる。そのさまは児戯《じぎ》に等しい。周囲の人たちも、〝あれだけの人間〟ということで見過ごしている。したがって、多くの場合、権力の乱用は乱用するものが笑われるだけであって、他に損失を及ぼすことはない。

現職時代、私はほとんど怒ったことがない。非を指摘して注意し、改めさせることはあったが、心から怒ったことはない。

ところが、周囲から、「恐ろしい」とかいわれていた。あるとき、それとなくきいてみた。一つは「自分の心の底まで見通しているように思われる」というのと、「何もいわずに、賞罰を明らかにするから」という二つであった。いずれも自分の不徳の致すところと考えたが。

よい事をした、悪い事をしたということは子供ではないのであるから本人がよくわかっている。それをことさら口にすることはない。

企業は人なりというが、城や石垣にかわるような人材を育てるのは一朝一夕ではできない。権力者が権力を正しく行使して部下を育て、その部下が同じく権力を行使して、次第に城にまさる堅固な人垣ができる。

言い換えれば、企業の経営基盤を強固にする道は、権力を正しく行使する権力者をより多く生みだすことにある、ともいえそうである。

三　仁も過ぎては

「〝鼠《ねずみ》のために常に飯《めし》を留め、蛾《が》を憐《あわ》れみて、灯《ひ》を点《とも》せず〟と。古人のこれらの念頭は、これ吾人《ごじん》の一点生々の機なり。これなければすなわちいわゆる土木の形骸《けいがい》のみ」（〝鼠のために飯を残しておき、蛾をあわれんで灯をつけない〟と古人は詠《よ》んでいる。こういう思いやりこそ生けるものをはぐくむ源泉なのである。こうした心がけがなければ魂のない木や土のぬけがらと同じである）と『菜根譚』にある。

なるほど、〝仁〟の心はかくあるべきで、敵味方を問わず、生けるものすべてを思いやらなければならない。しかし、実際問題として、こういう態度がとれるかどうか。鼠や蛾は人間の邪魔《じゃま》もの。むしろ、食を断って鼠を餓死《がし》させ、火をともして蛾を殺すことに努めるだろう。人間感情としては当然なことである。

したがって、この言葉は、こうした人間の厄介《やっかい》ものをも思いやるほど深い心がなければならないということ、端的にいえば、敵味方一視同然でなければならないということである。

営利を目的とする企業が、鼠や蛾にまで同情していたのでは経営が成り立たなくなる。全く利を追わず、徳をもって生き貫《つらぬ》くような人であれば、鼠《ねずみ》のために飯を残すだろうが、生存競争のなかに生きる者にとっては、慈善を先にすることはできかねることである。やはり合理性七分、人情三分程度の比率が好ましいのではなかろうか。これを情を七分、合理性三分とすれば、会社のほうがかえって憐《あわ》れみを乞《こ》うようになるだろう。

昔、魏《ぎ》の国の恵王《けいおう》が卜皮《ぼくひ》という人間にたずねた。

「そちは、この私のことを世間の人はどう評判しているか知っているか」

「たいへん慈恵《じけい》な王だという評判です」

それをきいた王はたいへん喜んで、

「それでは、私の将来はきわめて明るいといえるな」

「いや、明るいどころか国を亡ぼすことになりましょう」

「慈恵は、治世上、これ以上のことはないといえるものだ。しかるに国を亡ぼしてしまうとはいかなるわけか」

卜皮の答えはこうであった。

「慈《じ》は情《なさ》け深いことで、恵《けい》は、与え施《ほどこ》すことを好むことです。情深ければ罪を犯しても罰せず、与え施すことが好きであれば、功のない人にまで賞を与えます。これでは国を亡ぼしてしまうのも当然といえましょう」

かつて関係した会社で分社経営を行ない、わずかの間に百二十人ほどの取締役を選定した。沈滞しきっていた組織を一挙に活性化することができた。長い間の赤字経営から日《ひ》ならずして黒字に転換したのも、この活性化によると思われた。

あるとき、私は、部長、取締役、常務、専務など幹部の序列を相撲《すもう》の番付にならうことにしたい、といったことがある。

負け越せば三役から転落、勝ち越せば昇進という具合に思いきった実力主義をとりたいと話した。

もちろん会社では実力の白黒判定は困難で、番付は作らずじまいに終ったが、小結《こむすび》、関脇《せきわけ》(取締役常務)など三役昇進は自然に行なわれているし、成績不良で黒星が続くと平幕《ひらまく》(社員)に降格されている。つまり、慈恵《じけい》にすぎた管理はしていない。

また、組織の活性化が目にみえるほど鮮《あざや》かになったとき、「取締役に魅力を感じてやる気を起こしてくれるなら、新入社員全員を取締役にしてはどうか」といったことがある。もちろん冗談であるが、全員取締役では悪性インフレ同様、価値がなくなり効果はない。つまり、恵《けい》にすぎてはかえって仇《あだ》となるということである。

四　大義親《しん》を滅す

現代の企業組織のうち多くは、血のつながりによって結ばれている。つまり一家一族が経営の主体となっている。同族会社といわれている。

これについての是非はいろいろな面から論じられているが、私はこれを非ときめつける考えは全くない。問題は制度や組織ではなく、運用の問題と考えているからだ。

「平氏《へいし》にあらずんば人にあらず」とは、平氏でなければ名誉も地位も権力も与えられないということだ。平氏以外の人間は、いかに能力があっても下積みに甘んじなければならない。

この制度であっても、平家一族が優秀人物ぞろいであれば問題視するにはあたらない。平家一族が地位を得ることは当然だからである。

もし、能はないが、一族であるということで重く用いられているとしたら、いずれは衰退を余儀《よぎ》なくされることになる。

その昔、中国の韓《かん》の公子、韓非《かんぴ》は祖国の衰退を救いたいと考えて、諸政一新を断固行なおうと決心した。

ところが、古来の氏族制度を頼りにしている者が頑強に抵抗した。

韓非《かんぴ》は、これらの人間をからかって、こんな話をした。

「宋《そう》の人が畑を耕していた。畑には切り株《かぶ》があり、兎《うさぎ》が走ってくるなり切り株につまずいて首の骨を折って死んでしまった。

それからというもの、その男は、耕す鋤《すき》を投げだして、切り株の見張りをしていた。また兎がくるだろうと思って。ところが、兎はついにこないで、世間の笑いものになってしまった」と。

「株を守る《くいぜ》」の故事だが、古いしきたりにこだわって融通《ゆうずう》のきかないもののたとえに用いられている。

こうしたことは現代でもよく見かけることである。

先ごろ、倒産の危地に追いこまれ、銀行の支援で立ち直ろうとしている会社があった。上場会社ではあるが、いわゆる同族会社といえるものである。

社長は創立者で立派な人であったが、役員の多くを血縁から選んでいた。そのなかで、原材料の仕入れと外注を管理する部長に姪《めい》をあてていた。

その女性は欲が深く、仕入れ先などから袖《そで》の下を密《ひそ》かに受けとっていた。

その結果、当然に仕入れ価額は高くなり、赤字経営になって行き詰まったわけである。この事実は銀行から派遣された役員によって露見したわけであるが、これを社長以下一族が知らぬわけがない。知ってはいたが、その女性部長を更迭《こうてつ》することができなかったのではないか。情に情がからんでくると、「大義のまえに親《しん》を滅《めつ》す」ことができなくなる。

会社をつぶすことよりも、一族の名誉を損《そこ》なうことを恐れるのである。

「大義親《しん》を滅《めつ》す」（大きな正義のためには、肉親をも滅さなければならない）とは『春秋左《さ》氏《し》伝《でん》』にある文句だが、会社の倒産を防ぐという経営者としての最高の義を果たすためには、殺さずとも排除するくらいの勇気がなければならないはずである。

「義を行ないて毀誉《きよ》を顧《かえり》みず」という言葉もある。正義を行なうには、そしられ、褒《ほ》められることなどを考えてはならないということだ。

罪を犯し、過《あやま》ちがあっても、「罰すれば恨《うら》まれやしないか」「一族から非情と陰口きかれるだろう」「見て見ぬふりをしておれば、雅量《がりょう》のある社長として褒められるだろう」ということであってはならない。

かつて、大阪の山善《やまぜん》の社長山本猛夫さんと対談したことがある。そのとき山本さんは、

「うちは、徹底した能力主義をとっています。成績によって同期生でも格差がどんどんつ

きますから、成績の悪いのは格好《かっこう》が悪くなる。なかには蟬《せみ》のように会社にペタッとおんぶという人間もいるけれども、そういうのは漸次《ぜんじ》やめていってますね。私の兄貴も、うちの会社の専務をしていたのですが、平《ひら》の係長になってしまって、こんど独立しましたよ。兄弟だろうと何だろうと、一つのルールは厳正にして侵すべからざるものですね。そうしますと、厳しいことをいっても部下は案外ついてくるものですよ」と話してくれた。

五　賞罰の比重

「賞罰は、必ず重くするにあらずして、必ず行なうに在り」

「功《こう》ありて賞せざれば、善《ぜん》を為《な》せども其《そ》の望を失ない、奸回詰《かんかいきつ》せざれば、悪を為して其の凶を肆《ほしいまま》にす」（功績があっても賞されなければ、よいことをする人間は希望を失ない、悪人は厳しく取り締まらなければ、悪事を行なってその凶悪さをほしいままにするようになる）。

現代でも賞罰を行なう目的は功を進め、悪を退けることにあることはいうまでもないが、実際には、それを疎《おろそ》かにして功者を失望させ、罪ある者をのさばらせていることが多い。

よく、近ごろの若者はやる気が乏《とぼ》しい、元気がない、などのボヤキを聞くが、そのなかには、「やってもやらなくても給料は同じだ」「成績を上げても上げなくてもボーナスは同じだ」という理由がある。功ある者に賞を与えて、やる気をおこさせることは常識だが、その常識が行なわれていない。

かつて現職時代に、取引先である共産国へ機械修理センターを設立した。技術者は全員現地人で、なかなか優秀な人たちであった。

設立当初、私が現地へ行き交渉に当ったが、一つの条件をつけた。中心になる修理員四人に対し、成績に応じてボーナスを当社から支給したいという条件であった。先方の監督官庁の許可をえて実施することになった。

なぜ、そんな条件をつけたか。

ある会社がやはり修理センターを設け、現地の専門員に担当させたが、一日に割り当てられた仕事が終ると、終業時まで何時間でも雑談している。その間はわずかな仕事を頼んでもやろうとしない、という話を聞いていたからだ。

ところが、私がその条件を示すと、「修理に来るのを待っていないで、われわれが出張修理すれば大きなサービスになる」とか、「修理だけでなく販売にも協力しよう」と申しでてきた。

ボーナス効果といえるだろう。

次に、関係した会社で、それまで年二回の社員ボーナスだったものを、新たに期末決算ボーナスを加えて年三回支給したときの話である。

決算ボーナスの第一回は基本給の平均半月分であったが、業績によって格差を設けた。分社した子会社、各部門別に業績を査定して支給した。平均では半月分だが業績の悪いところは少なく、良いところはその分だけ多くなるため、部門によっては年二回のボーナスに基本給の二か月分も加算されることになった。

当初は、不公平という非難が高まることもありうると考えていたが、高まったのは各子会社、各部門間の競争意欲であった。

業績がどうあろうとボーナス、昇給は同じとか、大差なしということでは、成績不良、やる気なし人間には公平だが、やる気十分、成績良好の人間にとっては不公平ということになる。

以上、ボーナスを中心にのべたが、罪ある者を罰し、功ある者を賞すという場合はどうあるべきか。

「一《いち》を殺し以《もっ》て万《ばん》を懲《こ》らし、一《いち》を賞《しょう》して衆《しゅう》を勧《すす》む」（一人の悪人を処刑することによって、多くの悪人を戒《いまし》め改心させ、一人の善人を賞することによって多くの人々に善を勧める)。これは呂尚《ろしょう》(太公望《たいこうぼう》)が周《しゅう》の武王《ぶおう》にいった言葉だが、「一を賞して百を勧《すす》め、一を罰《ばっ》して衆を懲《こ》らす」も同じ意味である。

これについてまずのべたいのは、罰を受けるのは罪が表に現われたものに限られているように、通常では賞も、日あたりがよい部門とか、目につきやすい人がその対象になる。いわゆる縁の下の力もちは対象から外《はず》されることが多い。

しかし、企業を支える者は最高位から最下位のすべての人である。「駕籠《かご》に乗る人、担《かつ》ぐ人、そのまた草鞋《わらじ》を作る人」とか。どの一人を欠いても成り立たない。ということは、裏方といえる人たちまでよく見て賞すべきだということである。

ある会社に関係したとき、いつも表彰されるのは生産や販売、つまり日あたりの良い部門であった。

ところが、その会社の欠陥は不良商品在庫の累増にあった。極論すると、欠陥を造りだす部門だけが表彰されているということになる。

そこで、その年の表彰者に、部品管理係長と梱包輸送係長を加えた。不良在庫を足の踏み場もないほど放置しながら日あたりのよい部門にいた面々も、少しは反省したに違いない。

さて、「賞は重く、罰は軽く」を望むのは人情。『言志四録』に、「賞罰は世《よ》と軽重《けいちょう》す。然《しか》るにその分数《ぶんすう》、大略《たいりゃく》十中《ちゅう》の七は賞《しょう》にして、十中《ちゅう》の三は罰なれば可なり」（賞罰は世間の情勢次第で重くも軽くもすべきであるが、その割合は賞を十中の七、罰を十中の三程度にするのがよい）とある。

また、「明君の制は、賞は重きに従い、罰は軽きに従う」という言葉もある。

さらに、部下を気《き》づかう者は、叱《しか》り、諭《さと》すとき、けっして他人をそばにおかず、部下が立つ瀬をなくすほど怒ることはないものである。

六　賞罰の効は行なう者による

賞を与える目的は、功績をたてた者に対する慰労《いろう》と、いっそうやる気を起こさせるためであり、罰を加えるのは、失敗に対するみせしめと、反省の機を与えるためであるとのべた。

賞罰の方法はいろいろ考えられるが、問題は結果にある。賞してもありがたいと思われず、罰しても陰で舌をだしているようでは賞罰の効果はない。

たった一言の褒《ほ》め言葉に感激することもあれば、高価な記念品つきの表彰にもありがた味の薄いものもある。百雷一時に落ちたような叱声《しっせい》に驚かず、笑顔からでた一言に思わず首のすくむ思いをすることがある。

この違いは、賞罰を加える人の人格によってわかれるといえるだろう。言い換えれば、人格者からの賞罰には心から喜び、心から反省するが、人格のない人からのそれはうれしくもなければ、痛くもない。

これをさらに突きつめると、言動の正しい人と正しくない人とで賞罰の効がわかれる、ということである。

極端な例が、ゴルフやマージャン、宴会などに明け暮れしている社長から、精勤賞や努力賞をもらっても、表彰状にある社長の名がそらぞらしくみえるだろう。

社長が人格者であり、社員の尊敬の的《まと》になっているなら、表彰状を必要としなかろう。一言の賛辞に感激するだろう。

また、罰についても同じことがいえる。

『貞観政要《じょうがんせいよう》』に、「君自ら詐《いつわ》りを為《な》さば、臣下の直《なお》きを行なわんと欲すとも、是《こ》れ猶《な》お源《みなもと》濁《にご》りて水の清きを望むが如し」（君たる者がいつわりを行なえば、家臣に正直にすることを望んでも、水源がにごっているのに流れの清いのを望むようなものだ）とある。つまり上に立つ者が正しくしなければ、部下にそれを望んでもむだであるということになる。

孔子は、季康子《きこうし》から政治の眼目《がんもく》についてたずねられたとき、「政治の政は正《せい》、ただすという意味です。あなたが率先して範を示せば、悪をはたらく者はいなくなるでしょう」と答えた。

また、たびたび起こる犯罪を心配した季康子から相談を受けたとき、「まず、あなた自身の欲望をおさえることです。私欲にとらわれない君主のもとでは、賞金をだしても罪を犯す者はでないものです」と。

まさに「その身正しければ令せずして行なわれ、その身正しからざれば令すと雖《いえど》も従わず」である。

ある会社の再建に協力したとき、「入るを計って出《い》ずるを制す」を逆にして「出《い》ずるを制して入るを計る」として、思いきった節約令を出した。あてにならない、それに費用のかかる「入るを計る」よりも、実行すればそのときから効果が現われ、費用もかからない「出ずるを制す」ことに全力投球すべきだと考えたからである。

ところが放漫に馳《な》れた人種には馬の耳に念仏で、実行する者がいない。昼食時間の消灯を勧めたが、いつになっても消えている部屋がない。そこで私が各室を回って、「豪華なシャンデリアをもってきた時ぐらい電灯を消したらどうか」といって自分のヤカン頭を叩《たた》いた。

しかし、その時は消すが翌日はつけっ放し。

意地をはっているとしか思えないほど消さなかったのは、昔の軍隊でいえば司令室という部門だった。

そこで、その司令室長に、各子会社と本社の各部門長あてに節約を徹底するための通達を出すように指示した。

しばらくたってからである。あるとき司令室長がボヤいている。

「社長名の通達を出したが、通達を読まないところもあれば、読んでも実行しないところがある。先が思いやられる」

そこで私がそれとなく話しだした。

「私はここ三年半の間に五回、中国へ社用で行っている。ときおり農村地帯まで足をのばすが、雀《すずめ》が一羽も見あたらない。そこで、そのわけをきいた。

実《みの》りの時期になると田畑に雀が群がり集まる。そこを人間が、鳴り物をもって取り巻く。雀がおりてくると鳴り物をならす。雀が飛びたち、先々でおりようとするとジャンジャンならすので、雀はおりて羽《はね》を休める暇がない。雀は長いあいだ飛んでいられないから、ついに力尽きる。そこを人間が捕えて全滅してしまったという。

わが国で雀退治にカカシを立てているが、雀は見馴《みな》れてくるとカカシをバカにして、そこに止まって羽を休めている」

ここまで話したら、司令室長が「私たちをカカシといいたいのではないか」という。

「それに気づけば、あとを話すこともなかろう」といったが、自らは行なわずに何回通達を出しても効き目はない。自ら行なえば通達の必要はない。

七　賞罰の心得

賞罰の心得の第一は、必賞ということである。

功をあげた者には必ず賞を与えることである。事前に約束してあればなおさらのことで、約束に背《そむ》けば、待望が失望に変わり、従来以上にやる気を失なうことになる。

必賞であるからには、その功は、少々努力すれば誰にもあげられ、成功の確率が高いということでなければならない。

「及ばぬ鯉《こい》の滝登《たきのぼ》り」的な目的を与えて、これを果たした者には賞を与えるといっても苦笑がはね返ってくるだけである。

次に、必賞ということでは、賞の確実さが大切である。功をたてたら賞を与えるといわれていても、それがあいまいであったり、口にしていた賞より小さくなっているようでは、期待外れから意欲を失なうばかりか、経営者不信をまねくことになる。

必賞の第三は、その賞に魅力があることである。

この目標を達成すれば表彰状と金千円の褒美《ほうび》をだすといっても、部下は社長の顔は見るだろうが手はだすまい。かねより表彰状に値打ちがあるといわれても、「表彰状では居酒屋で飲ましてくれぬ」とボヤくに違いない。

『韓非子《かんぴし》』にこんな話が記されている。

宋《そう》の国のある町で、一人の男が親の喪《も》に服したため骨ばかりになるほど痩《や》せてしまった。王はこれを聞いて、これこそ親孝行の模範であるとして男を役人に取りたてた。たいへんな出世である。そのため翌年には、喪に服したため健康を害して死んだ人が十人以上もでてしまったという。賞の大きな魅力が人を殺したことになる。

源《みなもとのよりとも》頼朝は梶原景季《かじわらかげすえ》にスルスミという愛馬、佐々木高綱《たかつな》にはイケズキという名馬を与えて、先陣を競《きそ》わせている。賞の先渡しである。賞を先にもらえば命を賭《か》けて君恩に報いることになる。

賞罰の心得の第二は、賞を遅らすなということである。

「秋冬に善を為《な》す者をして、必ず春夏を俟《ま》ちて後に賞せしむれば、則《すなわ》ち善を為す者必ず怠《おこた》らん」（もし、秋や冬に良いことをした者への賞を翌年の春夏まで遅らせたとしたら、良いことをした人も怠《なま》けてしまうだろう）。

昔の武将が戦いが終ってまず始めるのが、手柄をたてた者への論功行賞《ろんこうこうしょう》であった。その場で刀やかねを与え、石高《こくだか》を増して賞としている。忘れた時分にもらうのと、即刻もらうのとでは同じものをもらうにしても感激が全く違ってくる。

だいたい意欲型の人間というものは、目的達成を心から喜び、他人から認められるとさらに喜ぶものである。いかに意欲型人間であっても、時過ぎてはありがたさよりも、つれなさが先立つことになるだろう。

賞罰の心得の第三は、一時の感情に従うべからず、ということである。

一時の喜びによって罰すべき人を許してはならないし、一時の怒りで無実の人を罰してはならない。

権力者がもっとも陥《おちい》りやすいのがこれである。権力者というものは、とかく感情に走る。なかには極端な者もある。怒りが爆発するとブレーキがきかなくなる者さえある。罪のない者まで巻きぞえをくう。しかし、怒ったほどには効果がない。

心得の第四は、賞は多くの前で与え、罰は一対一で行なうことである。

清水の次郎長はけっして子分たちの前で叱ることはなかったという。多くの前で恥をかかせることはない。その人間が反省し、罪を改めれば足るのである。

また、立場を失なうほど追いつめることも慎《つつし》みたい。

賞罰の心得の第五は、「刑は刑なきを期《き》す」ということである。

『書経《しょきょう》』にある文句だが、刑罰の最終目的は刑罰を施《ほどこ》す必要がなくなることにある。

一方的に罰することは、自分に全く罪がなかったことを前提にしている。

もし、刑罰の必要をなくそうとするなら、なぜ罪を犯すような者がでたのかを考えれば、刑罰をなくすための知恵はでてくる。

さて、現代の経営においても、処罰するということは秩序を正し、志気を高めるとともに将たる者の威厳を保つことになる。

この効果をいっそう高めるには、組織内の大物であればあるほど厳格な処罰の対象とするということである。規律を正し、統制の万全を期すためには、高位高官といえども例外なし、ということになれば一罰百戒の効果も大となる。

また、表彰される者は小物であればあるほど、人目につかない部署にいる者ほど影響は大きい。

昭和二十年代に表彰規定が銀行に設けられたとき、第一回表彰者は一人の課長と電話交換手であったことを記憶している。

反対に、罰則を適用して窓際に左遷した人物は最右翼の部長だった。

親族縁者については賞を後に、罰を先にすることが効果を大きくすることになる。

八　登用と必賞

「あたりまえに賞を与えよ」というのが私の賞の与えかただが、こと新しいことではない。

多くは、あたりまえのことについて賞が授受されているのである。ということは、あたりまえのことが行なわれていないということである。であるから、あたりまえのことをすることが賞に値《あたい》するのである。企業マンとして、まじめに勤めるのはあたりまえのこと。月給、ボーナスをもらっているのであるから、会社の業績向上に努めるのは当然である。

また、あたりまえのこと、とはいうはやすく行なうは難《かた》い。むずかしいことに対して賞することも当然といえる。

昔話になるが、終戦直後、私は課長代理の地位でしかなかったが、銀行の終戦処理法にもとづく処理担当を命じられた。銀行業務以外の仕事になるため出世にはたいへんな遠まわりとなる。先輩同僚からも同情されたものであった。

しかし、私は当時から、「命令とはチャンスである」と考えていたため、別に苦とは考えなかった。

それを二年半ほどで終了したが、私を待っていたものは課長の椅子だった。銀行が所有する有価証券の運用管理担当の証券課長である。

トップ直々《じきじき》に課長の辞令を渡してくれた。夢にまでみていた課長の辞令をおし戴《いただ》いた記憶がある。

その翌年、銀行で賞罰規定が実施され、百ほどの店課長のうち頭取表彰を受けたのは新前《しんまえ》課長の私一人だけであった。

また、課長時代の後半に頭取から、「もう貸出で償却するものもなくなったから、あくせく儲けなくともいいが、そのかわり、これからの銀行の進むべき道を定め、具体策を実施に移さねばならない。そういう大計画の立案をプロジェクトチームを結成してやってもらいたいのだが、そのチーフになってくれないか。メンバーは十人、人選は君に任せる。決まったら即日発令、即日実施に移れ。夕方には外出先から帰るから、そのとき十人の人名を出せ」と命じられた。

翌朝辞令を受けとり、メンバーの初顔合わせというあわただしさ。それというのも、私が、この完了期間を一か年といったところ、「大まけにまけて半年だ」と頭取にいわれたからであった。

これを六か月で仕上げ、頭取に報告したところ、一日も早く常務会で決定、即日実施ということになった。

それには組織大改革があり、当然幹部の人事異動がともなう。

発令の前に内示があった。私を、部長最右翼の総務部長に予定しているという。これでは幾飛《いくと》びかの昇格になる。そこで、部長空席の経理部副部長にかえてもらった。トップも、「ひいきの引き倒し」ということもあるからといってくれ、一か月後に副をとって部長にしてくれることになった。

こうした体験からもいえるのであるが、名経営者というものは、それぞれにまずチャンスを与え、その結果をみて相応の賞を与えるということである。

功績をあげた者には禄《ろく》を与え、才能のある者には地位を与えるといわれているが、いまの会社でも、成績によって賞与に差をつけたり、能力者には地位を与えたりしているが、つきつめると人間の本性にそった考えかたといえるのである。口ではなんといおうと、人間には名利を望み、向上しようとする意欲がある。これに応えることが組織を活性化する原点ともいえる。

前にものべたように、私はサラリーマン社会も相撲界と同じであってほしいと思っている。努力して勝ち越せば番付が次第に上になる。勝てば賞金がもらえるが、負けてしまえば横綱でも賞金を取ることができない。

相撲の一場所十五日、年六場所ということは、それだけ力士にチャンスを与えていることになる。力士が名利を得る場は土俵の上だけである。その日、その場所が明暗をわけることになっている。

もし、力士が一般のサラリーマンと同じく努力してもしなくても月給は同じ、勝っても賞金もなく、番付も上がらずということであったら、相撲見物をする人はいなくなるだろう。名と利を土俵に賭《か》けているから熱気がもりあがるのである。

よく、「最近の若い人は、地位やかねにガツガツしない」「余暇の多いのを望む」というむきもある。しかし、余暇を望むのは、家でゴロ寝をするためではない。かねを使うためなのである。やはり、かねは欲しいのである。

九　賞罰の公平と人事管理

本書を貫《つらぬ》いているものは、部下を思いやる経営者の〝恕《じょ》〟の精神といえる。具体的には「近き者説《よろこ》べば遠き者来たらん」という『論語』にある言葉である。

会社に近き者、すなわち社員をいかにして喜ばせるかについて書いている。

しかし、読まれる方によっては、これでは経営者は社員の望みをかなえるだけになり、かえって社員は増長したり、またトップの威厳を損《そこ》ねることになるという不満もでようし、抵抗も感じるのではないかと思う。

いかにも、トップとしては沽券《こけん》にかかわると考えるかもしれない。

しかし、トップには、一社に一人きりしか与えられていない賞罰の権、つまり人事権というものがある。これを公正に行使すれば、秩序、威厳も保たれ、部下の向上意欲を刺激することができる。

そのため、賢明な経営者は、「能ある者、功ある者には、地位も給与も与えよう。欲しい者は精をだし、功をあげよ」と、暗《あん》にいっている。言い換えれば、「欲しいものは与えよう。そのかわり、会社の欲しいものを会社に提供してもらいたい」といっていることになる。精もださず、功もあげない者は名利という賞にはありつけない。

わが国も、年功序列という甘い時代は終り、実力主義になってきた。実力をつけさえすれば賞はいろいろな形で与えられるようになってきた。

バカチョンでも秀才でも初任給は同額、怠け者も精勤者も昇給は一率。ボーナスも退職金、年金も同じ。こうした正直者がバカをみるというような制度では働く者がいなくなる。

近年、社会主義経済が破綻《はたん》した理由はここにある。人間の本性に反した政策は、一時は成功しても必ず失敗に終る。

こうした理屈は大昔から知られていたはずで、紀元前四世紀の昔、荀況《じゅんきょう》という学者は、「政治のありかた」として、次のようにのべている。

「有能な人材は、序列にかかわらずどんどん抜擢《ばってき》する。無能な者は遠慮せずにクビにする。手のくだしようのない悪人は、いくら導いてもムダだから死刑にしてしまう。けれども一般の人は、刑罰を加える前に教化に努めるべきだ。相手の見きわめがつかない間は、年齢を基準にしておけばよい。

礼、義の実践につとめないものは、たとえ家柄が王公であろうと、士、大夫《たいふ》であろうと格下げして庶民に編入すべきだ。

逆に学問を修め、言行を慎《つつし》み、礼、義の実践につとめるものは、たとえ庶民であっても大臣、士、大夫《たいふ》に引き上げるべきだ。

言説や行為が正しくないもの、義務を怠《おこた》る不正直者、職につかない浮浪者、これらについては、とくに教育手段を強化して褒美《ほうび》で励まし、刑罰でこらしめながら、しばらく様子をみる。

その結果、仕事に精励すればよし、悔《く》い改めないようなら国外に追放してしまう。

不具《ふぐ》廃疾者《はいしっしゃ》には、保護施設を設けて才能に応じた仕事を与え、生活の面倒をみる。もっとも、資質や言行が極端に反社会的なものは、容赦《ようしゃ》なく殺すべきである。これが最高の徳というものだ。王者の政治はかくあらねばならない」と。

有能な者には地位とかねを与え、無能者は追放、悪人は処刑、要保護者には慈恵《じけい》。しかも、富貴《ふうき》家柄に例外を設けていない。

現代の人事管理に比べても厳しい感じをうけるが、実力主義に徹しようとするなら厳しい罰を避けるわけにはいかない。

部下を区別する目を厳しくしようとするなら、公平を失なわないことが第一。第二は賞に値する部下を見るときの目は大きく、罰に該当《がいとう》する者を見る目は小さくということを忘れるべきではない。

昔、斉《せい》の桓公《かんこう》に仕えた名宰相の管仲《かんちゅう》は、明君はたえず六つの敵を警戒《けいかい》したとのべている。

親族、高官、財産、女色、追従、道楽の六つである。

相手が親族や高官であれば、命令にそむいても処罰しない。

相手が金持ちや可愛がっている女性であれば、禁令を犯しても罰しない。

相手が追従者や道楽仲間であれば、功がなくとも地位や恩賞を与える。

命令違反をしても罰を受けない人間がいるかぎり、命令が部下を動かす効力をもたない。

禁令を犯しても処罰されない人間がいるかぎり、刑罰は民衆を威圧する効力をもたない。

また、功もないのに恩賞をもらえる人がいるかぎり、人々を奮《ふる》いたたせることはできない。

相手によって刑罰に手心を加えず、恩賞も功績によって与えることは明君《めいくん》の条件の一つである。

第八章　信義の魅力

一　信なくんば立たず

「民《たみ》、信《しん》無くんば立たず」と『論語』にある。

人民の間に信義や信頼がなければ国は成り立たない。また、約束を守る心がなければ、立派な政治とはいえないという意味だ。

高弟の子貢《しこう》が、政治の目標についていたとき孔子はこう答えている。

「食糧の充足、軍備の充実、人民の間の信義の三つだ」と。

子貢が再びきいた。

「その三つのうち一つ外《はず》すとしたら、どれにすべきでしょうか」

「それは軍備だ」

「残り二つのうち一つ外すとしたら、どれでしょうか」

「もちろん食糧だ。信義が失なわれては、生きていてもその甲斐《かい》がないではないか」

なるほど、現代の経済社会はもちろん、政治、国際交流から企業の結びつきにしても、互いに信じあうことから成り立っている。家庭にしても親子、夫婦の間も信じあうことから成り立っている。企業内においても、経営者は社員を信じ、社員は経営者を信じているから組織が円滑に運営されるのである。

また、会社と取引先、会社と金融機関の取引にしても、信の一字から成り立っているといえる。

もし、互いに不信であったとすれば、注文書一枚で高額の商品を渡すことはない。小切手一枚で取引することもない。

さらに国家を国民が信用しないことになれば、紙幣で取引することもなくなるだろう。国が紙幣の値打ちを約束しているから、国民はその値打ちを信じているのである。

「信無くんば立たず」とは、国も企業も約束を守ることで成り立っているということである。

『言志四録』に「信《しん》を人に取れば、則《すなわ》ち財足《ざいた》らざることなし」とある。信用を得ておけば財貨に困ることはない、という意味である。

個人にしても、近年は信用制度が拡充され、クレジットカード、ローンも幅広く用いられ、不自由することはない。しかし、誰彼《だれかれ》の区別なく利用できるというものではない。一定の資格条件が必要になっている。一言でいえば〝約束を守る〟人ということになっている。

よく、「銀行は、預金のある人にばかりかねを貸して、ない者には貸してくれない。預金がないから借りたいのだ」という人があった。

これにしても、いい年をしてわずかな預金もない人間が借金をしても、はたして返せるのか、返せないのかわからない。つまり返済という約束ごとを果たしてくれるのか、どうかということである。

ところが、預金のある人であれば、借金を返済するだけの能力があると見られる。つまり信用できるから貸すということになる。

長い銀行生活の体験からいえることだが、成功している人のすべては、信用を得ることに細心の注意と知恵を働かせている。

二、三の例をのべると、その一つは、約定《やくじょう》期日を厳守することで、いかなる場合でも約束を違えることはない。当然のことだが万全を期すため、手形を割り引いた額の二十％を預金としている。割り引いた手形が不渡りになっても支障のないようにしている。

その会社の社長も経理部長も約束時間に遅れたことはない。

また、年二回の決算後は、会計士か税理士をともなって現われ、業務内容の説明をしている。

二つに、預金、借金などの金利について注文をつけない。借金利率が上がったら元金を減らし、預金利率が下がったら元金を増やせばよい、と考えているわけだ。

預金を減らさずに預けつづけ、銀行の絶対的な信用を得ておき、チャンスがきたら、預金の何倍かの借金をし、それを投資して大きく儲ける。

「古今東西、借金の体験がなくて大実業家になった人は一人もいない」とはよくいわれることだが、極言すると〝信〟の一字が大実業家にしたともいえるのである。

二　一諾千金《いちだくせんきん》

〝一諾千金〟という言葉がある。ひとたび人に承諾を与えたなら、けっして約束を破らない。その信頼の強いことは千金万金にもかえ難《がた》いほど尊いものである、という意味である。

昔、中国の戦国時代の終りごろ、魏《ぎ》の信陵君《しんりょうくん》が趙《ちょう》を救けようとしたとき、老臣の侯嬴《こうえい》は、年をとって従軍することができないので魂魄《こんぱく》（＝たましい）となって従いましょうと約束した。いよいよ信陵君が出陣しようとすると、一言の約束を守って自刎《じふん》したという。一言を重んじた節義の人侯嬴《こうえい》の名は後世にまで伝えられている。

〝信〟によって成り立っている現代社会では、些細《ささい》な約束ごとであっても、守るか守らないかによって人物評価は月とスッポンの違いになる。ことに経済社会では、一度の違約が百年培《つちか》った信用をも失なわせることになる。巨大な権力者を奈落の底へ突き落とすことさえある。

物財は一度失なっても再び取りもどすことができるが、一度失なった信用を取りもどすことは不可能に近かろう。

これはパイオニアの創立者、松本望《のぞむ》さんの話である。

「私は家内に若い者三人ばかりつけて特定のものを売る仕事をさせていた。それがうまくいかなくなったのでやめた。そのやめたときに私はえらい体験をした。

私は将来この業界で独立して生きていかなければならない。そのために、問屋筋やそういう方面に一銭でも迷惑をかけておいてはいけないということで、ほんとうにきれいに整理した。家内のもっているものも全部質入れして、それこそ、かまどの灰までかねにかえて払った。ほんとうにきれいに払って得意満面だった。事前にソロバンはじいて、いまのうちなら迷惑かけないで整理できると思ったから整理した。それで、ぼくの信用は絶対にあると思っていた。

ところが、整理が終ったら今度はぼくが勤めている会社がダメになって、いよいよ自分個人で独立してやらなければならないときがきた。

そのとき、信用があると思っていたのは自分だけで、私の信用はゼロということに気づいた。〝あの男は一ぺん会社を整理した男だ。わしは、あいつにひっかからなかったが、他にひっかけられた者がいるに違いない〟といわれた。だから一ぺん失敗したらダメ。信用とはそういうもんだ」と話してくれた。

そのあとで、「東京へきて独立してから比較的順調だったが、やはり事業だから何回かピンチがあった。しかし、二度とこういう失敗はやりたくないということで、そのことだけに気を使っている。何ごとにも早め早めに危険を探知する本能的なものを育てようと思っている。そのため、会社の調子のいいときに心配する。つまり、会社のいいときにいろいろ手をうっておく」と。

これを一言でいうと、信用を失なわないための経営を貫《つらぬ》いている、といえそうである。

戦前の話だが、私の家から二百メートルほど離れた場所に工場を建てた人がある。現在は創立者に後継者がなく解散し、住宅団地になっている。

その創立者は昭和一桁《ひとけた》時代に商売に失敗して、百五十円の借金をつくってしまった。それを返済するために、ある金属業の外交員になった。毎月の稼ぎのなかから五十銭ずつ、隅田川にかかっている両国橋を渡って返しつづけたという。利息を別にしても三百回橋を渡ることになる。貸主もたいへん迷惑だったろう。

ところが、その人が事業を再興しようと工場設立計画をたてたとき、真っ先に賛成し、多分の出資をしてくれたのが、迷惑をうけたはずの貸主であった。落成式当日、私も招待をうけ、そのご仁を紹介されたが、まさに「人生意気に感ず」の心境で出席されたのではなかろうか。

ところが世の中には、「約して果たさず」という人も少なくない。

そのことでは、私もつまらぬ男気《おとこぎ》をだしてかねを立て替えたことがある。そのうち、約束のあるなしにかかわらず返しにきた人は十人に二人。あとはナシの礫《つぶて》。催促しなかったためかもしれないが、借りるときは口をそろえたように、「返します。迷惑かけません」といっているのである。

迷惑をかけるということは、自分は借り得しているわけである。返した人よりも楽をして儲けているのであるから、そのぶんだけでも成功していてよさそうなものだが、かえって落ちぶれている。天罰には見落としということはないようである。

三　トップの信義と組織の活力

信義とは字のごとく、「約束を守り、義務を果たす」ということになるが、トップの信義は、トップへの信頼感を高め、ひいては尊敬、威厳ともなり、強力な統率力にもむすびついてくるものである。

もし、トップが部下との約束を破り、義務を怠《おこた》るようであれば、たちまち部下の信用を失ない、威令も行なわれなくなる。

卑近《ひきん》な例が、いかにトップがこうあるべきだと正しいことをいっていたとしても、自分で行なうことが間違っていたとしたら、部下は正しいことでも正しいこととしてはきかなくなる。トップの行動が正しければ、口に出さなくともトップの心に感激して従うことになる。

そのため、心あるトップは、どんなに小さな約束でも正確に果たすことを心がけるものである。

兵法で知られる呉起《ごき》は知人に出会ったので食事に招いた。知人も承知して、「あとで伺《うかが》うから、それまで待ってもらいたい」というので、「それでは、それまで待ちます」といって別れたが、知人は夕方になっても現われなかった。そのため食べずに待った。

そこで翌朝、呉起は知人を呼びにやって、来てから食事をともにしたという。

どうでもよさそうな約束だが、呉起はそれを確実に守っている。小さな信義を守るような人であれば、大きな信義に背《そむ》くことはない、と考えるのが人情である。

とかく、小さな約束を破っても、あとで謝っておけばよかろうと考えるが、小さな約束であるからこそ守らなければ大きな信義をも失なうことになるのである。

ところが、大切な、しかも、〝小は大に及ぶ〟信義を破るものは下ではなく上であることが多い。言い換えれば、権力を多くもつ者ほど破る。大きな権力をもつ者は、小さな信義を守らねばならないのに守ることを怠《おこた》る。誰もとがめだてする者はないと思うからだろう。とがめる者がいないからこそ自ら守るべきなのである。

関係した会社で、入社早々に感心したことが一つあった。

その会社は、事務室、工場、食堂にいたるまで禁酒としてある。社長命令であった。しばらく前にある者が禁を破り、飲んで器物をこわしたということで退職を命じられたという。

その話をきいていた私は、その後、禁を犯すものがでやしないかと心配していたが、一人もでていない。それは、命じた社長自身が全く犯すことがなかったからである。当然のことだが、長い間には例外ということもありうる。ところが、例外も認めていない。例外は必ずエスカレートすることになるからだ。

こうした小さな信義は、ことあれば大きな信義を行なわせるものである。

第一次石油ショック後の長期不況のなかで五か年計画をたて、四つの目標をもって出発したことはすでにのべた。その一つに、期末手当を加えて、社員ボーナスを年三回支給すると約束した。当然ながら、五か年計画であったので、五年のうちに約束を果たせばよいことになっていた。

ところが、出発の翌年には若干の黒字が予想されたので、三回目のボーナスを支給することにした。社員としては夢想もしなかったことが突然実現して驚いただろうが、それ以上に社員の心をうったのは、社長が約束を果たしてくれたことではなかったろうか。

社員の驚き以上に社長以下幹部の驚いたことは、社員が明朗化したこと、やる気をおこしたことであった。

一人あたりのボーナス額は平均で基本給の半月分でしかなかったが、「その効万金《こうまんきん》に値す」

といったものである。

これは金銭の力では全くない。信の一字がもたらした力である。言い換えれば、その会社の今日《こんにち》あるのも、この一字のお陰といえるのではなかろうか。

四　企業の社会的約束

「企業というものは、高能率の活動によって最大利潤を追求するだけでなく、公共の利益へのサービスを果たす責任をもつという哲学をもたなくてはならない。これは、われわれの地上における住処《すみか》に対して払う家賃である。この家賃は毎月払わなければならない。わが国、ひいては世界経済の成長に貢献することによって、この家賃を払うことができる」といった人がある。

なるほど、会社の財産一つにしても、利益をあげるためには好きなように使ってもよいという考えかたから、一定の社会的義務の束縛《そくばく》をうけるものというように変わってきている。現在、問題になっている法人所有の土地にしても、国の財産である外貨にしても、社会的束《そく》縛《ばく》をうけているといえるだろう。

また、企業の経営目的にしても、公共、営利、健全の三つといわれている。健全な経営に徹し、企業利益を追求し、公共の利益に貢献するということになる。定款《ていかん》には明記してないが、会社の目的として厳然と存在しているといえよう。

ということは、会社設立ということは、利を得、健全経営に徹して社会および公共のために尽くす、ということを公約したことになるだろう。

もし、これを無視し、怠《おこた》るものがあるとすれば公約違反ということになる。しかし、この違反を取り締まる法律は例外を除いてない。経営者の良識にまつ以外にない。

これら企業の公共性は、利益の一部を公共事業、福祉団体等に直接寄付して行なうばかりではない。人々の利便に役立つ商品の開発もそうだし、社員の給与を厚くし、株式配当を多くして株主の所得を増やすことも大きな社会的貢献といえるだろう。

さらに、高収益をあげ納税によって国の支出増大に役立たせることも、間接的な貢献である。

このように企業には、企業自体の利益追求と同時に社会的に貢献すべき任務も課せられている、いわば家賃を払う義務があるといえるのである。

この社会への約束ごとは、企業経営者の信義として自覚しなければならないのではないか。経営者が部下に対して、利益を増やせ、ムダの排除に努めよと叫ぶだけでは、部下は心服することはあるまい。経営者のガメツさだけが念頭にうかぶからだ。

また、利益を増やせといっているのは社員の待遇を良くするためであるとだけ叫んでも、その効果が長くつづくことはない。エサでわれわれを働かせようと考えている、と受けとめる者も少なくないからだ。

もし、トップ自身が、「当社の利益追求は、当社に関係する人々のためばかりではない。世界万民の不幸をなくすため」という自覚のもとに部下に呼びかけたとしたら、心ある者の胸をうつことになるだろう。金額の多寡《たか》が胸をうつのではない。経営者の心が部下の心をうつのである。打算的に考える部下であっても、「世界万民に思いを致すような経営者であれば、われわれ少数をさておくことはない」と考えるからだ。

『三国志』にでてくる蜀《しょく》の劉備《りゅうび》は、孔明《こうめい》を三顧《さんこ》の礼を尽くして迎えようとしたとき、居候《いそうろう》の身でありながら、「天下を平定して万民を安《やす》んぜん」といっている。大ボラを吹いたわけではないことは、その後の苦心をみればわかる。つまり劉備《りゅうび》はこれを公約として掲《かか》げたのである。

もし現代のトップが、大きな社会的約束を関係する人々と自分自身に確約したとすれば、規模の大小にかかわらず偉大な約束をしたことになるだろう。

しかもそれは、大義名分にかなったことであり、とやかくいわれるいわれはない。

結果はどうあれ、そうした自覚のもとに経営に努める社長の姿勢に魅力を感じないものはない。

劉備の大志は成らなかったが、名声はとこしえに絶えることはない。

五 自分との約束

「他人との約束は守ることができるが、自分との約束は守り難《がた》い」と、おおかたの人が知っている。

よい例に酒、タバコがある。

自分のからだには適さないと知ったらやめればよい。まして、医師から勧告されたら即刻やめるべきだ。ところが、その場では、やめますと約束しておきながら、やめない。やめてもまた始める。これは明らかに約束違反だ。

もっと悪質なのは、本日ただいまよりタバコはやめます、と自分が納得ずくで誓っておきながら、翌日には約束を破ることである。

もっとも、これに関しては、私にも家族に知られたくない約束違反が一つだけある。

数年前、はじめて一日ドックへ入った。最後に主任の先生から、「血圧が少々高い。晩酌《ばんしゃく》は何本飲んでいるんですか」ときかれ、「二本です」と答えた。先生が、おもむろに、「それを一本にしなさい」といってくださった。「はい、わかりました」といって帰ったわけだ。先生がいわれた一本は守らなければならない。そこで古戸《ふると》棚《だな》から昔の二《に》合徳利《ごうとつくり》をとりだしてきた。それ以来、晩酌は一本と決めている。

そのかわりタバコは、数年前に禁煙宣言をしたその日から一本も吸っていない。

マッチ不用といわれたほどのヘビースモーカーがよくやめられたといわれるが、私の場合はそれまでに、生涯吸う分として天が割り当てたものを吸いつくしたからで、タバコ会社の売上げに影響したとは思っていない。

このように、自分との約束というものは守り難《がた》い。自分との戦いに勝てと教えられるが、その多くは自分が自分と約束したことを守ることにある。破るようであれば、自分に負けたということになる。

よく会社などで、販売計画、利益計画などを作る。いうまでもなく、作った自分との約束でもある。

ここにある数字というものは、借金証書に書いた金額と同じものである。

ところが計画書にある数字を単なる目やすだ、努力目標だといって軽くみる。

計画実現に取り組む者も、なんとかそこに近づきたいぐらいに考える。その裏には、「目標達成しなくともやむをえない。あとは目標に達成しなかった理由を考えればよかろう」という考えがある。つまり、自分との契約書を書きながら契約を履行《りこう》しようとしない。一種の背任行為といえるものである。

現職時代、期の変わり目などには「〇〇計画書」なるものが各部門から出されてくる。その検討会で、こう話した。

「〝計画書〟を〝契約書〟に書き換えてもらいたい。

ここにある計画数字は、単なる目標ではなく、必達数字である。もし、必達困難と考える部門があれば計画を取りさげてよい。達成を危ぶむような計画書など手数をかけて作る必要はない。

各部門長が責任をもって作成した計画書は裏付けのある借金証書、個人保証書とも考えられるものだ。経営者はそれを株主に示して株主と約束することになる」と。

だいたい自分との約束に忠実な人は、きわめて意志の強い人といえる。だれしも自分との約束で法にふれたり、社会常識から外《はず》れるような約束をするものはない。会社のトップで、放漫経営をして会社をつぶす、と自分に約束する者はない。

「善は貫《つらぬ》き、悪は反省して自己を磨《みが》こう」「美徳は進め、悪徳は退《しりぞ》け、賞罰を明らかにして社員の志気を鼓舞《こぶ》しよう」などと、経営者となれば常々考えていることである。いわば自分との約束をしているわけである。

成功者すべての共通点を一つあげよといわれたら、躊躇《ちゅうちょ》なく「自分との約束を守りつづけている」と答えるだろう。

六　相手の知らぬ約束と感謝

漢《かん》の韓信《かんしん》といえば西漢《せいかん》の劉邦《りゅうほう》の覇業《はぎょう》をたすけた三傑《さんけつ》の一人。「多々《たた》益々《ますます》弁《べん》ず」の故事でも知られている。

その韓信も若いころは職もなく、食うにもこと欠くほどであった。川で釣りをするのが日課であった。

川では女たちが木綿《もめん》を晒《さら》していたが、そのなかの一人が、韓信が飢えているのを見かねて飯を与えた。施《ほどこ》しは、晒し仕事が終るまで何十日もつづいた。韓信が喜んで、

「いつか必ず恩返しをします」といったところ、女は、

「男一匹、自分の口も満足させられない。それを情けないと思って食わせたのに、ご恩を返すとはなにごとだ。私はお礼がほしくて恵んでやったわけじゃない」

後年、韓信は劉邦によって楚王《そおう》に封じられた。故郷に近い楚の都に着任すると、ただちに木綿晒《さら》しの女をよんで千金を与えて礼をのべた。

韓信は食を恵まれ、いまに恩を返すといったが、女はそれを無視している。おそらく、食

を与えていたことなど忘れていたかもしれないが、韓信は恩返しを己《おのれ》との約束として果たしている。いわば約束なき約束を果したのである。

他人との約束を破れば非難されたり、代償も覚悟しなければならない。自分との約束は破っても誰からも苦情一つでることはない。これは大きな落とし穴である。この穴の深さは底なしである。次第に深場に落ちていく。

つまり、自分との約束を守るには困難がともなう。困難から逃れようとするから深く落ちる。

私は二十歳のときに生涯設計として、

二十歳代は法律の勉強

三十歳代は宗教、哲学、歴史の勉強

四十歳代は経済、経営の勉強

五十歳代は蓄財

六十歳以上は晴耕雨読と定め、また生涯信条として、厳しさ、時代の変化、自己能力の限界、疑問(先見)の四つに挑戦することを定めた。

これは、私なりの自分との約束である。

この約束を自分に守らせるために、勝ち負け、損得にかかわる趣味や娯楽を断《た》った。つまり、ゴルフ、マージャンなどを生涯やるまいと自分に誓ったことになる。

現在、わが国有数の林業会社が三重県の桑名にある。明治初期に諸戸《もろと》精六《せいろく》氏が創設したものである。

精六氏は二十歳のとき母から譲られた千両の借金を返すために、〝立志二十か条〟をつくり、実行して十年後に完済、以後、貯金をもとに米相場をやって大利をえ、森林で財を築いた。

その二十か条なるものに、「川の渡し賃一銭五厘を節約するため寒中以外は泳ぎ渡ること。砂利道以外ははだしで歩くこと。旅籠《はたご》に泊るときは夕食をすませてきたとして泊ること、半旅籠（料金半分）ですむから」等々が書かれている。いわば自分との厳しい約束証文である。この約束を実行して、千両の借金という他人との約束も果たしたということになる。

大阪の高槻《たかつき》市にあるムネカタ株式会社の宗形年闊《むねかたとしかつ》社長と対談した際、

「私はいま一人の女性に会いたいと思って探している。その人は、私が電機会社の下積《したづ》みであったころ、部品をリヤカーに積んで卸して歩くなかの一軒の小さな問屋で、いつも一人で仕事をしていた事務員だった。その人が、行くたびに乾菓子《ひがし》一つでも紙に包んで、食べなさい、といって手渡してくれた」

この女性にしても、後日のお礼を考えてしたことではないが、社長としてはいずれ自分が成功したら恩返しをしなければならないと考えた。自分との約束を果たしたかったのである。

また、宗形さんはこうも話してくれた。

「私のネクタイはいつも真っ赤で、いまでは私のシンボルマークになっている。赤ネクタイのいわれを話すことは、私の恥を話すことになるが、実は、借り倉庫で工場を始めたが、間もなく資金にいきづまり倒産寸前に追いこまれた。

万事休して遺書を七通書いた。幾度かためらったが、今晩こそ淀川《よどがわ》へとびこもうと思い、見納めだと思って夜おそく工場を窓ごしにのぞいてみた。ガランとした工場の隅《すみ》で三人の見習工が機械の修理をしている。社長は死に、会社が倒産するのも知らずに。

そのとき、ふと考えた。自分は死んでしまえばそれで終りだが、年若いこの人たちはどうなるだろうと。若い見習工は無心に、明日のために機械の修理をしている。責任ある私は、責任を忘れて死のうとしている。自分はこの人たちのためにも死んではならないと気づいた。その瞬間、三人の上についていた電灯がパッと輝いてみえた。その輝きを、真っ赤なネクタイに移しているんです」と。

さらに続けて、

「当時は、よく会社がつぶれるということで、現金をもっていかないと小物一つ買うこともできない。一食の食事代にもこと欠くほどだったが、一軒の豆腐屋《とうふや》さんだけは、〝困るときはだれも同じ。豆腐でよかったら、いくらでもお持ちなさい。払えるようになってから払ってもらえばよい〟といってくれたが、売ってくれる人があるということがこれほどうれしいとは思わなかった。

ですから、私は会社が良くなってからも、前月に買った代金を、支払日に取りにこいとはいわない。こちらからお届けすることにしている。とにかく、売って下さるのですから。

こういう感謝の気持ちを徹底してきていますから、たとえば、重い原材料などがトラックで運びこまれてきますが、部長あたりでも立って見ていることなどありません。おろす手伝いをしています。材料を運んでくれるから仕事ができる、ありがたいものだ、と思うからでしょう」と。

人の多くは「売ってくれるとはありがたい」とは考えない。「買ってやるからありがたいと思え」ということになっている。

かねがあっても買えないことがあるのを知らない。

自分の生活や経営ができるのは、他に作る人がいるからなのである。

「人の力を用いて人の功を忘れる」ということがある。他人の力を利用しておきながら、その功績を忘れるということで、人の道に外《はず》れていることを戒《いまし》めたものである。

これと似たようなことで、自分の不行きとどきから人に迷惑をかけることがある。これも、迷惑を償《つぐな》う心がなければならない。

関係した会社がピンチを脱し、業績向上の見通しもついたので増資をすることになった。東証二部上場銘柄で、株価は額面五百円、時価は四千円を超えていた。当然に時価発行して資金調達を計るべきだという意見が寄せられた。

なるほど、額面の八倍もの時価であれば、一億円の増資であっても八億円の資金が転がりこむ。七億円は配当のつかない、いわば無利息資金として入ってくる。そのころはまだ借金も多分に残っていたので、時価発行して借金返済に当てるほうがはるかに得策であった。

しかし、考えるまでもなく、長い間株主には無配のうえに、業績不振と株価低迷で損と心配をかけている。これを無視して時価発行したのでは、株主の恩を仇《あだ》で返すことになる。

ここは、有償の株主割当増資にして株主への謝罪と恩返しをしなくてはなるまい。社長も大いに賛成したので有償割当増資としたわけだが、時価発行を主張した人たちには、「会社が利益を逃がすよりも、会社が株主の恩を忘れるほうが恐ろしいものだ」といって了解してもらったことがある。

また、会社の借金を完済した後の余裕資金は、ことごとく、ピンチ当時に支援してくれた銀行を通じて運用している。所有株の多くはそこの銀行株である。これも恩返しのつもりでやっていること。

また、分社では、それぞれの子会社の育ての親ともいえる信用金庫を、都銀や地銀をおいて主力取引銀行としている。

さらに、主幹事証券会社については、「当方から主幹事を変更することはない」と宣言してある。私の在職中、他社から幹事に加えてくれと頼まれたが、これだけは勘弁してくれと謝った。主幹事証券会社にはひとかたならぬ世話になっているからだ。

経営は、ときには採算を度外視することがあっても、恩義を外《はず》してはならないと考えている。

七　先人の苦労に感謝せよ

「前人樹《ぜんじんき》を植えて、後人涼《こうじんりよう》を得《う》」という諺《ことわざ》がある。先人が木を植えてくれたから、後の人はその下で涼《すず》むことができるということで、先人が苦労して今の人に与えてくれている幸福を忘れてはならないという教えである。

中国の要人が日本にきて、「水を飲んだら井戸を掘った人を忘れぬ」といっていたが、なんとも心あたたまる言葉である。

そういえば中国では、食事の際にでた魚を裏返すことはない。魚をとる人の舟が転覆《てんぷく》しないように、ということである。

何回か現地でみたが、迷信などといってはいられない気持ちになる。見ることのない恩人に対する真心のほうが先立つからだろう。

こうした考え方は中国に大昔からあって、人徳の柱ともなるものである。

孔子は、「自分は生まれながらにして物知りであったわけではない。また、自分で考えだしたものでもない。先賢の教えを学んだだけである」という意味のことをのべているが、この裏には先賢の苦労に対しての深い謝恩が感じられる。

現代のわれわれにしても、ものごとの基本は先賢の教えにしたがっているわけで、当然ながら大きな恩を受けていることになる。

この恩にどう報いたらよいか。いうまでもない。先賢の教えを教えとして学び、時代にそったより良いものをつくり出すことである。

いわゆる、「故《ふる》きを温《たず》ねて新しきを知る」で、〝温故知新〟の実をあげることが報恩といえるだろう。

温故知新を私なりに、先賢の教えを学んで、時代に先んじた新しい知恵を生みだし、実行して成果をあげることと解釈し、そうすることが謝恩の道に通じると自分にいいきかせたことがある。私のような打算的な人間は、成果を得なければ恩を忘れてしまう恐れがあるからだ。

だいたい、感謝を自分の心の糧《かて》としている人は、感謝されていることさえ気づいていない。たとえば父母、恩師などは、子や弟子に恩を売ろうとして養育しているわけではない。また、先賢といわれる人も、感謝を求めて恩を施したのではない。

次に、天地自然の恵みに対する恩もある。

人間が生きるための条件は、自然が与えてくれるものである。たとえば米一粒も人のために犠牲になっている。

時間も天が与えてくれた公平な恵み。これにしても疎《おろそ》かにはできない。

作曲家の古賀政男さんは、こう話してくれた。

「私の学生時代です。弟が九州に帰省する旅費をつくらなくちゃならないので、非常に困って私のマンドリンを質に持っていくことになった。これで五、六円借りられるし、音楽院に行けばいつでもマンドリンはひけるから、俺がしばらくがまんすればいいと思って、夕方人目を忍んで質屋に行こうとしたときに、折りも折り、書留がぽんときた。母親が送ってくれたかねです。それは生活を刻《きざ》みに刻んでつくった五円八十五銭なんです。ゴザを織って一枚十五銭。ですから毎日の収入が三十銭か五十銭だったでしょうね。そのなかから五円八十五銭。零細なかねを母親が送ってくれたんです。

ですから、いまでもテレビにでるときは、司会者の方に、母の話をださないでくれと頼んでおくんです。とたんに、目頭が熱くなってきますから」と。

そのとき私が、

「先生と同じようなことが私にもあるんです。昭和七、八年の不況時代、私は脱毛症にかかった。東北の病院に名医がいるという新聞記事を見て、銀行を休職し、仙台へ行って下宿しました。下宿代が月十五円前後だったと思います。

おふくろは一人で百姓をやっていたんですが、農業不況といわれた当時で、収入らしい収入はない。送金がないと下宿代も払えない。下宿屋にはなんとかいいわけしていたんですが、待ちに待った書留がついにきた。なかから七円の小為替《こがわせ》がでてきた。そのうち送ると何度か手紙に書いてありましたが、送るまでにはよほど苦面したかねだったと思います」と話した。

古賀さんの五円八十五銭は弟さんの九州帰省費用に足り、私の七円は米一俵（六十キロ）の代価に相当するが、それよりも子の心をうつものは切《せつ》ない親心なのである。母親は、報恩を目当てにかねを送ったわけではない。それがかえって子の心をうつのである。

相手の意識している恩を返すことは誰でもするが、相手の意識していない恩を返すのはむずかしい。

第九章　識見と果断

一　多識は博学による

「多くの知識はひろく学んで得られる」「知識をたくさんもつことは人生を楽しくするもの」とのべたのは、ＮＨＫの元アナウンサーの鈴木健二氏だが、「知識をたくさんもつことは会社を豊かにする」と読みかえることもできよう。

「知恵だし競争」といわれる時代に、薄学で博学のなかに生き残ろうとすることは、水のない池で生き残ろうとする魚に等しい。

「出藍《しゅつらん》の誉《ほま》れ」、つまり弟子が師よりも優《すぐ》れることであるが、そのいわれはこうである。

「学は以《もっ》て已《や》むべからず。青は之《これ》を藍《あい》より出でて、藍よりも青く、氷《こおり》は水之《これ》を為《つく》りて、水よりも寒《つめた》し」（学問は途中でやめてはならない。青色はもともと藍草《あいくさ》からでるものだが、藍よりも青く、氷は水からできるものだが、水よりもつめたい）とは紀元前四世紀の末期、荀況《じゅんきょう》という人がいった文句である。

これは、人間には天から授《さず》かった天性というものがあるが、学問によって天性をよりよく伸ばすことができるということである。

また、藍《あい》よりも青くすることができるように、どんなものでも外から手を加えれば、本来の姿を変えることができるという意味にもなる。

さらに、「われかつて終日にして思えども、須臾《しゅゆ》の学ぶところにしかざるなり。われかつて跂《つまだ》ちて望めども、高きに登るの博《ひろ》く見るにしかざるなり。高きに登りて招《まね》けば、臂《うで》は長さを加《ま》すにはあらず、しかるに聞く者は彰《あき》らかなり。輿馬《よば》を仮《か》る者は足を利するにはあらず、しかるに千里を致《きわ》む。……君子も生まれつき異なるにはあらず、善《よ》く物に仮るなり」とある。

いつか一日中考えごとをしたが、結果はほんのわずかな時間、学問したのにはおよばなかった。遠くを見るためにできるかぎりの背伸びをしたことがあるが、高い所へ登ってみたのにはおよばなかった。

高い所へ登って手をふると、腕が伸びたわけではないのに遠くの人にもよく見える。風上《かざかみ》から叫ぶと声を高くしたわけではないが、相手にはよくきこえる。車馬を利用すると、俊足《しゅんそく》になったわけではないが千里の道も一日で行く。君子とて生まれながら人より優《すぐ》れていたわけではない、物の利用の仕方が上手《じょうず》なのであるとのべている。

こうした知恵はなんによって得られるか。

学んで得るのである。学べば識見、つまり物事を正しく見わける能力も高くなる。言い換えれば、上に立つ者の条件の多くは学ぶことによって得られるということになる。何ごとによらず、実践して学び、学んで実践することは、立派な成果を得るためには欠くことができない。学んで行なわないのは学ばないのと同じで、行なうために学ぶのである。また、学んでおくと、そのまま役立つこともあれば、応用することもある。学んだことからヒントを得て、新しいことを生みだすのに役立つこともある。

昔の武将はよく兵法を学んでいる。いついかなる時であっても臨機応変に対処するためである。敵と対陣し、即発の場になってどう対応するかを考えているようでは先手必勝を期することはできない。

現代組織でもトップは、速《すみ》やかに決断し、部下に速やかに行なわせるだけの果断の勇が必要とされている。

ところが、学ぶこともない、体験もない人間は些細《ささい》なことまで衆議にはかる。さらに、会議で議論がつくされているのに決断しかねている。

そうした場合、もし学んでいるとすれば、高僧の言葉や昔の英雄の言葉、または老幼《ろうよう》の人の言動を引用して説得し、決断するだろう。

さらに、組織内の人たちが学を競うようになれば、戦力は計りしれないほど充実してくるだろう。

創造的であれ、先見性を発揮せよと号令をかけても、なにも得られないだろう。前記の言葉ではないが、一日中考えてもよい考えがでるとはかぎらないからである。ところが、ほんの少々学んだだけで教えられることは多々あるものである。

聖人孔子も、「自分が生まれながらにして博学であったわけではない。先賢の教えを学んだだけである」といっている。

若いころ私は夜学へ通っていたが、昼食時に先輩と一緒になった。十歳代なかばの食べ盛り、何杯もおかわりしていた。先輩は笑いながら、「僕にもそんな時代があった。若いときは食えるだけ食え。食えといっても飯《めし》だけじゃない。知識という飯も十分に食っておかないと使い者にならない人間になってしまう」といったが、その言葉がいまだに頭に残っている。

それから何年かたったとき、「いま何を勉強しているか。勉強は何のためにする」と突然きかれた。だまっていたら、「役に立てるために勉強はするんだ」といわれたことがある。

二　知識を有すとは

「知識を有すとは、物の理を知り窮《きわ》むることとなるべし」（知識をもつということは、事物の性質を見きわめつくすことである）と、ものの本にある。

また、『近思録《きんしろく》』には、「人の量は識に従いて長ず」とある。人間の器量は知識によって大きくなる。完全に身についた知識が増えるにしたがって成長していくものである、という意味である。器量とは人の才能や人格である。

よく、あの人は器量人だという。よく学んで才能にすぐれ、徳も高い人を指している。才徳いずれも学ばなければ得られない。してみると、器量人とは良く学び、才徳を十分に自分のものとした人ということもできる。

しかし、学びの世界というものは、広く深く限りのないものである。薬師寺の和尚《おしょう》さんは、「勤めれば勤めるほど菩提《ぼだい》は遠くなりにけり」と本に書いておられたが、私などは十年で一科目と定めて法律、経済、哲学を一つ一つ学んだが、入門どころか門の入口にもたどりついていないことに気づく。

しかし、門前の小僧も習ったというより少々かじったお経《きょう》のおかげで、人並の仕事をしつづけることができた。

二十歳から五十歳までの三十年間を私の生涯学修ノルマとしたことはすでにのべたが、五十歳のノルマ修了と同時に銀行の取締役にされている。ノルマは自分以外に知る者はないはずなのに、偶然だが時を同じくして抜擢されている。自分では全く気づかないことだが、学ぶにしたがって器量が大きくなっていったのではなかろうか。

銀行の課長時代、日銀出身のMという常務が、日銀に入って人並に仕事のできるのは井原だ、といっていることを人伝《ひとづて》にきいたことがある。

また、これはNという先輩常務だが、井原という男は背は低いが世界的視野から事を判断している、と誰かに話したという。

埼玉の田圃《たんぼ》のなかからでてきた蛙《かえる》が人に変わったような者でも、広大無辺の哲理や、何千年の歴史書などを読んでいるうちに、小さな青蛙《あおがえる》から大きなガマ蛙に変わってくるのかもしれない。学ということは人間の心や形まで変えてしまう魔術師ともいえそうである。

もし私が何も学ばなかったとすれば、視野も狭くなり、それにつれて考えることも小さくなったろう。当然に行なうことも小さくなり、田のなかにある古井戸に棲《す》む蛙《かえる》で一生を終えたに違いない。

学ぶことは、自信につながり、勇気となって現われる。

また、前記の『荀子《じゅんし》』にあるように、「われかつて終日にして思えども、須臾《しゅゆ》の学ぶところに如《し》かざるなり」、つまり一つのことを一日中考えているなど時間の浪費ということになる。それより、わずかの時間でも学んだほうがはるかに能率的でもある。

天が人間に与えているもっとも公平なものは時間、これをムダなく使うか否かは大きな差となる。人生成功の近道は歴史、言い換えれば先賢の知恵を借りることにある。

ところが、合理主義を唱えている人であっても、「読書など忙しくてやれない」という。忙しいから学ぶのであるといっても理解できない。忙しくて本を読んでいる暇などないといっていた社員に、「定年後に読むがよかろう」といって突っ放したことがある。

基本を学べば応用力がついてくるというが、学ばぬ人間にはジョークも理解できなければ、抽象論もわからない。「抽象論を具体化して成果の得られる人間がこれからの人材だ」と現職時代、幹部に話したことがある。

具体化したことは、ほとんど機械がやる時代になっている。人間のやることは、人の心をどう活《い》かすかでなければならない。

抽象論がわからない人間は無学の幼児に等しい扱いになるか、機械代用人間になりさがる以外にない。

三　学問と実践

「聞かざるは之《これ》を聞くに若《し》かず。之を聞くは之を見るに若かず。之を見るは之を知るに若かず。之を知るは之を行なうに若かず。学は之を行なうに至りて止《や》む」と『荀子《じゅんし》』にある。これを言い換えると、学問はなにごとかを成すためにする、ということになる。

その昔、私が銀行の証券課長になったころである。三十歳代であったので、もっぱら宗教関係の本を読んでいた。生涯設計で三十歳代は自己修養と決めていたからだ。

あるとき証券会社の現役役員と話したとき、「禅書を読むとたくさん儲かるんですか」ときかれ、面食《めんく》らったことがある。

そのときは、ずいぶんガメツい人だ、打算的な人だと思ったものだが、よく考えてみると、その人の言い分が正しい。本を読んで面白がったり、悲しんだりするだけでは単なる心の楽しみでしかない。少なくとも実業界に身をおく者であれば、直接、間接に自分の利に役立たせなければならない。つまり、その人のいわんとするところは、読んだら行なって成果を得よ、ということである。表現はガメツいが示唆《しさ》に富んだものであった。

「学は立志《りっし》より要なるはなし」（学問をするには志をたてるほど肝要なことはない）と『言志四録』にあるが、なにか志をとげるために学ぶのであれば、目的をあいまいにして学ぶよりも効率的である。

学は志をとげる準備だとのべたが、特定の目的を定めなくとも準備の役を果たしてくれるものである。私の場合にしても、「銀行勤務だから法律、経済は必要。大卒程度の学識は身につけておきたい」という漠然としたものであったが、私なりに役に立ててきている。

また、学んだことを実践に移すには、移そう、役立てようとする目的意識をもつことも肝心である。

私は問題に突き当ったり、行動を起こそうとする場合などには、昔学んだ先賢の事例などを思い起こしてきた。事柄は違っていても、裏付けが得られたり、ヒントとなったことも少なくない。

たとえば、ある斜陽化した会社に関係したときである。

約十年前には隆盛を極めた会社が、なぜ傾いてしまったのか。経営する人も同じ、生産、販売する人も同じ、商品も同じ、しかも成長過程にある商品である。時はまさに、高度成長期に入る順境のとき。会社が傾いた原因は何一つ見あたらない。

関係者に原因をきいても、「借金が増えたから」「なぜ借金が増えたのか」「売れ行き不振で在庫が累増したから」「なぜ売れなくなったのか」……と、らちもあかない問答をくり返すばかりで要領を得ない。

こうしたとき、気晴らしというか気分転換に漢詩を口ずさむ、というより自然に口にでてくる。これは父親譲りかもしれない。父は農作業の疲れを焼酎《しょうちゅう》で癒《いや》し、いつも同じ「賤民《せんみん》争いて採る首陽の蕨《わらび》」という詩を歌っていた。返すあてもない借金の苦悩をまぎらわしていたのだと思う。

そうしたある日、白居易《はっきょい》の詩の一節「壮志《そうし》愁《うれ》いに因《よ》りて減《げん》じ、衰容病《すいようやまい》と倶《とも》にす」(ことを成しとげようとしても悩みごとがあれば意気消沈するし、病気がちとなると、顔形も衰えてくる)を思い浮かべた。

こうしたことは生きものである会社にもありうる。気力喪失という、いわゆる気の病《やまい》である。社員の期待外《はず》れ、欲求不満などからきている。極言すると失恋の悩みのようなものである。社の役職員すべて健康体であるが、気の病《やまい》におかされているからだと考えた。

この病気は歌の文句ではないが、お医者さんでも草津の湯でも治らない。

しかし、ここまで考えを突きつめてくると、あとは楽になる。昔の隆盛時代の気持ちを取り戻せばよいからだ。言い換えれば、徹底した意識改革である。

その後、分社経営を進め、五か年計画を発表し、賞罰を明らかにするなど次々に新戦略を実施に移すことができたのも、なにげなく口にした白居易《はっきょい》の詩からである。

四　人材と人財

「社員は会社の財産」とは、よくいわれることである。

なぜ、財産といえるのか。財産とは、「価値を高めるもの」「価値を生みだすもの」という定義があるからだろう。

してみれば、より有為《ゆうい》な社員を育てるということは蓄財の手段であるともいえる。

人材を人財と混同することは不謹慎《ふきんしん》のそしりをまぬかれないが、企業の目的である財を生みだすのは人なりと考えれば、不当とはいいきれなかろう。

また、社員のもつ知能は会社の財産ともいえるものである。現職時代、よくいったことだが、会社の将来を決するものは、社員の頭の中に蓄積された含み資産である。株や土地の含み資産は物的財産の充実保全には役立つが、経済変動、とくに逆境に弱い。人間の知能的な含み資産の効果は時代の進歩に対応するし、逆境にも強い。

さらに、社員それぞれが知的含み資産を増やすことは、将来の名利を約束するものである。「少《しょう》にして学べば、則《すなわ》ち壮《そう》にして為《な》すことあり。壮にして学べば、則ち老《お》いて衰《おとろ》えず。老いて学べば、則ち死して朽《く》ちず」と『言志四録』にある。

一定の年限に達すると、いやおうなしに会社を去らねばならない。なぜ、こうした残酷ともいえる定年制を設けざるをえなかったか。『言志四録』の文言からすれば、少にして学ばず、壮にして学ばず、老いて頭脳まで衰えてきたからである。

ということは、自分を悲哀に追いやる定年制を設けたのは、われわれ自身であることに気づく。もし、還暦《かんれき》、古稀《こき》を越えても頭脳が明晰《めいせき》であれば、体力は青壮年に劣っても、知的労働は立派に果たせる。給与は青壮年よりも高く、体力はもちろん知力も劣るということでは、会社が先に定年になって潰《つぶ》れるだろう。

古今を問わず志ある人は、まず人材の確保に努める。社員の教育に努め、足らなければ外から求める。

「学、博《ひろ》からざる者は、約を守ること能《あた》わず。志《こころざし》篤《あつ》からざる者は力行《りっこう》すること能わず」という戒《いまし》めがある。学識が広くないと要点をつかむことができないし、志が強固でないと何事も力いっぱい行なうことができない、という意味である。

現役のある著名会社のトップは、「わが国の商品が世界を征服したのは、そこに働く人たちが専門以外の勉強をしたからである」とのべている。

そういえば、わが国の人々の読書欲は高く広い。機械技術の専門家がグルメの本を読み、歴史に親しむ。農業技術者がハイテク書に熱中し、音楽に耳を傾ける。学びながら楽しみ、楽しみながら体験している間に知識が身につく。

汗を流し体験しながら、創造の元となるヒラメキがでてくる。他を学ばず専門に凝《こ》り固まっている人間からは、専門にとらわれてヒラメキもでてない。

かつて私は現職を去るとき、社員の文化部なるものに百万円ほど寄付をした。

「私は無趣味、不粋《ぶすい》な人間で、娯楽、スポーツに無縁な男だが、みなさんは若い。常識、法律にふれないことならなんでも体験しなさい。それに役立ててくれ」といって渡したわけだ。

人間は専門にとらわれて広く学ぶことを怠《おこた》ると、頭脳が栄養失調になって発想力も衰えてくる。

最後に、企業がいちばん恐れなければならないのは何か。

いろいろ考えられるが、その一つに社員資質の目減《めべ》りがある。一時期インフレが進み、預貯金、債券などの実質価値が下がり、目減り苦情が多くだされた。

さすがに人の資質の目減りについては口にするものはなかった。

しかし、年々わずかでも賃金は上がる。上がった分だけ能力が向上すれば目減りはない。賃金が上がっていくのに能力がそれに比例して上がらなければ、その人の価値は下がったことになる。つまり、目減りがおこる。能力がともなわないから賃金を引き下げる、というわけにはいかない。

しかし、この目減りがつづくことは会社の命取りを意味する。

人材教育とは人的目減り防止策ともいえるのではないだろうか。もっとも有効な投資とも考えられるわけである。

織田、豊臣、徳川の三代に仕《つか》えた細川幽斉《ほそかわゆうさい》は、「乞食袋《こじきぶくろ》を持て」といっている。

その日に見聞したものを乞食になったつもりで袋の中に入れておけということで、物事を謙虚《けんきょ》に見て、自分に役立たせよということである。

幼児の知識欲はすばらしく、なんでも聞く。大人も答えられず、困惑することがある。もし、この知識欲が大人になってもつづいていたとすれば、たいへんな物知り博士になるだろう。また実践にも大いに役立つに違いない。

二十歳当時、私は生涯貫《つらぬ》こうということで、厳しさ、時代の変化、自己能力の限界、疑問の四つに挑戦せよという生涯信条を決めたことはすでにのべた。

このなかの「疑問への挑戦」という意味は、なんでも知らないことは知ろうという、いわゆるハングリー精神である。見聞するすべてからヒントなりとも得て自分に役立てる。これは無料である。書物も買えなかったハングリー時代の、はしたない精神からでた知恵だったかもしれない。

五　果断の勇と智

トップが大きな成果を得るための条件は、「果断の勇」である。思いきった決行がなければ成果は得られない。

しかし、一時の感情や思いつき、意地、血気にはやった勇気では危険が多く、成果をあげるのは困難である。いわゆる「暴虎《ぼうこ》馮河《ひょうが》」の勇で、荒れくるっている虎に素手で立ちむかい、深い激流を歩いて渡るようなもので、必ず死となる愚《おろ》かな勇でしかない。

もっとも成功率の高い勇は、まず行ないが正義にかなっていることである。

たとえば、真に会社のためということであれば、社員も理解してそれに従うことになる。それは大きな勇気となる。

もし、それがトップの名利のためであって、会社のためでなければ、社員は快《こころよ》く従うことにならない。これは勇気の足を引くことになる。

「文王《ぶんのう》一《ひと》たび怒《いか》りて、天下の民《たみ》を安《やす》んぜり」と『孟子《もうし》』にある。

周《しゅう》の文王は、仁にそった政治を行なった名君であった。人の道から外《はず》れた人間に対して一たび怒ると、天下万民を安《やす》んずることができた。これは道義にかなったもので、一時の血気からでた匹夫《ひっぷ》の勇とは違っていたためである。そのときの虫のいどころで異なるような勇ではない。義にかなった毅然《きぜん》たる態度を示せば、語らずとも人は従うことになる。

また、同書に「自ら反《かえり》みて縮《なお》くんば、千万人と雖《いえど》も吾《わ》れ往《ゆ》かん」とある。自ら省《かえり》みて正しければ、相手が千人万人いようとも恐れることなく進んで行くということだが、これとは逆に、自ら省みて正しくなかったならどうか。非力な人ひとりにも立ちむかうことはできなくなる。

『論語』には、「仁者《じんしゃ》は必ず勇あり。勇者は必ずしも仁あらず」とある。仁者には必ず勇気があるものだが、勇気ある人には必ず仁があるとは限らない。血気の勇だけの人もある、ということである。

このようにもっとも強力な勇は義にかなったものといえるわけであるが、義だけでは立派な成果があがるとは限らない。それに、智、すなわち工夫を加えて万全としなければならない。つまり、義と智を加えた勇気ということである。

前にものべたが、知って行なう場合と、知らずに行なう場合とでは成果に大きな違いがでてくる。

卑近な例が資産の運用などの場合、当然勇気が必要になる。株式や土地などにしても、調査もせず、ただ儲けたい一心でとびつき買いしても、危険は多く利は少ない。利益を多く得るには、また、損を少なくするには、「知っているものに投資する。知ってから買う」ことでなければならない。さらに利を大きくするには、対象を選び、時を待つなどの知恵を加えなければならない道理。人の甘い誘い言葉だけを信じてだす勇気は、身を失なう勇気といえるのである。

「義《ぎ》を見て為《な》さざるは、勇《ゆう》なきなり」とは、『論語』にある言葉だが、人として、企業マンとしてなすべき正しいことを知っていながら実行しないのは勇気がないのである。

会社がピンチに陥《おちい》ったとき、経営者であれば身を挺《てい》してピンチ脱出の策をたて、果敢に実行に移すことは立派な義である。もしためらっているとすれば、「勇なきなり」のそしりをうける。

現職時代、ピンチ脱出の抜本策を示して会社幹部の協力を求めたが、総論に賛成しても各論になると議論百出、いつ実行に移されるか見当もつきかねた。なかには、急を要することも忘れて、会議を開いてじっくり協議してはどうか、と他人ごとのような文句を並べる者さえある。そのとき私はこう話した。

「船が転覆《てんぷく》の危機に直面しているとき、会議を開いていられるか。会議を開くなら一人で開け。一人の会議も一万人の会議も結論は一つ、〝会社を救う〟に決定しているはずだ」と。会社が死地に陥《おちい》っているとき、自分の立場を考えている余裕はない。ただただ会社を救おうとする一念だけとなる。まして、己《おのれ》を先にしている連中と小田原評定をやっている暇などあるわけがない。口にはしなかったが、「千万人といえどもわれ往《ゆ》かん」の意気だけとなる。

私が銀行の取締役に就任したとき、先輩常務からいわれた一言が耳に残っている。「義に共鳴した一人の味方があれば、多くの味方は必要ない。義は百万の師に勝るからだ」と。

六　基本と応用

「君子は本《もと》を務《つと》む」つまり、基本を忠実に身につけなさいということは、すでに本書の冒頭でのべた。

しかし、物ごとをするのに基本だけでは万全とはいいがたい。

基本は書物から学ぶことができるが、応用は体験から得られる。したがって、基本を学び、体験して応用の知恵を生みだすことでなければならない。

よく職場などで、「口先だけでは」という。なるほど基本、原則だけでは新製品もできなければ、生産性を高めることもできない。

メーカーなどでも、〝もの〟は造るが〝商品〟は造れないという場合さえある。私は医療械器メーカーに籍をおいたことがあるが、技術を誇る会社だけに機械は立派につくるが、販売しようとすると、ここが不便だ、ここをこう改善してくれというような意見がでてくる。意見をだしてくるのは実際に取り扱っている人たちからである。機械の性能は基本にしたがっているから正しいが、商品化されていない。それは、体験がないからだろう。

昔の戦争にしても、現在の企業間競争にしても、敵味方とも兵法、販売戦略の基本を学んでいないものはない。それでいながら勝敗が明らかとなる。応用力の差である。

商業コンサルタントのワタケンの渡《わたり》社長からこんな話をきいたことがある。

東京のあるところに同じ造り、同じ物を売るスーパーが三軒並んで店開きした。経営者が違っているため競争は厳しくなる。

当然に顧客獲得のための宣伝競争が展開される。

そのうちの一店が、〝東京一安い店〟という大看板を高く掲《かか》げた。次の一軒は、負けてはならじと〝日本一安い店〟という看板を出した。困ったのは三軒目の店。看板の出しようがない。

それについての相談を渡《わたり》社長がうけた。そこで、「〝入口はこちら〟と書いて、お店の入口にはりなさい」と答えておいたという。

東京一、日本一安い店はここだといってきた客も、〝入口はこちら〟というのでみんな三軒目へ入っていったという話。

看板を掲《かか》げるのは商売の原則だが、看板だ、看板の文字はどうする、ということにとらわれていたのでは、応用の知恵は浮かんでこない。「背水の陣」の故事は西漢の韓信《かんしん》が一万余の少数の兵で、趙《ちょう》の二十万の軍を攻めたとき、川を背にして布陣したことからでたものである。

勝った韓信が祝宴を開いたとき、武将たちから、

「兵法には、山を背に水を前にして戦えとあるが、今回、将軍は兵法とは逆に水を背にして勝っているが、その理由は」ときかれ、

「それも立派な兵法だが、別の兵法に〝己《おのれ》を死地《しち》において後《のち》に生《い》く〟、つまり、味方を絶体絶命の場に追いこんで〝後〟に生きるとある。それを用いたまでだ」と答えている。

味方は寄せ集め兵、しかも一万の少数。負けても逃げ場があるという場に陣を敷けば、命

がけで戦う者はなくなるだろうという考えから、あえて兵法の原則にそわなかったのである。

これとは逆に原則に従い、応用がきかなかったために破れたのが『三国志』の諸葛孔明《しょかつこうめい》に斬られた馬謖《ばしょく》将軍である。

兵法の原則は、「高きを好みて下《ひく》きを悪《にく》む」とあるように、高いところを選んで布陣するのが常道である。馬謖はそれに従ったのだったが、敵は山を包囲し、水、兵糧を絶ったため敗れている。そのときさすがに、孔明が馬謖に命じた戦法は山頂に陣せず、山麓《さんろく》の道を死守して敵を寄せつけてはならぬというもので、原則ではなく応用だったわけである。

別にのべたとおり、私はある会社に関係したとき、支店、営業所などを独立会社化した。組織の分割管理である。当然のごとく、導入に際して多くの反対がでた。

その有力な反対理由として、「現代はコンピューターが発達し、交通通信技術も高度化している。これらを利用して組織を大型化し、スケールメリットをあげるため組織の統合を計るような時代だ。組織の細分化は逆ではないか」というものであった。

まさにそのとおりであって、合理的経営の根本を反対理由としているのであるから弁解の余地はない。

しかし、私はこう説明した。

「なるほど、孫子の兵法に、〝十を以《もっ》て一を攻《せ》む〟ということがある。つまり、味方は十のままに集中しておき、敵の十は分散して守らなければならないように仕向ける。敵の十の兵力を十に分散させ、まずその一を攻めて破るということで、当然味方の勝利となる。この理屈からすれば、分社経営は敵に攻めやすくすることで得策ではない。しかし、〝己《おのれ》を死地《しち》において後《のち》に生《い》く〟ということがある」といって、すでにのべた「背水の陣」の例を話した。

「寄らば大樹の陰」という気風を残している間は、真の組織の活性化は望むべくもない。寄るべき樹《き》を切り倒してしまえば、死地に涼《りょう》を求めることになる。

第十章　勇気はトップの必須条件

一　克己《こっき》の勇

「勝ち難《がた》きは己私《きし》に如《し》くは莫《な》し」（自分の心に打ち勝つことがもっともむずかしい）ということばがある。

また、明《みん》の王陽明《おうようめい》は、「山中の賊は破るは易《やす》く、心中の賊を破るは難《かた》し」とのべている。

「人に勝とうとするなら、まず自分に勝て」という戒《いまし》めもある。

「人間社会とは競争の社会」といった人があるが、この競争に勝った者のすべては、自分との競争に勝ち進んできた人たちだけである。

予選から脱落している者は、自分との戦いに敗れたものといえるだろう。

学問、財産などをもって創業した人が、それらを失なって中途挫折《ざせつ》する。あるいは、革新的な商品を開発しながら、あとがつづかず、一朝の花に終ってしまう。自分の利を考えたり、誇る心が頭をもたげ、驕《おご》り飾る心が災《わざわ》いとなっている。

昔から大業を成した人は、まず自分に勝って業を始める。苦を乗り越え、難をつき破るなど耐えに耐えて小功を積みあげて大成とする。

ここが浮沈のわかれ目になる。初心忘れることなく、己《おのれ》に勝つことに努めつづけるものは、有終の美を飾って、良い後継者に引き継ぐ。

大成しても、自分との戦いを疎《おろそ》かにするものは、次第に私欲の擒《とりこ》となって身と業を失なうことになる。

中国の古い歴史をみても、夏《か》の桀王《けつおう》、殷《いん》の紂王《ちゅうおう》など、生まれながらにして悪王であったわけではない。酒や女に溺《おぼ》れ、国民に重税を課したため国民に背《そむ》かれている。驕《おご》った平氏も久しからず亡びたが、源氏に負ける以前に自分たちに負けていたといえよう。

よく私は、〝耐〟の一字を一日一回、口にしろ、といっている。自分に勝つ決め手はこの一字で足りると思っているからだ。

かつて俳優の川崎敬三さんと話し合ったことがある。そのとき、こんな話をしていた。

「かねや太鼓《たいこ》で売り出してもらって、すぐ消えちゃう人がある。スターになって、すぐ自《う》惚《ぬ》れてしまうからです。

やはり、大スターになるような人は、大部屋の底辺を知っていますから、自分に人気があることにさえ気づかない。有頂天になれといわれてもなれないのではないか。とにかく底辺をはっている時分に耐えに耐えさせられていますからね」

明《みん》の洪自誠《こうじせい》が書いた『菜根譚《さいこんたん》』に、「私に勝ち欲を制するの功は、識《し》ること早からざれば力易《やす》からずという者あり、識り得て破るも忍《にん》過ぎずという者あり。けだし識《しき》はこれ一顆《いっか》の照魔《しょうま》の明珠《めいしゅ》にして、力はこれ一把《いっぱ》の斬魔《ざんま》の慧剣《けいけん》なり。両《ふた》つながら少《か》くべからざるなり」とある。

私情私欲にうち勝つには早く自覚しないと容易に勝つことはできなくなるという人がある。あるいは早く自覚しても、意志が弱かったら征服できないという人もある。自覚は悪魔を照らしだす明珠であり、意志の強さは断ちきる名剣であって、二つとも欠くことはできないという意味である。

なるほど、そのとおりなのであるが、実際は「わかっちゃいるけどやめられない」ということになる。

しかし、ここが肝心なところで、将来に夢があるなら、己《おのれ》の邪念邪欲に勝つ勇気をださねばならない。

かつて、私自身の戒《いまし》めとして、〝五けん〟つまり、堅実、謙虚《けんきょ》、倹約、憲法（法、人道など）、研鑽《けんさん》の五つの〝けん〟を大切にしていた。

現職時代、出世頭《がしら》といわれたほど地位が早く上がった。そうした時期にとかく現われる自惚《うぬぼ》れ、有頂天《うちょうてん》など心の驕《おご》りをおさえるために〝五けん〟を自作し、自戒したものである。

二　過ちを改める勇

権力者が、権力、体面を保つために、自分の過《あやま》ちを改めようとしないことほど愚《おろ》かなことはない。〝威〟〝信〟と〝財〟を失ない、得るものは〝小器（小人物）〟の陰口だけであるからだ。

「過ちて能《よ》く改むるは、民《たみ》の上《かみ》たり」とか。過ちを犯して、これを改めることができる人間は、よく民を治めることができる。

いまの組織にあっても、上に立つ者が自分の過ちに気づいてただちに改めている姿を見ると、頭が下がる思いがするものである。

「過《あやま》ちて改めざる、是《こ》れを過ちと謂《い》う」と『論語』にあるが、改めないことが過ちとすれば、二度過ちを犯すことになる。

人間に過ちのない人はないが、過ちを犯すたびに改めつづけるところに優《すぐ》れた人間形成が行なわれる。過ちを重ねつづけていくようでは、部下の信頼を失ない、権力の座を失なうことにもなりかねない。

とくに権力の座にある者が犯した過《あやま》ちは、隠《かく》しても隠しきれないものである。気づいたらただちに改めることであれば、小さなことであっても大人物としての評価をうけるだろう。改めることをためらっているようでは、大事を遂《と》げてきた人であっても、小器のそしりをまぬかれることはできない。

些細《ささい》なことから、この人はなかなかの人物だなと思ったトップが私の知る範囲で二人あった。

一人は銀行時代のHという頭取である。

頭取自ら経費の削減を計っていたとき、私が、「将来の大を期すなら行員教育費は増やせばとて減らすべきではない」と主張したとき、一課長の言い分を容《い》れて削減を撤回している。

これも課長時代であったが、常務会で決定した件について私がその非を説いたのに対し、即座に決定を白紙にもどしている。

その頭取は常に厳しく、虎の尾をふむ思いで接したほどであったが、自分の過ちを改めることについては、なんのこだわることなく、人にあと味の悪さも残していない。

もう一人は第二の会社に入社してまもないときであった。

その会社の理想は、医療機器製造販売を業としていたこともあって、「新技術を開発して世界人類に貢献する」というもので、入社早々、それについての意見を求められた。そこでいった。

「理想としてはまことに結構で申し分がない。そのために人々は、その理想だけを追って、会社の使命の何たるかを忘れている。すなわち利を全く忘れている。それで今日《こんにち》の、その日暮らし経営に陥《おちい》ったのではないか」と遠慮なしにのべた。

翌日たまたま幹部の会議日であったが、社長は全員を前に真っ先に、会社は利益を追求せねばならないことを強くいい渡した。

私の言葉は、創業者である社長の理想に大きなケチをつけたと思われがちであったが、それを快《こころよ》く受けとめて改めている。

このいずれの人物の場合でも、自分の感情をまじえていたとしたら、「なにを生意気《なまいき》いうか」ということであったろう。すべて私《わたくし》の感情を捨て、公の利を先にしているから過《あやま》ちを改めるのである。

『十八史略』に次のような記述がある。

楚《そ》の項羽《こうう》と漢《かん》の劉邦《りゅうほう》はともに秦《しん》を亡ぼして天下を得ようと争った。

まず秦都の咸陽《かんよう》に突入したのは劉邦。王宮に入ると豪奢《ごうしゃ》な宮室、山と積まれた宝物、数知れぬ後宮の美女。心あやしく動いた劉邦はそのまま王宮に居座《いすわ》ろうとした。これを諫《いさ》めたのが豪雄の樊噲《はんかい》。

「いまだ天下を統一したわけではない。これからが大切なとき。適当なところに陣を張るべきです」と。

劉邦《りゅうほう》がそれに耳を傾けないので、次に諫めたのが智将の張良《ちょうりょう》。

「忠言は耳に逆《さか》らいますが身のためになり、良薬は口にはにがいが病《やまい》に効きます。どうか樊噲《はんかい》のいうことをきいて下さい」と。

これによって自分が過《あやま》ちを犯していることを悟り、ただちに王宮を出て覇上《はじょう》に野陣をしいたという。

これを知った敵の項羽《こうう》の謀将《ぼうしょう》范増《はんぞう》が、

「劉邦は田舎にいたころは欲が深く、財貨をむさぼり、美女を好むなど人のきらわれ者であったが、今は財にも女にも手をふれない。これを見ても彼の志《こころざし》が小さくないことがわかる。早く亡き者にしなければ天下は彼のものになる」といって、項羽《こうう》に劉邦暗殺を進言したことから鴻門《こうもん》の会《かい》となる。このときも項羽は范増《はんぞう》のいうことをきかず、ついに劉邦に敗れることになる。

一方、劉邦《りゅうほう》が王宮を去ったあとに入城してきたのが項羽《こうう》。劉邦が許した秦帝を殺し、封じてあった財宝、美女を私《わたくし》し、宮殿に火を放った。その火は三か月も燃えつづけたという。これを諫《いさ》めたのが韓生《かんせい》だったが、項羽は改めようとはしなかった。

項羽は死に臨んで、「吾《われ》兵を起こしてより八歳、七十余戦、未《いま》だ嘗《かつ》て敗れざるなり。いまついにここにくるしむ」といって、一人烏江《うこう》に逃れて自ら首を刎《は》ねている。七十余戦して勝ちつづけ、最後の一戦で敗れて亡びているが、つきつめると、自分との戦いに敗れていたといえるだろう。

とかく、自分可愛さから自分という敵を甘く見がちになる。他人の過《あやま》ちについてはゆるやかであるべきだが、自分の過ちについては厳しくなければならない。自分の過ちを改めることは、人のそれを改める以上に勇気を必要とするが、それが真の勇といえるのではなかろうか。

三　撤退の勇

権力者がもっとも忌《い》みきらう言葉は、敗れる、倒れる、逃げる、縮まる、撤退する、損するなどで、いずれも自分の名誉にかかわる文句である。

しかし、一度の失敗もなく大事を遂《と》げた者は稀《まれ》である。

前にものべたが、楚《そ》の項羽《こうう》は八年間に七十余戦して最後の一戦に敗れて亡びているといっているが、相手の劉邦《りゅうほう》は終始負けつづけていたが、最後の一戦に勝っただけで天下を得たことになる。劉邦はいつも負けては逃げ、そのあと戦力を養って戦い、また逃げて軍を立て直して最後に勝っている。徳川家康も、「逃げの家康、天下取る」といわれたほど、敗れては逃げてついに天下を取っている。

これらの成功者は、一時の敗退など、不名誉とも恥辱《ちじょく》とも考えていないのではないか。最後の勝利こそすべてを決するものであって、一時の撤退など最後に勝つための手段くらいに考えているのである。

昔の戦いにしても、一時の敗退をきらって撤退の勇を欠いたものは、かえってすべてを失なって、再び立ち上がることができずに亡びている。恥を忍んで退《しりぞ》き、再起を期した者が有終の美を飾っている。

このように考えると、撤退の勇気のある者は捲土重来《けんどちょうらい》（＝一度敗れて、再び勢いをもり返すこと）の勇あるもので、真の勇者ということになる。

現代の企業経営にしても、環境の変化を予測し、それに対応することが経営であるとすれば、不況、金融窮迫《きゅうはく》など環境悪化が予想されれば、生産、在庫調整、資産処分、流動性を厚くするなど縮小均衡に心がけるべきだ。一時の撤退作戦といえるだろう。

さらに経営が不振になれば、よりいっそうの減量経営を断行する勇気が求められる。一日の遅滞《ちたい》は千日の悔《く》いを残す。判断、決断、即断行の三断の勇が必要である。

近年の経営者のうちには、撤退すべき時期に撤退せず、むしろ拡張して長年かけて築いてきた地位と財を失なった者さえある。

その理由の一つは、自己過信に陥《おちい》っていることである。

『史記』の著者司馬遷《しばせん》は楚《そ》の項羽《こうう》を評して、

「数百年のあいだ稀《まれ》にみる大人物であるが、指導者として欠ける点があった。われとわが功を誇るあまり、自分一個の知恵に頼って歴史上の教訓を学ばなかったことである」とのべている。

過去にあげた自分の功績を自慢し、自分の才能を誇るようになって、やがて、天下に恐れるものなしという気になる。

それが自然の恐ろしさをも忘れさせるのである。

平清盛《たいらのきよもり》が扇を開いて、西海に落ちる日を戻そうとしたという話があるが、権力におごると自然をも屈服できると思うようになる。

失脚した現代の経営者にしても、過去にあげた自分の功を誇るあまり、環境悪化を知りながらも前進姿勢を通す。清盛の心境になるから、自らがついに西海に沈むことになる。環境悪化を予測したら兵を損なわず撤退し、後日を期すのが戦いの常道なのである。

撤退を妨げる二つめの理由として、体面、意地にとらわれることである。

減量作戦を主張すると必ずでてくる抵抗は、「人減らしをすると体面にかかわる」「対外信用がおちる」ということである。

あるいは、意地でも頑張ってみせるなどと元気のいい者もとびだす。そういう人間に限って具体策はない。

こういう人々は、小さな体面、小さな信用にとらわれて、倒産という大きな信用失墜《しっつい》に気づかないのである。

その第三の理由は、目先の小さな損にとらわれていることである。

「人を減らすには退職金が必要になる」「経費を節約すれば売上げが落ちる」など、見える損だけにとらわれる。倒産になればより大きな犠牲を余儀なくされることに気づかない。

第四の理由は、安易な人間が存在することである。

不況、金づまりなど企業の周囲に荒波がたちはじめたら、船は防波堤の中に入ることを急がねばならない。転覆《てんぷく》の危険があるとみたら、積荷まで捨てる覚悟が必要である。

こうした場合になっても、「急いで防波堤に入ることもなかろう」「積荷まで捨てることもなかろう」「そこまでしなくとも、なんとかなるだろう」と、将来を甘くみる者も少なくない。なんとかなるだろう、という考えほど不確実なものはないのである。

かつて関係した会社を再建するために、減量、ケチ経営といわれるほどの撤退作戦をとったことがある。赤字会社だったが、売上げは増やさずともよいから黒字化を急げ、と指示したほどだから相当な後退戦術である。

その際にいったことだが、「この大縮小作戦は、大拡大作戦の前哨戦《ぜんしょうせん》である。拡大作戦を早く展開するためには、この前哨戦に早く勝つことである」と。この撤退作戦の効果は二、三年後にはっきり現われている。

四　新天地開拓の勇

第二の会社へ入ってまもなく、
「経営者の任務はなにか」と、口頭試問よろしくきかれ、
「災《わざわ》いを未萌《みほう》のうちに除き、勝を百年の遠きに決することである」と、咄嗟《とっさ》に答えたことがある。

将来、会社の災いになるようなことは、まだ芽のでないうちに取り除き、百年たった先においても安泰成長をとげつづけるような経営基盤を築くことである、という意味である。

百年の安泰を可能にする条件には、新技術の開発、有力市場の開拓、それを推進するための新たな収益源の開拓、それに相応する人材の育成、とくに創造力の涵養《かんよう》などがあげられる。

これらは、革新時代の生き残り条件ともいえるものである。

旧来の因襲《いんしゅう》的な考えを打ち破って、革新、進歩的にするために欠くことのできないものは、

最高権力者たる社長の自己改革と勇気といえるだろう。

権力者が、今よくいわれている化石人間ということでは、物心両面にわたる新天地開拓など思いもよらないことになる。

「現在の策が最善」「現状に満足」「現商品にまさる物なし」など、現在満足のうえにあぐらをかいている人間の頭を、率先して「足るを知らず」的な人間に生まれ変わらせなければならない。もし、因襲《いんしゅう》的頭脳であるなら、現在に満足しない頭脳に入れかえるべきだということである。いわゆる意識改革である。

組織ぐるみ、その気にさせなければ効果も薄くなる。革新的頭脳一色に塗りかえるには、トップ自身がその気になることと、部下をそうさせるための可能なかぎりの支持支援が必要になる。

銀行時代、一課長にすぎなかった私は、将来の機械化時代を予想して、当時開発されてまもないIBMの電算機導入をトップに進言した。昭和三十年の初めである。行内の意見は反対一色。決しかねたのか、トップが関係部長十人から意見を徴《ちょう》したところ、すべて反対。賛成者は私一人であった。反対多数で実現は不能と考えていた。

ところが、トップはそれらの人たちの集まりで、知らぬふりをして私にきいた。

「井原君一人賛成になっているが、君はいま何部所属だったかな」

「証券課ですから、経理部です」

「そうか。経理部というと、かねを出すほうの係だな。かねを出す人間が賛成しているのだから、この際、機械を入れようと思うのだがどうか」

トップがこういいだして反対を唱えるものはない。同業者中トップをきって機械化に踏みだせたのも、トップの先見と決断によるものであった。

現在、全金融機関にネットされているデータ通信も、私が銀行の企画部長当時に単独で開発し、実行に移したものだが、トップの強力なバックアップがあったから実現したものである。

機械化と併行《へいこう》して進言していたのが、銀行の大衆化戦略であった。

当時その一手段として婦人銀行構想なるものを持ちだし、婦人市場開拓を進めようと考えた。婦人向けのサービスを拡大し、婦人専用窓口を設けるなどを考えていた。わが国の国民の経済力が向上するにつれて、家庭の経済的実権は主婦に移ることをも付け加えて進言した。

トップの部屋で一時間ほど説明したところ、トップは「よしわかった。すぐ準備にかかってよろしい。ただし、一つ条件がある。この私を婦人銀行の頭取にすることだ」と賛成してくれた。

もちろん、その条件は冗談であるが、その冗談がかえって力づけになった。

一週間ほどたったとき、トップに出会った。「どうだ婦人銀行構想は進んでいるか。料理教室に使う自動車などは早く注文したほうがよいぞ」とハッパをかけてくる。かけられた私も、その気になり、次第に全行一致の態勢も整ってくる。

いざ前進ということになったところ、当局の広告規制とやらで中止させられた。江戸時代の風刺画に、目の不自由な人が足に釘《くぎ》をさして困っているのがあった。「上《かみ》が不明で下下《しもじも》が困る」と判ずるのだそうである。

とにかく、新市場の開拓にしても、トップの心がそこになければ、下の心は逸《はや》ってもことは進まない。心そこにあれば自ら《おのずか》道はひらけてくる。

新技術の開発にしてもしかりで、研究開発に努めても商品化するのは十中の一。あるいはゼロに終ることもある。トップがこれを恐れてはならないし、部下が失敗しても責めてはならない。

五　匹夫《ひっぷ》の勇

孫子の兵法に、兵力に応じた戦い方として次のようにのべてある。
一、味方が敵の十倍の兵力なら、敵軍を包囲する。
二、五倍の兵力なら、敵軍を攻めまくる。
三、二倍の兵力なら、敵を分断して戦う。
四、同等の兵力なら、全力を尽くして戦う。
五、味方が劣勢であるなら、退却する。
六、勝つ自信がないなら、戦わない。

味方の兵力を考えず、強大な敵に挑戦すれば敵の餌食《えじき》となる。

いずれの場合もリーダーの決断と勇気を必要とするが、このうち最もむずかしいのは、五の退却と、六の戦わぬことの二つといえるだろう。

前にものべたように、退却も、戦わずも、臆病《おくびょう》のそしりをうける恐れがあるからだ。しかし、これを恐れる者は真の勇者とはいいがたい。むしろ、犬死《いぬじに》を避けて戦わず退却することが真の勇者といえるのである。

とかく、現代の経営にあたっても、外見を飾るためか、威勢を示すためかわからないが、豪華な建造物を建てたり、内部管理目的のものに大口投資しているむきもある。一部の者からは、度胸のある人、勇気のある人だなどといわれているが、これは売名者の肩をかついでいるだけであって、真の勇者を見分けることのできない者である。

サラリーマン社会にもよく見受けることだが、ギャンブルに大金を賭けている者がある。いかにも勇者を気取っているが、素手《すで》で虎にむかう者で、大欲からでた勇でしかない。

また、会社などで、どなりちらし、部下を威圧しようとしている者がある。これなども真の勇者ではない。

「匹夫《ひっぷ》辱《はずかし》めらるれば剣を抜《ぬ》きて起《た》ち、身を挺《てい》して闘《たたか》う、此《こ》れ勇と為《な》すに足らざるなり」という。つまり、凡人が辱められると剣をとって立ちあがり、体をはって戦おうとするが、これは真の勇といえるものではない。現代では剣は振りあげないが拳《けん》をあげ、目をいからす者もある。その様《さま》は周囲からみると、カマキリが足をあげているぐらいにしか見えないものである。

また、会社の資金運用などの場合にもいえることだが、時を選ばず売買をくり返し、大金を動かしている者がある。いかにも勇ある行為のようだが、チャンス到来を待つ勇気には及ばないものである。

これは会社の設備投資や在庫投資などについてもいえることで、思いついたが吉日とばかり、時も選ばず、採算も知らずにことを始めるよりも、時期を選んで出発するに如《し》かずといえるだろう。

さらに、社内で倹約を説き、自ら実行することは大きな勇気を必要とするが、おかねを欲しいことに使わず、必要なことに限って使うには、それ以上の勇気が必要である。

このように考えると、日々のわれわれの行動で勇気のともなわないことはない。勇気がないことは、なにもしないこととなる。

昔の指導者が勇者を望んでいたように、現代の指導者も渇望《かつぼう》しているものである。

勇者を言い換えれば、行動力のある者といえる。

そして、その勇は、樹木の枝葉《しよう》を動かす勇よりも幹を動かす勇、さらには大地を揺るがす勇であって、相手一人を指示する勇よりも組織全部を動かすほどの勇を望んでいるのである。

旧態依然とした社風を変えようとする勇気。停滞から活性に導く意識改革、さらには国際化に対応しようとする覇気《はき》……等々の精神面から改革する勇気。さらには、進歩的技術をとり入れた経営を進める勇気。いずれも厳しい時代に生き残るための勇気である。

「水行して蛟竜《こうりゆう》を避けざる者は、漁父《ぎよふ》の勇なり」と『荘子《そうじ》』にある。船で行って蛟《みずち》や竜を恐れないのは漁師《りようし》の勇気であるという意味だ。

諺《ことわざ》に「山に虎あるを知りて、故《ことさら》に樵夫《きこり》となる」とある。山に虎がいることを承知で、わざわざ樵夫《きこり》は山に入っていく。

いずれも、自分の任務を果たすためには、危険がともなっても恐れてはならないということを教えている。

義を先にした勇、つまり会社のために行なう勇気が真の勇、自分の利だけにする勇は匹夫《ひっぷ》の勇といえよう。

六　優柔不断

「会して議せず、議して決せず、決して行なわず、行なって責任を取らず」とか。もし、こうした会社があったとすれば余命いくばくもなし、ということになるだろう。

また、総論賛成、各論反対をくり返しているような会議に終始している会社も同じ運命をたどることになるだろう。

これらのいずれもが、トップの優柔不断に起因しているものである。決断力に乏しいからである。

優柔不断はどこからくるか。それぞれの環境・立場によるが、平均的な原因をあげると次のようになる。

一、困難を嘆いて、可能を信じない。
二、勉強、体験、資金などに乏しく、自信がない。
三、過去の失敗におびえ、恐れている。
四、己《おのれ》の名利を考え、失なうことを恐れる。
五、意見をのべる者の立場を考えすぎる。

これらは、ほとんどトップ自身からでているものである。要するに、信念、自信に欠けているからである。

とくにトップが優柔不断で笑いものにされていることは、迷信にとらわれ、過去の恐怖におびえていることである。

「一旦《いったん》蛇に咬《か》まれ、三年藁縄《わらなわ》を怕《おそ》る」という中国の諺《ことわざ》がある。一度蛇に咬まれた昔の恐ろしさが頭にあるため、藁縄をみてもゾッとするということである。

「羹《あつもの》に懲《こ》りて膾《なます》を吹く」という詩の文句もある。熱い汁を飲んでやけどをしたのにこりて、冷たいあえものさえ吹いて食うということで、度のすぎた用心のことをいう。

また、緊急なことを行なうのに、「今年は不吉、来年にしよう」というむきもある。会社がハネ上がるように午年《うまどし》にやろうというのさえある。わざわざ悪い時を選ぶことはないが、決断した日が吉日なのである。

豊臣秀吉は、織田信長の訃報《ふほう》をきくと、すぐに毛利輝元《てるもと》と和を結んで引き返し、休む暇もなく山崎の合戦に出陣している。

そのとき、高僧が「今日の出陣は不吉、再びこの城に戻ることはできない」と引きとめようとした。秀吉は、「不吉どころか大吉日だ。二度とこの城に帰れないというが、帰るつもりはない。この戦いに勝って別に大きな城を築いてそこに住む」といって、頭髪を切って出陣したという。縁起をかついで時を遅らすよりも、一刻も早く出陣することによって大吉にしようというのである。

事は大事になればなるほど決断しかねるものである。疎《おろそ》かにすれば危険も大きくなるからである。

それには熟慮《じゅくりょ》を重ね、衆議を経ることも当然である。しかし、熟慮はしたが決しようとしないものもあれば、決断だけで行なわずじまいというのもある。例外を除いてはトップの心が決まっていないからである。

『菜根譚』に「盈満《えいまん》におる者は、水のまさに溢《あふ》れんとしていまだ溢れざるが如《ごと》し。切にふたたび一滴を加うることを忌《い》む。危急におる者は、木のまさに折れんとしていまだ折れざるが如し。切にふたたび一搦《だく》を加うることを忌む」（最高の地位にいる者は、水が器から溢《あふ》れないでいるようなもの。一滴を加えることもきらう。せっぱつまった危ないところにいる者は、木が折れそうで折れないようなもの。ひと押しでも加えられることをきらうものである）とある。

最高の権力者というものは、もっとも力の強いものでなければならないが、往々《おうおう》にしてもっとも弱くなる。一言一行に気を使い、過ちのないように用心するからだ。そのため、ややもすると消極的になったり、臆病になる。これがまた優柔不断となって現われる。

よく私は、勇気の源泉は自分を捨てることにあるといっている。

権力、名誉、財産などを得ようとする欲、守ろうとする欲、増やそう、減らすまいとする欲から離れ、無心になって目的に突き当るということである。その結果はかえって名利が増えたり、守られたりするものである。自分を捨てきれないから、減らしたり、失なうことになる。

「自分を捨てきれない者は、会社を捨てるか、自分が捨てられる」とは、第二の人生に踏みだすとき手帳に書きこんだ私の文句である。

トップの必須条件の一つは決断力にある。清水《きよみず》の舞台から飛びおりねばならないときにためらっていたとすれば、部下はうしろから突き落とすだろう。

七　現代トップに欠ける勇気

現代のトップに欠ける最たるものは、勇といえるだろう。

トップの条件は、仁、智、勇といわれているが、仁、智には優《すぐ》れているが、果断の勇に乏しいきらいがある。勇気は行動を意味し、成果を得る基本といえる。勇気に乏しいことは、当然に得られる成果を少なくし、あるいは失なわせ、さらに、避けられる損失をも避けられず、小さな災《わざわ》いを大にしてしまう。

かつて、ある会社の幹部研修会に出席したときである。

出席者二十名ほどが発表する意見をきいていても理路整然、内容も進歩的で批判する余地もない。また、発言態度なども謙虚《けんきょ》で、礼は正しく立派なものであった。つまり、仁、智にいうことなし、といえるものであった。

ところが野性味、行動力に乏しい感じを受けた。過去の成功、失敗事例などをきいたが、いずれも勇気に欠けていることを思わせる。

もちろん、黒字経営、十％配当会社であったが、百尺竿頭《ひゃくしゃくかんとう》さらに一歩を進めたら業績向上が期待できると考えられた。

参加者の意見発表が終ったところで社長から、「遠慮のない助言を」といわれ、私はこう話した。

「皆さんの話をきいて、すばらしい考え方におどろかされた。全体的にみて非はないように見受けられる。

ただ一点欠けているように思えてならないことがある。たとえば、従来から合理化を進めていて、小さな合理化は進んでいるが、効果の大きいところの合理化には手をつけていないようだ。

また、この会社では、会議が多く、文書も多く、それを見る部署も多い。権限が与えられている決裁者と企案者の印が二つあればよいのではないか。

こうしたことは、〝責任を一人で負わず、押印で責任を分担しよう〟〝責任を会議に転嫁しよう〟とするものである。終局的には勇気がないということにならないだろうか。

つまり、経営全体としては立派に行なわれているが、肝心な一点が足りないと考えたい。それが勇気ということで、もし、皆さんに一段の勇気が加わったとしたら、会社はさらに飛躍するのではないだろうか。

昔から〝画竜点睛《がりようてんせい》を欠く〟という言葉がある、物事の眼目となる肝心なところが欠けているという意味だ。

昔、中国の南北朝の時代、南朝の梁《りよう》の国に、将軍、太守にもなった張僧繇《ちようそうよう》という絵の大家がいた。彼が金陵（今の南京）の安楽寺の壁に二匹の竜を描いて一つの竜に最後に睛《ひとみ》を書き入れたところ、その竜は黒雲を呼びおこし、天上に昇ってしまったが、睛を入れなかったもう一匹の竜はそのまま残っていたという。

要するに、〝形つくって魂入れず〟では功をあげることはできない。御社《おんしや》がさらに一段の飛躍を期すなら、竜の睛《ひとみ》を入れる勇気をもつべきではないだろうか。

そのことに関連していえば、私は関係した会社で、なにか計画をたて実行しようとするときは、まず、この仕事でもっとも肝心な点はどこかを考え、それに重点をおいて行動してきた。多くの場合、肝心要《かなめ》がいちばん弱いことを知っていたからである。いちばん弱い点を補強すれば事は成る。

現代の会社を見渡しても、組織制度はうまくつくるが、それを動かす人々の意識が改善されていない。物の作り方、売り方は知っているが、根性が鍛えられていないというきらいがある。これでは睛《ひとみ》を入れない竜で、雲を呼んで飛躍することはない。

関係した会社がピンチに陥《おちい》ったとき、主力銀行が貸出金元利の凍結、つまり棚上《たなあ》げをして早く再建を計れ、というありがたいことをいってくれたが、私は即座に断った。会社の再建は早まるだろうが、役職員の頭脳はかえって遅れることになる。入っている竜の睛《ひとみ》を抜き出すようなもので、むしろマイナスとなると判断したからだ。

勇気がないから思いきったことができない。すべて中途半端になる。

竜の顎《あご》の下に鱗《うろこ》がある。これを逆鱗《げきりん》というが、これにふれないかぎり、竜にかみつかれることはない。思いきって竜に睛を入れてはどうか」と。

第十一章　創造力と戦略

一　目的意識と執念《しゅうねん》

現代のように革新に革新を重ねる時代にあっては、企業経営の目的も、現状を永続させることにあってはならない。時代はさらに革新されることを信じ、その脅威《きょうい》を克服しながら前進することによってのみ自らを守ることができると考えるべきであろう。

十年一昔《ひとむかし》といわれた時代には、企業は、ただカマドの火を絶やさぬことをもって経営目的としてきた。十年一日のごとく、同じ物を、同じ方法で作り、同じ方法で売っておれば経営が成り立っていたものである。したがって、経営する者も、誠実、勤勉を信条として経営にあたっていたものである。

しかし現代では、誠実、勤勉、プラス創造性、果断の勇など激変時代に対応するための条件を加えなければ、カマドの火どころか、先祖の位牌《いはい》を守ることさえできなくなる。

戦後、創造力ということが経営者の最重要条件にあげられてきているが、その昔は、新しさを求める経営者など皆無に等しかった。

それでは、創造力の涵養《かんよう》に欠かせないことは何であろうか。

その第一は、目的意識を強くもっているということである。

第二に、人より優《すぐ》れたことをしたい、言い換えれば人マネは絶対にしないという心構えである。

第三に、それに全力投球する執念《しゅうねん》といえる。

サンケン電気の創業者故小谷鋕治《てつじ》さんと話し合ったときである。

「小学校をでて電気器具メーカーに小僧で入り、早稲田の工手学校の夜学から早稲田の理工学部を卒業したのが昭和七年、不況のドン底の時で、年も三十歳。就職もできないので、ある研究所へ入った。

そもそも、私が電気を目指したのはエジソンの伝記を読み、無学でもエジソンのような人間になれる、という気持ちがあったからだ。

終戦直後の昭和二十一年九月に創業したのですが、早稲田を卒業したときの卒論が半導体だったので、始めた会社も半導体。当時、半導体という言葉もなかったが、私は将来必ず成り立つといって、あえて半導体工業としたわけです。それが今日《こんにち》では、どこへ行っても通じるようになっている。

なにしろ、ぼくはボンクラだから、一つのことを考えたら、それ以外は問題にしなかった」

と話してくれた。

ボンクラとは、「一念巌《いわ》をも徹《とお》す」に通じているようである。

二　創造とは準備である

もと日経連専務理事で、当時の総評の春闘《しゅんとう》を迎えうつ〝盲目の闘将〟といわれた前田一《はじめ》さんは、

「創造の原動力となるものは、準備だと思う。〝常に〟準備ありという準備です。心のなかにすきをもっていない。何となく心のなかに〝常に〟準備をもっている。その心境、その心の構え方というものがものの見方を違えてくれると思います。

この、常に準備ありということは非常に大事なことです。これがアイデアをつくる源泉になると思う。

世の中でえらい仕事をしたとか、たいした仕事をしたとかいう人を外部から見ておりますと、うまいことやったくらいにしか思わないですが、本人からするとたいへんな苦労だった

と思います。七転八倒《しちてんばっとう》の苦しみを耐え忍んで、そして常に心のなかに準備ある態度で、ことに臨んでおった結果が一つの仕事を成功させている。

自分のことをいっておかしいが、私は毎年春秋の日経連総会に労働情勢を報告しますが、これを興行《こうぎょう》みたいにおもしろがって聞きにくるようですが、私はただぼんやりとおもしろがられる話をしているというのではなくて、春の総会の話がすみますと、その次の瞬間から秋の総会の準備をしている。次の秋は何をいおうかという心の準備にとりかかるのです。だから聞いている人はおもしろいだろうと思いますね」と話してくれた。

かつて、銀行業界視察のためアメリカの銀行をいくつか訪ねたことがある。その一つに、新しい金融商品を次々に開発し、アイデア銀行ともいえる銀行を訪ねた。

応対してくれた幹部の一人に私が、

「世界の銀行界をアッといわせるような新しい商品を売り出しているが、その秘訣はなんでしょうか」ときいてみた。すると、前にあった灰皿を示して、

「これも銀行経営に必要なものだと考えつづけることだ」と答えた。

そこにあったから灰皿を示しただけで、なにがあっても咄嗟《とっさ》に示したに違いない。要するに、すべてのものごとから新しいものごとを考えだそうとしている心構えである。

ある経営者は、「私は役員連中が無断欠勤してゴルフをやろうと、釣りに行こうと文句をいわんことにしている。ただ、ゴルフや釣りからでも会社に役立つようなことを考えださない人間は、任期がきたら、だまってチョンだ」といっていたが、四六時中創造の虫になれといっているのである。

さてそれなら、経営者が創造性を発揮するための準備とはなにか。

「精《こころ》八極に騖《は》せ、心万仞《ばんじん》に遊ぶ」という文句がある。精神を地の果てにまで駆《か》けめぐらせ、心を無限の高さに遊ばせる、ということである。要するに、なにごとにも、自由に、豊かに想像力をはたらかせることが肝要であるということになる。

といって、なんの知識も体験ももたずに、ただ考えるだけでは妄想《もうそう》に終ってしまう。やはり、広い知恵をもとにすることでなければ、地についた考えはうかんでこない。

雑学や、無用と思われる体験も創造の準備であるといえるのである。

三　創造と危機感

前出のパイオニアの創立者松本望《のぞむ》さんはまた、「危機感が創造の源泉」ということで次のように話してくれた。

「実際上の話ですが、スピーカーの中でダイナミックというものを始めたのも私の創造なんですよ。要するに、将来必ずダイナミックになる。いままでのマグネチックはすたるということに目をつけたのも一つの創造です。

そのものを創造したわけじゃありませんけれども、その企業を伸ばすべきだということで、私はこれを自分の創造だと思っているのです。

ハイファイ関係が伸びてきて、ハイファイ、ハイファイといわれるようになってきましたが、ハイファイという言葉がなかったころからそういうものを目指しておった。

それから、スピーカーが非常に隆盛で企業にプラスしていたときに、アンプの方の仕事が三年から四年くらい赤字がつづいた。だけど、その間にアンプを育てて、ステレオのもとになるハイファイ・アンプをやったのです。

一年も二年も赤字がつづくと、社内に、〝社長、これはよしましょう。スピーカーだけやっていれば左うちわでいけるんだから〟という意見がでた。しかし、〝いまのうちにやっておかないと、またその逆のときもくるから〟といって、アンプの方もやっておいたこととか、テレビをやりかけてやめたこととか、創造の決定ということについては、自分がやらなければいけないとつくづく思う。

やはり創造とは、好調のときに危機を予知しているという、そこからでてくるように思う。これが行き詰まったら、なにをやるんだと真剣に考えることでしょうな」と。

また、ある社長は、

「真の妙手《みょうしゅ》というのは、ほんとうに死ぬか生きるかの土壇場で、〝これでやられたら負けだ〟と思うほどせっぱつまったとき、咄嗟《とっさ》にひらめく。これが立派な創造につながる」といっている。

孫子の兵法に「兵は詭道《きどう》なり」という文句がある。戦いはだまし合いである、ということである。

また、「戦《たたか》わずして人の兵を屈《くっ》するは善の善なる者なり」というのもある。つまり、戦わないで敵を降服させるのが最善の策という意味である。

しかし、理屈はもっともであるが、どのようにして敵をだますのか。どのような手を使って戦わないで屈服させるのか、ということになると至難なことである。

誰にもできそうな手段、誰かがやった方法を用いても相手をだますことはできない。かえって裏をかかれるだろう。誰にも考えだせそうもない奇抜《きばつ》な手法でなければならない。

金融界どころか、国中をアッといわせたトマト銀行にしても、銀行マン常識ではおよびもつかないことである。この奇抜な名称に人々は驚き、吉田憲治社長の勇気に賛嘆したといえるだろう。

相互銀行から普通銀行に転換し、大手銀行と互角に戦わざるをえない。月並の戦術では太《た》刀《ち》打《う》ちも困難。「孤《こ》、よく衆《しゅう》に勝つは奇なり」、つまり小が大に勝つには奇襲《きしゅう》、奇智以外にない。トマト銀行のネーミングも、あるいは、社長の心にあった危機意識からでたものではなかったろうか。

昔、戦いに負けて籠城《ろうじょう》し、孤立無援《こりつむえん》に陥《おちい》った敗将が、「直《ただ》ちに降服せよ、然《しか》らずんば城を踏みつぶす」という降服勧告状の返書に、「もしも」と書き、ピンチを脱したという。「もしも踏みつぶすことができなかったら逆に」という必死の覚悟があったため、敵は囲《かこい》をといたのである。咄嗟《とっさ》の優《すぐ》れた知恵は、絶体絶命の時にでるものである。

『三国志』にでてくる、智のかたまりといわれた諸葛孔明《しょかつこうめい》の「空城《くうじょう》の計」、戦国時代斉《せい》の田単《でんたん》の「火牛《かぎゅう》の計」など、いずれもピンチ脱出の奇計といえるものである。

ソニーの井深大さんは「危機感にさらされてこそ企業体質は強化される」といったが、危機感をいだいているからこそ創造力が培《つちか》われる。安心感に酔っているとき、あるいは将来を甘くみているときなどに、これだ、といえるような発想はでてこないものである。

そして、創造力を妨げるものは、依存心であることも忘れてはならない。

成功者のすべては、創造性に優《すぐ》れているが、自分に頼って人に頼らずという点でも共通しているのである。

四　理想と創造

私のもっともきらいな文句は、〝理想論〟ということであると前にものべた。小さな困難があっても、「それは理想論だ」「夢物語だ」といって片づけたがる。この一言をきくだけで、この人は何もしないで一生を終る人だと考えたくなる。

サラリーマンが入社早々、「この会社の重役になる」といえば、先輩はこの競争の激しい社会でとうていなれないと考えているから、「それは理想論」というのであろうが、だいたい創業者以外は新入りの平社員から重役になっているのであって、理想論ではなく実現可能なことなのである。

会社の管理職の会議などでも、少々困難が予想されると、「それは理想論」として取り合おうとしない人間がいる。こうした人間は会社の前進を妨げるものであって、けっして推進力にはならない。

銀行の課長時代であるが、プロジェクトチームのチーフに任命されて、銀行の機構組織を中心に抜本的な改革をすすめるための案づくりにあたったことは前にものべた。立案を終えて幹部会議に提案したところ、甲論乙駁《こうろんおつばく》で決定されない。とくに、コンピューター導入については、「効果がない」「採算が合わない」「高性能機がでるまで見合わすべきだ」「理想に走りすぎる」……等で大勢が反対。

そこで私はこう話した。

「すでに銀行業界の機械化戦争は開始されている。採算を問題にしているが、銃を撃《う》ち合っている最中《さいちゅう》に、もったいないからといって薬莢《やっきょう》を拾い集めるものはなかろう。

また、高性能機が出現するまで待てというが、二輪車に乗れるからといっても、ジェット機の操縦はできない。高性能機ができても、操作する者がいなければ用をなすまい。

すべての反対意見は困難を嘆《なげ》くことからでているが、前途を妨げる困難がなければ、これを打開する革新は生まれないものだ。もし当行が経営革新時代に生き残ろうとするなら、むしろ困難を求めて、それに挑戦すべきではないか」と啖呵《たんか》をきった記憶がある。

好ましい言葉ではないが「戦争は発明の母」とかいうのがある。戦いは勝つか負けるか、生か死かの賭《かけ》である。勝つためには人智のすべてを尽くす。理想論などと呑気《のんき》に構えているわけにはいかないのである。不可能を可能にし、無から有を生みだすために全智全能を傾ける、そこから新たな考えが現われてくる。

「太山《たいざん》を挟《わきばさ》みて以《もっ》て北海《ほっかい》を超《こ》ゆ」という文句が『孟子《もうし》』にある。太山は泰山、中国五岳の一つを小脇にかかえて北海（渤海《ぼっかい》）をとび超《こ》えることで、人力ではとうていできないことの意味だが、これをあえて試みようとする者はない。

ところが、小さな石を抱えて小川をとびこえるほどのことまで困難と嘆《なげ》く。嘆くから知恵も勇気もでなくなる。

かつて、第二の会社の再建に協力していたとき、五か年計画の目標の一つとして無借金経営を発表した際、まともに受けとめた者は一人もいなかったろう。半信半疑どころか、理想論だ、気休め目標、まやかし計画などとささやかれていたものである。

財務担当を呼び、

「いま発表したとおり、無借金計画をたてた。ついては、無借金計画完遂《かんすい》の責任者になってもらいたい。権限も与えるが条件もつける。条件の一つは、計画期間内に無借金にすること。二つは、見合い預金に手をつけず、借金を完済すること、この二つだ。部課長にはそれだけの才能があると思ってあえて頼んだのだ」と話した。それに対し、

「並大抵の借金過多ではない。それを五年以内、しかも預金を相殺《そうさい》せずにという条件では無茶というもの。理想論としてなら理解できますがね」といっていた。

「これだけの借金がつくれたのは、それだけの才能があったからだろう。つくる才能があるのに返す才能がない、ということでは理屈にあうまい。自分たちには返す才能はないといいたそうだが、フランスのある作家は〝才能とは持続する情熱である〟といっている。才能がないということは情熱がない、といいえやしないか」

「わかりました」と力強くいってくれたが、理想論といっていた無借金計画は二年早く三年で完全達成している。

無借金を達成したので一席設けたが、その席で部長が、

「どうも不思議でならない。あれだけあった借金を預金に手をつけずに返したわけだが、あのかねはどこから出てきたのか不思議だ」といっている。私が、

「部課長共謀《きょうぼう》でニセ札を造ったのではないか」と冗談をいったあとで、

「部課長が借金返済に情熱を燃やしつづけている間に、情熱が知恵となり、その知恵が一万円札に形を変えたのだ」と話した。

五　創造力の涵養《かんよう》と環境

創造力を高めるには本人自身の自覚、執念《しゅうねん》など欠くことはできないが、それをいっそう高めるには、会社が創造的人材を育成するためにより良い条件を提供することである。

これは私事になるが、私は銀行の課長時代以降、第二の会社を終えるまで、肝心なポイントは摑《つか》んでいるが、大部分の仕事は部下に権限を与えてしまった。十一年間勤めた会社を去るとき、入社初日に渡された便箋《びんせん》の半分を秘書に返して語り草になったが、そのくらい何も

仕事をしなかったのである。もっとも、社内用はすべて不用紙の裏面ですませたせいでもあるが、それにしてもよく怠《なま》けたものである。

部下に権限を譲ってしまえば、一日の時を過ごすのに苦労するようになる。よく、忙しくてとボヤいているトップもいるが、パート社員でもできることまでやっているからである。

経営企画、戦略戦術の立案、実践計画などすべて部門長が立案することになる。

最初のうちは、私の意見をきいて計画をたてようとする者があった。そのとき、私は教えたことがない。「自分で考えよ」というだけである。

それでも、「一応お考えをうけたまわってから」という者もあった。「そういうのを御用《ごよう》聞き部長というのだ」と皮肉をいったこともあった。

任せられた以上、自分で考えなければならない。自分の考えを計画として作る。それを見て、どうでもよさそうなことには目をつむり、満点のできばえとして褒《ほ》める。

その際、最終的に自分の考えを明かすことも欠かせない。試験官が自分もわからない問題をだして、答えを見て感心しているようでは鼎《かなえ》の軽重が問われる。

ただし、その場合、「計画を頼むとき自分としてはこういう計画を作るのではないかと考えていたが、これを見ると、私のよりよくできている、これで実行してもらいたい」という具合に部下に花をもたせることが肝心である。意欲型人間であれば、「よし、この次はよりよい計画を作ろう」ということになる。

オムロン（旧立石電機）の創立者である立石一真さんは、次のように話された。

「私がものを考えるのは、自分が勤めていたときの体験からですよ。

学校をでて電機会社に勤めていましたが、そこに技術者の常務さんがいて、その人の技術で成り立っているような会社だった。社員で実用新案をとったのは私がはじめてです。

ところが、その商品がそうとう売れ出したとき、私が公平に考えても、それより性能がよくないと思うものを商品にして売って、私のほうをやめてしまった。それで、こっちも少しひねくれて、考えないようになったことがありました。

それで、自分で商売を始めてから、若い社員のうちに能力のある人間もぽつぽつ見つかってきましたので、なるたけヒントを与えて考えさせ、ものになったら、実用新案でも特許でもその人の名前で出すようにしました。

もちろん発明者、考案者ということで権利は会社でもちますが、それにはある程度の保証をしなければなりません。それも創造の喜びですから、どんどん人も育つようになるわけです。

なにごともそうですが、いわゆる、その人に花をもたせることがいちばん大切です。われわれの小唄《こうた》にしても、お師匠《ししょう》さんにぼろくそにいわれたらやめてしまいますが、節《ふし》まわしがよろしい、といわれただけでつづけますからね。

小唄のほめ方に三十何通りかあるとかききましたが、どうにもしようがない人でも〝歌いっぷりがいい〟とかほめれば満足しているそうです」と。

とうていものになりそうもない人間でも、情熱を持続すれば才能となる。持続させるには、適切な環境をつくり、それらの人の行動を勇気づける工夫が必要である。

銀行時代、事務を簡素化するためのアイデア募集をしたことがある。これの審査にあたった者は二十年、三十年勤続のベテラン行員だった。

応募者のなかで一位なし、二位に選ばれたのが入行二年目の女子行員だった。そのアイデアに、ベテラン審査員が異口同音《いくどうおん》に「これはすばらしい」といったという。

どうして、こういう考えがでたのかという問いにその女子行員は、「私はソロバンが下手《へた》、字も下手だから、書くのも計算するのも少なくしようと思って一生懸命に考えた」と答えた。

また、銀行の店内外のポスター、通告文など黒一色であった。これに明るい感じを与えるために、各営業店に適当な色を考えよと指示したことがある。

当時、私は常務で支店巡回も時々していた。ある地方支店へ行ったところ、店頭の表示室内の顧客への伝言すべてがコバルト一色になっており、きわめて明るい感じがする。

店内に入り、コバルト色の意見をだした新入りの女子行員を呼んできいてみた。「中元売出しの福引き抽選所のポスターがこの色だったから」と話してくれた。創造は目の前から得られるということを教えられたものである。

六　創造的経営と代価

企業が創造的経営を進めるためには、

一、変化をすなおに受けとめる心構え
二、変化に対応するだけの弾力性
三、困難よりも可能を強調する熱意
四、過《あやま》ちをおかす勇気

がなければならない。

そのためには代価の高くつくのを嘆かず、進歩するためのあらゆる機会をつかもうとする心構えが肝要といえる。

銀行の常務時代に、私の所管の一つであった事務機器部門の部長、次長が突然に進退伺い書持参で現われた。

「適当と思って導入したコンピューターの性能が思わしくないので、それを売却して優秀機を買い入れたい。それには五千万円前後の損失が計上されるので責任をとりたい」ということである。

そこで、優秀機と称している買い入れ候補機の性能についてきいてみた。十分調査研究の跡がみとめられたので、進退伺い書を手にとっていった。

「ここに書いてある部長、次長の名を私の名に書きかえれば間に合う。これで落着《らくちゃく》としようじゃないか」と。

当時五千万円の損といえばかなり大きなものであったが、それよりも、そこで文句を並べて意欲をそいでしまい、高性能機の導入を遅らすことのほうがはるかに大きな損になる。それ以上の損とは、時代の変化に何十日か遅れることになるということである。かねの損は取り戻せるが、時間の損は永久に取り返すことができない。

次に、これは私が専務になってからである。

銀行間のオンラインシステムが動きだし、各行内でも徐々に全営業店のオンライン化に進み始めていた。

あるとき、担当部長から全店オンラインの申請がだされ、常務会に提案された。

担当常務の説明のあと意見交換になったが、数十億円の出費ということで反対意見が多く、三分の一の店舗だけをオンライン化するということで会議は終った。そのとき全店オンライン化に賛成した役員は私一人で、トップ以下全員が反対では押しきるわけにもいかない。

ところが、それから約一年たったころ再び全店オンライン化の案が常務会に出された。

今度は私一人が反対になった。

「去年全店計画が否決されてから一年もたっていない。ここで決定することは常務会の不明を暴露《ばくろ》するもので、権威にもかかわるからだ」と反対理由を説明したわけだ。

ここらが私の損なところだが、将来を考えるとだまっていられないのである。

第二の会社に関係してからも、再建の必要から支出抑制策を徹底したが、新技術開発、設備の近代化など将来のための支出はむしろ奨励《しょうれい》したものである。発明、革新のための支出をおさえるよりは、促進する政策を工夫するほうが組織の活力を増し、新たな商品を生みだし、大きな収益源ともなるからである。

その会社で省力機械導入計画を示されたことがある。一千万円の支出をも惜《お》しむような貧困時代に、一億五千万円の機械買い入れ計画であった。私の承認を求めるとき、「猫の首に鈴をつける思いできた」といっていたから、承認は一％の確率ぐらいに考えていたのだろう。

一時間あまり説明をきいたあとで二つの条件をつけて承認印を押したが、そのあとでいった。

「承認印を押したのは機械買い入れを認めたもので、買い入れ資金をだすことを約束したわけではない。資金をだすわけにはいかない。担当部門で銀行から借りてくるなり、自分たちで立て替えるなり、とにかく自力調達しなさい」と。そのあと、あれこれいってきたが、頑として資金はださなかった。

限度いっぱい、いやそれ以上に借金している現状で追い貸しに銀行が応ずるわけがない。それを承知で承認印を押し、資金はださぬといったのは、その担当部所属の商品、原材料在庫が多いので、在庫を減らして機械代金を賄《まかな》えと暗にいいたかったからである。

承認印をとった以上、万難を排して計画は進めなければならない。機械が持ちこまれるたびに在庫を減らして、支払いに当てた。

その結果、一年後にはすべての機械設備が整い、在庫はそれに相当する額が減っている。完了後、話した。

「代価の高いのを嘆かず、それに取り組んだために、どうやっても減らないといっていた在庫まで減ったではないか。代価の高いことを嘆かないことが、代価を安くする道なのである」と。

第十二章　経営者の先見力

一　彼《か》れを知り己《おのれ》を知れば

『孫子《そんし》』の兵法に、「彼《か》れを知り己《おのれ》を知れば、百戦殆《あや》うからず。彼れを知らずして己を知れば、一勝一負《ぶ》す。彼れを知らず己を知らざれば、戦う毎《ごと》に必ず殆うし」とある。

この言葉を引用したのは、「時世洞察《どうさつ》とトップの役割」と題して経営者の集会で講演したときであった。

さて、この文中にある「彼れ」とは誰のことか。もちろん、「彼れ」とは敵のことである。

しかし、現代では、殺傷しあう敵といえるものはいない。ただ、兵器をもたぬ恐るべき敵のいることを忘れてはならない。「時代の変化」という強敵である。この敵は、兵も率《ひき》いず、武器ももたず、予告もなく襲《おそ》ってくる。

これに勝つためには、常に先見力を発揮して敵の陣容や力を予測し、それを迎え撃つだけの準備を固めておく必要がある。

昔からいい伝えられている文句に、「天高く馬肥《こ》ゆるの秋」というのがある。

昔、中国では、匈奴《きょうど》という北方民族に襲《おそ》われ、その防戦に悩まされた。秦《しん》の始皇帝は万里の長城を築いて防いだ。匈奴《きょうど》は乗馬、騎射《きしゃ》を得意としていた。彼らは秋になると肥《こ》えた馬に乗り、冬を凌《しの》ぐための食糧や財宝を求めて、暖かいうちに南部をめがけて襲来《しゅうらい》する。そこで、匈奴を防ぐために秋になると辺境を固め、兵器を整え、防備を厳重にする。

こうしたことから、「天高く云々《うんぬん》」とは、秋になり馬が肥《こ》えるようになったら匈奴が襲ってくるから、用心しなさいという意味である。いまでは、秋空高く、食欲もすすみ、気分も爽《そう》快《かい》というように用いられているが、元来は、敵襲来の警戒警報ともいえるものである。

中国歴代の王朝がいかに匈奴に対する防戦や懐柔《かいじゅう》に手をやき、犠牲を払わされたかわからない。匈奴は、いわば、治世、国家経営のガンともいえるものだったろう。

したがって、このガンを予知し、先制攻撃を加えて勝ったもの、あるいは、巧《たく》みに懐柔して攻撃からまぬかれたものは栄え、これを怠《おこた》ったものは長期に政権を維持することはできなかった。

しかし、彼らの襲来を予測することは容易であった。それは、牛馬を追う遊牧の彼らにとって、冬将軍は避けることのできない強敵となるため、春夏の草によって馬を太らせた後でなければ襲う力がでなかったからだ。

言い古されている故事をのべたが、これを現代の企業経営に結びつけてみると示唆《しさ》する点も少なくない。

ある経営者は、「経営とは変化に挑戦することである」といっている。

これから変化するであろうことを予測し、それに対応するということであるが、どのような形で、いつ、どこからくるのか見当もつきかねる変化を予測することは至難なことである。匈奴来襲《きょうどらいしゅう》の時期は、自然が明らかにしてくれる。秋は必ず来て誤《あやま》ることはない。したがって、予測も誤ることはない。

ところが、現代の企業をとりまく環境の変化を予測する拠《よ》り所というものはない。技術革新にしても、いつ、どういうものが出現してくるか計りがたい。大局を占う世界政局の変化にしても、必ずこういう方向に進むという確約はない。

これでは、「経営とは変化に挑戦すること」といってみても、変化の摑《つか》みようがない。つまり、「彼《か》れを知り己《おのれ》を知る」といっても、時代の変化という〝彼れ〟を知ることもできないし、己を知るといっても、己の実力がどのくらいなら足りるかの判断も困難になる。

余談になるが、ある大金持ちに、「莫大《ばくだい》なかねをつくったというが、まだためるつもりか」ときいたところ、「今後、どんなことで損をするかわからない。その損する額の見当がつかないからだ」と答えたという。

この論法で考えると、敵の兵力がわからない以上、それに立ちむかう己《おのれ》の力にも、これで足れりということはない。

二　端《はし》を見て末《まつ》を知る

「端《はし》を見て以《もっ》て末《まつ》を知る」（端《はし》を見て末《すえ》がどうなるかを知る）ということがある。ものごとには必ず原因があれば、結果がある。蒔《ま》かぬ種は生《は》えないし、火のないところから煙はたたないものである。

したがって、末を見、結果を知りたいと思うなら、始まりを知るに如《し》くはない。先見の一歩はここから始まるといえるだろう。

現代の経済社会にしても、出発点を見れば将来どうなるかの予測がつくものである。企業にしても、足りて驕《おご》っているようであれば、やがて衰えがくることが予測される。現在は小であっても志《こころざし》が大であれば、いずれは大きな花を咲かせることが期待できるなど、端を見れば末の見通しはついてくる。

「山僧解《さんそうかい》せず、甲子《こうし》を数《かぞ》うるを、一葉《いちよう》落ちて天下の秋を知る」(山中に住む僧は日を数えることはしないが、木の葉の落ちるのを見て秋のきたのを知る)。小さなことから大きな変化を知る。あるいは、見えることから本質を知るという意味である。

『淮南子《えなんじ》』にも、「一葉の落つるを見て、歳の将《まさ》に暮れなんとするを知り、瓶中《へいちゅう》の氷を睹《み》て、天下の寒さを知る」とある。すなわち、木の葉が一枚散るのを見たら年の暮れの近いことを知り、瓶《かめ》の中の氷を見たら、もはや寒中であることを知りなさいという意味で、小さな現象から大きな変化を先見しなさいということである。

私は、昭和二十五年ごろの木炭タクシー、木炭バス当時から乗客の男女比率を興味深くながめつづけてきた。ことに観光バスについて注視していた。最初のころは乗客のほとんどが男性、三十年代に入り神武景気などといわれるときから女性客が増えだしてきた。

これを見て、婦人銀行構想をトップに進言《しんげん》したことはすでにのべたが、同時に月賦《げっぷ》販売が盛んになるとみた。

当時、生活水準競争ということがいわれていた。貧困と戦争でおさえられていた女性の消費意欲は、家庭経済の向上とともに高まり、次第に生活水準向上の先取りが始まった。それが月賦消費となり、消費者ローンの利用となるに違いないと考えた。

とすれば、これからの銀行市場は企業や団体から個人に移る。

そのため、当時の人々が渇望《かつぼう》していた住宅ローンに力を注《そそ》いだわけである。

その頃に出版した本に、「これからの銀行の貸出市場での競争は銀行同士ではなく、他産業との競争になるだろう」と書いた。当時は寝言《ねごと》と考えていた人も多かったが、いまではローンを扱っていない企業のほうが少なかろう。

人間というものは、本能的に危険を避けようとするものである。やむなくできた借金は別として、事業、投資、あるいは生活水準向上などの前向きな借金にしても、収入が確実になり、返済に自信をもつようにならなければ借金をする考えもでない。しかし、何年何十年後であろうと返済できるという自信があれば、進んで借金をするようになる。

こうした、目には見ることができない人間の心の変化を窺《うかが》い知ることが先見に大きく役立つものである。

経営者は、「空気を見る目を養え」「ムードに敏感であれ」という教えも先見力に通じているからである。

かつて私が銀行の融資担当常務になったとき、先任常務が私にこう注意してくれた。

「好調に酔って、驕《おご》りたかぶったり、非生産的な事務室を豪華にするなど、見栄《みえ》経営に気づいたら貸出注意。

酒色に溺《おぼ》れたり、ゴルフのシングル維持に夢中になってきたら貸出回収を計る。

独善に陥《おちい》り、周囲の意見をきかないトップの会社は要注意」などと細かく話してくれたが、事実はそのとおりになっている。

先輩の体験からでたものであろうが、二千年以上も昔、中国の韓《かん》の公子韓非《かんぴ》がまとめた「トップが犯す十の過《あやま》ち」のなかにあることと似ているのである。

すなわち、
一、小さな忠義にこだわると、大きな忠義を見失なう。
二、小さな利益にとらわれると、大きな利益をそこなう。
三、気まま、でたらめで外国に無礼をすると、わが身を亡ぼす。
四、政治を怠《おこた》って音楽に熱中すると、自分を苦境に追いこむ。
五、欲に目がくらんで利益だけを追求すると、国も自分もともに亡ぼす。
六、女の歌舞に熱中して国政を顧《かえり》みないと、国を亡ぼす。
七、国を留守にして遠方に遊び、部下の諫言《かんげん》に耳をかさないと、身を危《あや》うくする。
八、過ちを犯しながら忠臣の意見をきかず、あくまで意地を通そうとすれば、せっかくの名声を失ない、世間のもの笑いになる。
九、自分の力をわきまえず、外国の力をあてにすれば、国を削られる。
十、小国のくせに、他国に無礼をはたらき、部下の諫言《かんげん》に耳をかさなければ、地位を保つことができない。
人間というものは、何千年たっても性懲《しょうこ》りもなく同じ過《あやま》ちを犯しているものである。したがって、同じ過ちを犯している人を見れば、その人の行く末がわかるのである。

三　難事は易《やす》きより作《おこ》る

「天下の難事は必ず易《やす》きより作《おこ》り、天下の大事は必ず細《さい》なるより作《おこ》る」と『老子』にある。つまり、難しい問題は簡単なところから起こるし、大事件は些《さ》細《さい》なことから起こるということである。

そこで老子は、「難《なん》を其《そ》の易《い》に図り、大を其の細《さい》になす」と教えている。困難になりそうなことは容易なうちに始末をつけ、大事件になるようなことは小さなうちに処理してしまえ、ということである。これは、もっともで、わかりきったことであるが、さて、簡単なうち、小さいうちに見つけだせといってもなかなかむずかしい。

安易、小さいからといって見過ごしてしまうことも少なくない。

昔、魏《ぎ》の白圭《はくけい》という宰相《さいしよう》は治水に功のあった人といわれているが、堤防を視察するとき、蟻《あり》の通るような穴まで塞《ふさ》がせたため、白圭の在任中は水害をうけることはなかった。「千丈《せんじよう》の隄《つつみ》も蟻《あり》の一穴《いっけつ》から」の戒《いまし》めである。

とるに足らない些細なことから国の大事を先見した例として、殷《いん》の紂王《ちゅうおう》の「玉杯象箸《ぎょくはいぞうちょ》」の故事がある（第四章の三参照）。

現代でも企業の衰退、倒産の原因をみても、その元をただすと些細《ささい》なことから端《たん》を発していることが多い。

だいたいは、「この程度のことなら、とるに足らないこと」と見過ごしていたり、気づかないほど細《こま》かいことが原因となっている。

第一次石油ショックの直後であったが、ある若い経営者から相談をうけた。

「昭和四十六年のニクソンショック、今度の石油ショックの影響で累積欠損が資本金を超過するようになり、借金がかさんで身動きできない。なんとかならないか」ということであった。

その会社は先代の創業社長が早く死に、長子が若いため、他社から社長を入れていた。相談にきたのは、その長子である。

説明をきいている間に、規模売上高に比して経費の多いことに気づいた。売上げは伸び悩んでいるのに、経費は累増している。経費の支出権限は社長にあるというので、「会社が危機を脱出する第一条件は社長を退任させることだ」と話した。長子は株式の大半を所有しているのであれば、社長を退任させることはできるはず。

ところが、退任に賛成しない。

社長が経費支出を手中にしているわけは、経費のそうとう部分を占《し》めている交際接待費を自分のために使う目的があったからだ。

会社の最高責任者たる者が、会社が傾いても経費を増額しているということは理解できない。ことの大小、今昔の違いはあるが、前記の紂王《ちゅうおう》が諫言《かんげん》する忠臣まで殺して贅《ぜい》をつくし、私腹を肥《こ》やしたのと異なることはない。

長子は若く未経験のため、会社不振の理由はニクソンショック、石油ショックのせいと社長にいわれて、その気になっていたろうが、根本原因は社長の不徳行為にあったのである。

その会社は社長を代えず、ついに倒産したが、社長は責任もとらず雲隠《くもがく》れしている。

幾年かして長子は別会社を興《おこ》したが、順調に伸びている。再び悔《く》いをくり返すことはないだろう。

四　大器は細事に忠実

大人物というものは、細かいことをもおろそかにしない。

なるほど、昔から名を残している人の言動を見ても、ちょっとしたことに気くばりしたり、人情の機微《きび》にふれるなど微細なことを大切にしている。

「心は小ならんことを欲《ほっ》し、志《こころざし》は大ならんことを欲す」と『淮南子《えなんじ》』にあるように、心はきわめて繊細《せんさい》である。

この繊細な心が、小さなことに気づかせる。気づくから、先々の大きな事変を先見するのである。

大人物は小さなことを粗末にしないとのべたが、まさにそのとおりで、小さなことから大きな将来を見ようと常に心がけている。

「天の将《まさ》に雨ふらんとするや、穴蟻《けつぎ》之《これ》を知り、野《の》の将《まさ》に霜《しも》ふらんとするや、草虫《そうちゅう》之を知る。人心《じんしん》の感応《かんおう》有るも、亦《また》之と同一理《り》なり」と『言志四録』にある。雨がふろうとするときは穴の中の蟻《あり》がこれを予知し、霜がふろうとするときは草のなかの虫が予知する。人間の心も澄んでおれば、感応が現われるという意味である。

小さな虫でさえ、変化を予測して身を守っている。万物の霊長といわれる人間に、その能がないはずはない。豊かさに馴《な》れて感激を失ない、小のありがたさを忘れてくると感応も鈍《にぶ》ってくる。

ある地方中都市の戦前の様子を知っているが、中央道路に面した商店街は、地主、金持ち、ノレン持ちの店々で、すべてに贅《ぜい》を尽くしていた。地域の権力もそれらの人によって占《し》められていた。

ところが戦後になると、かつての店々は櫛《くし》の歯が欠けるように姿を消し、今では新たな店舗が並んでいる。驚きや感激を忘れた人たちの夢の跡ともいえるようになっている。この街並は今のままいつまでもつづくと考えていた人たちを襲《おそ》った悲劇でもある。

また『言志四録』に、「好《この》みて大言《たいげん》を為《な》す者有《あ》り。其《そ》の人必ず小量《しょうりょう》なり。好《この》みて壮語《そうご》を為《な》す者有り。其の人必ず怯懦《きょうだ》なり」とある。要するに、大言を吐《は》く者は度量が小さく、元気のいいことをいう人ほど臆病であるということだが、大言壮語する人ほど、放漫で注意にも欠けている。

そのため、先見しても落とし穴のあることに気づかない。

また、普段から自分が大きなことをいい、大きく振る舞って悦《えつ》に入っているから、将来もっと大きくなることなど夢にも思わない。他から注意されても、自分が出る幕じゃない、とうそぶく。

さらに、ことを為すにも、おおまかというより杜撰《ずさん》である。そのため成功率も低くなる。ましして将来の予測など、八卦《はっけ》でもみるかのようである。

これでは、とうてい大を成すことなどできない。

五　歴史が教える先見

中国史上の名君の一人、唐《とう》の太宗《たいそう》は、良臣の魏徴《ぎちょう》が死んだとき、「銅をみがいて鏡とすれば、衣服や冠《かんむり》の乱れているのを正しくなおすことができる。また、昔のできごとを鏡とすれば、世の中がなぜ盛んになったり衰えたりしたかがよくわかる。人を鏡として自分の行ないを比較してみれば、良いか悪いかがよくわかる。いま魏徴が死んだので自分は一つの鏡を失なった」と述懐《じゅっかい》している。

魏徴《ぎちょう》の死後、太宗《たいそう》は群臣の諫《いさ》めをきかず朝鮮に攻め入って失敗したが、そのとき、深く後悔して、「もし魏徴が生きていたなら、強く諫めて戦争をやらせなかったろうに」と嘆息《たんそく》したと『十八史略』にある。

太宗は昔のできごと、すなわち歴史を学んで、国や人の盛衰、交替を知ったといっている。

「歴史はくり返す」というが、昔から同じようなことをして国を興《おこ》し、同じようなことをして国を亡ぼしているのであるから、いま統治している人間がどういう政治をしているかを見れば、いずれはこうなるということがわかるのである。

徳川家康は、この太宗の政治、つまり〝貞観《じょうがん》の治《ち》〟を手本として徳川三百年の基礎を築いたという。ただし、太宗がその晩年に奢侈《しゃし》に陥《おちい》ったり、重臣の反対を押しきって朝鮮遠征を試み、失敗した点などまでまねているわけではない。むしろ、太宗が身をもって示した失敗を再びくり返さないよう自ら戒《いまし》めたといえる。

千年のへだたりがあっても治世の原則に変わることはない。もし、家康が太宗に学んでいることを知る者がその当時いたとすれば、徳川三百年の世を予測したであろうことも考えられる。

これは余談になる。

今われわれが愛用している酒は、いまから四千年余り前の大昔、夏の禹王《うおう》（初代）のとき、儀狄《ぎてき》という人物がつくって王に献じたのが始まりだという。王が飲んでみると、いかにもうまい。そこで、「後の時代になったら、このうまい酒のために国を亡ぼすような者も現われるだろう」といって、それ以後、儀狄を遠ざけたという。

それから四百年ほどたって、禹の後裔《こうえい》の桀王《けつおう》は酒池《しゅち》肉林《にくりん》（肉を山のように盛り、酒で池を満たす）の贅《ぜい》をつくしたため国は乱れ、次の殷《いん》の湯王《とうおう》に亡ぼされている。禹王の予言は身内から的中者がでたことになる。

さらに、この殷《いん》は六百年余りもつづくが、紂王《ちゅうおう》の代になって、今度は妲己《だっき》という女に溺《おぼ》れ、これも酒池肉林の贅《ぜい》をつくし、淫楽《いんらく》、暴虐《ぼうぎゃく》をきわめた。

このとき、西方の諸侯の長であった西伯《せいはく》（周《しゅう》の文王《ぶんのう》）は紂王を諫《いさ》めて、「咨咨女《ああああなん》じ殷商《いんしょう》、人亦《また》言えるあり、顚沛《てんぱい》の揚《あ》がれる、枝葉未《いま》だ害有らざるも、本実《もとじつ》に先ず撥《ま》ゆと、殷鑑《いんかん》遠からず夏后《かこう》の世に在《あ》り」（ああ紂王よ、諺《ことわざ》にもいうではないか。樹が倒れ、根が抜けるときには、まだ、枝や葉は損なわれていなくとも、その本《もと》は絶えているのだと。殷の鑑《かがみ》とすべき先例は、遠くに求めなくとも、前王朝の夏の君＝桀王《けつおう》の世にあるではないか）といった。

ところが、この西伯《せいはく》の子の武王《ぶおう》は紂王《ちゅうおう》を亡ぼして周朝《しゅうちょう》を始めているが、十二代の幽王《ゆうおう》が褒姒《ほうじ》という女に溺《おぼ》れて国を亡ぼしている。

王朝を保った年数は異なるが、国を失ない身を亡ぼした理由に異なることはない。

これは、夏《か》、殷《いん》、周に限らない。後世も、倹によって起こり、奢《しゃ》によって亡びているものが多い。

したがって、歴史に学べば、国や人がどのような理由で栄えたか、どうして衰え、消え去ったかを知ることができるのである。つまり、歴史は、いまの将たる者に語りかけることはないが、きわめて幅の広い知識をもった教師といえるのである。

現代の経営者の「勝っておごらず、負けてくじけず」などの経営姿勢にしても、その多くは歴史から学んだものといえよう。

そのため、私などは、人生の近道を行くにも、健全な生涯をおくるためにも、さらには、経営や処世の糧《かて》というより反省の教科書として歴史に親しんでいる。

三国時代とは魏《ぎ》の曹操《そうそう》、呉《ご》の孫権《そんけん》、蜀《しょく》の劉備《りゅうび》の鼎立《ていりつ》時代のことで、これらの王に仕《つか》えた名将がいた。劉備に仕えた諸葛亮《しょかつりょう》すなわち孔明《こうめい》、孫権に仕えたのが孔明の兄の諸葛瑾《しょかつきん》、曹操にも孔明の一族といわれた諸葛誕《しょかつたん》が仕えている。

ここでのべるのは、孔明《こうめい》の実兄の瑾《きん》についてである。

瑾の子に恪《かく》がいた。才気煥発《さいきかんぱつ》、目から鼻へぬけるほどの利口者であった。そのため、主君の孫権《そんけん》にも認められ、重要任務を与えられたが、「行くとして可ならざるなし」で、軍事面でも多くの手柄をたてていた。そのため国内の人気も高まるばかりであった。

こうした人気をにがにがしくながめていたのが父の瑾。「やがて、あいつはわが家を亡ぼしてしまう」といって憂《うれ》いていた。父としては、苦労もせずトントン拍子に上がってきて、キラキラ才気をふりまいている子がいかにも危なく見えてならなかったのである。

魏《ぎ》の大軍が攻めてきたのを迎え撃って、これを破った彼は、得意の最高潮に達していた。

この得意にのった恪《かく》は重臣たちの反対を押しきって、二十万の兵を率《ひき》いて魏を攻めたが、ついに破れず退却を余儀なくされ、多数の兵を失なってしまった。人気は急降下し、ついに反対勢力のだましうちにあって殺されている。

これは、父の先見の明《めい》を子が裏付けた一幕といえるだろう。俗にいわれている「口八丁、手八丁」ならぬ「口八丁、手ゼロ丁」、つまり、苦労も体験もしらずのおぼっちゃま二世ということである。

現代でも、諸葛瑾《しょかつきん》のような優《すぐ》れた父の先見を裏付けるような子もないとはいえなかろう。歴史は、くり返し同じ事例を示して、後世の戒《いまし》めとしているのである。

六　先見と実行

「知は行の始め、行は知の成るなり」(知ることは行なうことの始めであり、行なうことは知ることの完成である)。つまり、知と行は一つのことで別々に考えるべきではない。

明《みん》の王陽明《おうようめい》も「知るということは必ず行なうことにむすびつくものである。知っていながら行なわないのは、まだ知っていないということである」といっている。すなわち、知行合一の精神である。

しかし、「知ることはやさしいが行なうことはむずかしい」のたとえのとおり、いざ実行となると二の足をふみたくなる。といって、知っていても行なわなければ結果は得られない。よく、利殖を行なっている人のなかには、「僕も上がると思っていた」と先見の明《めい》を誇っているかのように話す人がいる。思っていたなら買っておけばよかったのである。そして、儲けたなら自慢の種にもなるだろうが、思っていただけではもの笑いにされるだけである。

また企業経営にしても、〝先見経営〟なる言葉がよく口にされるが、先見したら、それに対応して初めて先見経営といえるのであって、先見して行なわなければ先見経営とはいえないだろう。逆にいえば、行なわない先見などは時の浪費でしかない。

経営者が理想を抱《いだ》くということは、こういうことを実現してみせるということで、将来あるべき姿を先見することにほかならない。将来の姿を描いても行動に移さなければ、単に夢をみていたにすぎなくなる。

遠い理想なら早く出発するがよい。険《けわ》しい理想なら注意深く進むがよい。いずれにしても、知ったら早く行なうのが成功への近道なのである。

昭和三十八年一月、私は銀行視察団に加わってアメリカ旅行をした。その際、全くの手さぐり旅行であったが、ふとした機会にアメリカのドル不安の高まりを知り、一ドル三六〇円レートの先行き困難を知った。

帰朝レポートに、アメリカドルの切り下げ不可避、金本位離脱を予想して書いた。いまでもその小冊子がどこかに眠っているはずだ。

それが幸か不幸か的中したわけであるが、私は当時から円高対策の必要を主張してきた。私が第二の会社に入ったのが昭和四十五年で、ニクソンショックの前年である。はたして次の年、一ドル三六〇円が三〇八円となり、円高ショックを受けたわけである。

しかし、いまにして考えると、あのショックがどれだけ、今日《こんにち》の会社を成すための良薬になったか計りしれないものがある。

私は入社した当初から、円高対応にはコスト引下げが絶対必要であることから、それに全力を投球してきた。

一ドル三六〇円が二〇〇円に上がれば、一ドル輸出して三六〇円入金されたものが、二〇〇円きり入らないことになって、会社は一六〇円の減収になる。生産コストが三六〇円であったとすれば、一六〇円の損失になる。百万ドル輸出すれば、一億六千万円の損になる。

もし、コスト引下げに努力してコストを一五〇〇円にしていたとすれば、円が二〇〇円になっても五〇円の利益がでる勘定《かんじょう》。輸出して損失になることはない。

さらに、前にものべたが、人件費を中心に間断なく上がりつづけるコストは、企業の競争力を減退させるものである。

企業の最大の敵の一つは間断なく上がりつづけるコストといわねばならない。

近年の労働力不足で、賃金の上昇、生産および販売コストの上昇は必至の勢いである。この勢いがさらに加速することは容易に予測される。とすれば、それに対応する具体策を実施に移さなければならない。

利殖などの場合は、先見したからといって実行に移さねばならぬということはない。しかし、確実に先見されるコストアップについては、対策の実行を怠《おこた》ることは許されない。

七　倒産の徴候《ちょうこう》

経営者の任務の一つは、「災《わざわ》いを未萌《みほう》のうちに除く」ことであると別項(第十章の四)でのべた。

会社の災いになるようなことはまだ芽の出ないうちに取り除かねばならない。以下は『韓《かん》非子《ぴし》』にある、亡国のきざし四十七項のうち、現代企業に応用できるもの十八項をのべたものである。

一、部下の権威が社長の権威を凌《しの》ぐようになったとき。

二、エリート社員が空理空論をもてあそぶ。商人が脱税のため財産を国外に持ち出すようになる。

三、社長が、事務室や庭園にうつつをぬかしたり、車や珍品集めなど道楽に凝《こ》り、社員に悪影響を与えるようになる。

四、日がらを気にし、占《うらな》いを信じ、なにかと祭祀《さいし》をやりたがる。

五、部下の進言が気に入れば爵《しゃく》祿《ろく》を与え、仕事の成果とつき合わせない。

六、社長の側臣にとり入れば役職に就《つ》け、賄賂《わいろ》をつかえば肩書が手に入る。
七、社長が無能、優柔不断で、自分の考えがない。
八、大欲張りで、利益とみればとびつく。
九、法や原則なしに賞罰を加え、外見を飾りたてる。
十、協調性がなく、独善的で、諫言《かんげん》されるとむきになる。
十一、優《すぐ》れた、はえぬきの部下をさしおいて、中途参入者を高位につける。
十二、社内がどんなに乱れていても自信満々で、自社の経済力を考えない。
十三、社長が臆病《おくびょう》で信念が貫《つらぬ》けない。予測するだけで決断ができない。やらなければならないと思うだけで手が出せない。
十四、子女たちのたのみを諾々《だくだく》ときき入れ、へつらい人間の進言ばかりを採用する。
十五、都合が悪ければ社則をまげ、なにかにつけ公事に私事をさしはさむ。その結果、朝令《ちょうれい》暮改《ぼかい》となる。
十六、性急で、少しのことにカッとなって前後のみさかいがなくなる。
十七、古参が格下げされ、新顔が昇進する。優秀な人材がおしのけられ、無能者が実権をにぎる。実際に苦労している人間の地位が低く、功績のない人間が高位につく。この結果、下積みにされた者の怨《うら》みが重なってくる。

十六、社長の兄弟親族、あるいは役員が、功績を上まわる地位や報酬を受け、生活ぶりも分《ぶん》にすぎている。

だいたい以上が国（＝会社）が亡びる徴候《ちょうこう》としてあげられる。

これに該当《がいとう》するものはすべて亡びる、ということではないが、亡びる懸念《けねん》があるということである。

逆に言い換えると、現在の会社倒産の原因をみてみると、そのほとんどがこの十八項目のいずれかに該当している。

時が移れど、人の考えは〝昔も今も〟の感を深くする。

「天下の難事は必ず易《やす》きより作《おこ》り、天下の大事は必ず細《さい》なるより作《おこ》る」とのべたが、前記の一つ一つを見ても、一国一社を揺《ゆ》るがすほどの大事ではなかろう。しかし、大事は些細《ささい》なことから起きていることからすれば、「大事は細事に図《はか》る」、つまり、大事になりそうなことは小さいうちに始末してしまうに如《し》くはないのである。

なお、『韓非子《かんぴし》』には、本章の二でのべたように「トップが身を亡ぼす十過《じっか》」というのがある。今一度あわせて自らの戒《いまし》めとされたい。

第十三章　トップの気力

一　猛虎《もうこ》は机上の肉を看《み》ず

唐の詩人、李白《りはく》は「猛虎《もうこ》は机上の肉を看《み》ず、洪炉《こうろ》は嚢中《のうちゅう》の錐《きり》を鋳《い》ず」と詠《よ》んでいる。猛虎は生きた獣《けもの》を捕《と》っては食うが、机上におかれている死肉は食わない。大きな炉《ろ》では、袋に入れておくような小さな錐《きり》は鋳造《ちゅうぞう》しないということで、男児としての心意気を詠んだものである。

また、同じころの詩人、陸亀蒙《りくきもう》は「別離」と題して次の詩を作っている。

「丈夫《ますらお》涙無きに非《あら》ず、離別の間に灑《そそ》がず、剣に仗《よ》って樽酒に対し、遊子の顔を為《な》すを恥《は》ず、蝮蛇《ふくだ》一たび手を螫《さ》さば、壮士《そうし》疾《と》く腕を解《と》く、思う所は功名に在り、離別何ぞ嘆《たん》ずるに足らん」（丈夫《ますらお》とて涙がないわけではない。ただ、別れるとき流さないだけだ。意気まさに軒昂《けんこう》、剣を抜いて酒だるを傾け、旅行《たびゆ》く者が女々《めめ》しい顔をしているのを恥じる。毒蛇に一たび手を咬《か》まれれば、壮士はすぐその腕を切りとってしまうという。その気概《きがい》こそ望ましい。男児たるもの一たび功名を志《こころざ》した以上、なんで一時の別れなど悲しむことがあろう）。

なにごとを成すにあたっても、人の気力がすべてを決するといっても過言ではない。

気力に満ちあふれ、意気さかんであれば、戦わずして敵を圧するものである。気力が衰えて意気消沈していては、戦わずして敗れる。戦いは気力なのである。先頭に立つものが意気さかんであれば、従う者すべてが奮《ふる》い立つ。

漢楚《かんそ》の戦いで楚の項羽《こうう》が、垓下《がいか》で高祖《こうそ》に敗れたときの一幕は、いまに語りつがれている。項羽は戦いに敗れ、垓下に逃げ、〝四面楚歌《しめんそか》〟の声をきいて、事終《ことおわ》れりとして宴を開いて飲み、愛妾《あいしょう》の虞美人《ぐびじん》に舞わせ、自ら歌っている。

「力山《ちから》を抜き、気世《きよ》を蓋《おお》う。時利《ときり》あらず騅逝《すいゆ》かず、騅の逝かざるを奈何《いかん》すべき。虞《ぐ》や虞《ぐ》や若《なんじ》を奈何《いかん》せん」(自分の力は山をひき抜くほどもあり、わが意気は広大な世の中を覆《おお》わんばかりに大きいが、時の運に恵まれず、どうすることもできなくなり、騅《すい》という愛馬も疲れて一歩も進まない。その騅をいまさらどうして進めることができようか。それよりも虞美人よ、おまえをどうしたらよいのだろうか)。

これを見て、左右の臣も男泣きに泣いて仰《あお》ぎ見る者はなかった。

そのとき、虞美人も和して歌ったという。

「漢兵すでに地を略す。四方楚歌の声、大王意気尽きぬ、賤妾《せんしょう》なんぞ生を聊《やす》んぜん」という詩である。

以上は、『十八史略』にあるものを話の種としてのべたものであるが、稀《まれ》にみる英雄も刀折《かたな》れ、矢尽き、気力を失なってはいかんともなし難《がた》い。

現代企業にしても、どれほど学問があり、財に恵まれていたとしても、トップが空気のぬけた風船のように無気力であれば、会社全体が活力を失なうことになる。

トップが学、才にいくぶん劣っていても、やる気満々、山を抜くほどの気概《きがい》があれば、従う者にその気迫が移ってくる。

よく、「強将のもとに弱卒なし」といわれるが、兵卒のすべてが強将と同等の武術をもっているわけではなかろう。しかし、将の気力がさかんであれば、武術に劣る兵卒も気力で補い、強卒と化すということである。

会社などにしても、野生の虎のように精悍《せいかん》なトップと、動物園で飼い馴《な》らされ攻撃心を失なったトップとでは、その魅力において雲泥の差が生じるだろう。

現職時代、人間の気力とは征服欲、敵愾《てきがい》心であるといって、会社業績不振の原因となっていた不良資産、借金過多などを敵として集中攻撃をかけた。いわばマンネリを打破し、無気力の一掃を計ったわけである。

征服欲といえば、私は自分の体験からいえるのであるが、若いころ母の農作業を手伝って百姓をし、父譲りの借金返済と戦ったことがある。当時の私の敵は、いわば雑草、害虫、借金だった。借金という強敵は十八歳から三十二歳までの十四年間で殲滅《せんめつ》したが、その間の敵《てき》愾心《がいしん》は熾烈《しれつ》をきわめたものである。

ところが、それから三十年後、第二の会社で再び強敵と戦う羽目《はめ》になった。

しかし、若いころの体験と自信があり、それに、敵が強ければ強いほど征服してやろうとする気力がもりあがってくる。そのため、計画の五年より二年も早く強敵を屈服させている。

また、借金返しの敵ともいえた雑草、害虫を敵視する執念《しゅうねん》は、百姓から趣味の花木園芸に転じた今も再燃している。

冬を除いては年間を通して雑草、害虫との戦いになる。草が伸び、虫が木の葉を食いはじめると、征服欲が高まってくる。年間で私の気力がもっとも高まるときである。

家族から、「雑草は原始時代から生《は》えつづけている。いくら退治しても生えてきます」と笑われるが、なんといわれようと、芽が出れば取らないと気がすまない。会社の雑草征伐《せいばつ》にも気力が必要なことには変わりない。

二　麒麟《きりん》地に墜《お》ち千里を思う

「麒麟《きりん》地に墜《お》ち千里を思う」とは、一日に千里を走るような名馬は、生まれおちたときにはすでに、自分の進むことになる千里の道を考えているという意味で、人間もまた小さいときから確たる志《こころざし》をもてということを教えている。

また、「虎豹《こひょう》の駒は未《いま》だ文《あや》を成さざるも、食牛《しょくぎゅう》の気あり」という文句もある。虎や豹《ひょう》の子はまだ毛の紋様もできないうちから、牛を食おうとする激しい気があるという意味である。いずれも、幼少から強い気概《きがい》をもてということである。

かつてスポーツ用具界の雄、ミズノを創立した水野利八さんが次のように話してくれた。

「私の生家は間口十三間《げん》（二十三メートル）の蔵もあって、苗字帯刀《みょうじたいとう》も許された家柄だった。それを父の兄が酒のみで、つぶしてしまった。それで、母屋のほうはなくなったわけです。父は次男で、独立したんです。

私は子供の時分、よく、〝間口十三間の蔵〟とか、〝ここから、ここまでがうちの家だった〟ときかされ、子供心に何としても生まれた元々《もともと》を復興《ふっこう》せねばならないと決心して、〝よしっ〟

といって大阪へ出た。十二歳で、薬屋の丁稚《でっち》奉公に入った。

その時分、私の卒業した学校からもおおぜい大阪へ出てきていたが、いつかみんないなかへ帰ってしまった。おれは目的を達成するまで帰らぬ、といって頑張っていた。私があまり帰ってこないので、〝ハハ、ビョウキ〟という電報を打ってきた。帰ってみたら、うそだった。

私ら小僧は、住み込みだからすべて主人まかせ。だから小遣《こづか》いはいらない。月に二回発行された『実業之日本』を一冊十一銭、二冊で二十二銭使っただけで、あとは貯金した」

そこで私が、『実業之日本』のどこを読んだのかたずねると、

「成功者の伝記が『実業之日本』によく出ていたんです。それを全部読みましたから、内外の大実業家のことはほとんど知っています」

人間十二歳といえば、まだ紋様も成していない駒《く》と同じだが、すでに牛を食う気概《きがい》があったのである。利八少年の「生家を復興《ふっこう》してやろう」とした意気ごみが、今日《こんにち》のミズノの礎《いしずえ》になっているのだ。

気力というものは、不屈の精神と目的を果たすために必要な知恵を次々に与えてくれるものである。気力は、教えられるものでも、他から与えられるものでもない。「俺がやらなきゃ誰がやる」という自身から自然に噴出《ふんしゅつ》してくる勢いだからである。勢いが「負けてたまるか」

の執念《しゅうねん》となり、「倒れてなおやまず」の強い心となる。

かつて、昭和の富豪といわれた菊地寛実翁《おう》と話したときである。

「私は中年で事業に失敗し、墨染《すみぞめ》の衣《ころも》を着て托鉢《たくはつ》して歩いたが、再起の気力だけで歩き回ったようなものだった。こんな失敗でくじけては死んでも死にきれないと思うと、いまからでも何か事業をやってみたくなる」といっていた。

前にのべたが、私が十年きざみの生涯設計を話したところ、菊地さんは、「二十から五十までの勉強はいいことだったが、今年からの、つまり五十歳からのかね儲けは早い。六十歳からかね儲けを始めてはどうかね。六十から九十までの三十年間儲ければたくさんだろう」といっていた。

そのとき、菊地さんは七十歳なかばではなかったろうか。菊地さんの意気には、私との二十の年齢差など全く感じられなかった。

気力さかんであれば八十歳も青年期である。気力に乏しければ二十、三十歳代でもおいぼれのそしりをまぬかれまい。

三　衆の気力

「和を以《もっ》て貴《とおと》しとなす」とはよくいわれることで、組織管理の決め手は和といえるだろう。ただ企業となれば競争の自由がある。生きるため、生き残るためにはあらゆる周囲の敵と戦わねばならない。とすれば、われわれが口にする組織の和とは、上下左右の人々が仲良く、和気藹藹《あいあい》であればよい、というだけではない。また、心を同じくするだけにとどまることでもない。心を一つにすると同時に、力を合わせる輪《わ》でなければならない。さらにその輪を強くする一人ひとりの気力が加わっていなければ強力な和とはいえないのである。

つまり、一人ひとりがもつ〝やる気力〟が一つになることが、組織の本当の和といえるのではないか。企業は娯楽を楽しむ人々の和の場ではないからである。

組織内の大ぜいの人々のやる気が十分であれば、千人の気力が集まって千人力になるという単純なことではなく、千五百人力、二千人力にもなるだろう。

孫子の兵法にも、十の力をもつ者をただ十人集めただけでは百の力にしかならないが、これに勢いをつければ二百にも三百にもなるとある。

「激水《げきすい》の疾《はや》くして石を漂《ただよ》わすに至《いた》る者は、勢《せい》なり」（激流が大石をも押し流してしまうのは、水に勢いがあるからだ）。

組織の長の気力は部下の気力となり、それが和して勢いとなり、ついには不可能を可能にしてしまう力ともなる。

ある会社に関係して、もっとも腐心《ふしん》したのは、沈みに沈んでいる気力をいかにして呼びおこし、さかんにするかということであった。

その原因について考えたところ、深刻な不安があることを知った。会社の倒産不安である。ガンとわかっている人間に、元気をだせといってもだせるわけがない。いわば、希望を失なったための気力低下である。

それからというもの、なにがあっても私は笑顔で通した。

給料遅配についての苦情に対しても、「倒産避《よ》けの呪《まじな》いだ」とか、「倒産はきらいだから、遅配にしたんだ」と冗談をいってみたり、心配顔して「会社は立ちなおれましょうか」ときく社員には、「借金はあるが、なに一つ資産というものがないから、必ず再建できる」と答えた。さらに、「なにもなくてどうして生き残れるのか」ときくから、「ここに二人いるじゃないか」といって笑いとばしたこともあった。

昔の戦いでも、強いほうには将兵も集まる。勝って手柄をたてれば名利を得ることができるからだ。弱いほうには、首を失なう危険はあるが、恩賞の楽しみはない。

秦《しん》の始皇帝の二代目胡亥《こがい》の世のときである。「鴻鵠《こうこく》の志」で知られる陳勝《ちんしょう》という若い日雇《ひやとい》百姓がいた。その陳勝が河南省《かなんしょう》の各県から徴用《ちょうよう》された九百人の貧農の男たちと、万里の長城の警備に送られることになった。

ところが途中で大雨にあい、命じられた到着日に間に合わなくなった。遅れれば斬罪《ざんざい》に処せられる。

そこで彼は、呉広《ごこう》とともに大国の秦《しん》に反旗をひるがえそうと謀《はか》った。

二人はひそかに人々の不満をつのらせ、反抗心をあおりたてた。たとえば、魚の腹の中に「陳勝王たらん」と朱で書いた布を入れたり、祠《ほこら》にかくれて狐《きつね》のまねをし、ここでも「陳勝王たらん」といったりして迷信を利用し、九百人の心を陳勝に引きつけたのである。

そして、呉広がわざと事をかまえて、引率者である徴兵官を怒らせ、彼が剣を抜いたところを逆に剣を奪って殺してしまった。

そのとき陳勝は、兵士たちを静めてこう叫んだ。

「われわれが生きる道は一つ。百姓を苦しめている秦と戦うことである。

〝王侯将相《おうこうしょうしょう》寧《いずく》んぞ種《しゅ》あらんや〟（誰も同じ人間、王侯や将、宰相にもなれるのだ）」

九百人の農民兵は大喚声《だいかんせい》で陳勝に応《こた》えた。これが契機となって秦は亡びている。大昔の無知な農民相手であったためできたともいえるが、多数の気力を高め、それを結んで勢いとなした例としてのべたものである。

つまり、考えの違いを一つにし、しかもそれに勢いをつけるには、まず、勝利という希望、王侯将相の楽しみ、そして自由が望めるということを演出する知恵が肝要であるといえるが、それ以上に欠くことのできないものは、統率する者の天を衝《つ》くほどの気力といえるだろう。

四　気をもって先導となす

「人心《じんしん》の霊《れい》なるは気《き》を主とす。〝気《き》は体《たい》の充《み》てるなり〟。凡《およ》そ事を為《な》すに気を以《もっ》て先導《せんどう》と為《な》さば、則《すなわ》ち挙体失措《きょたいしっそ》無し。技能工芸も亦《また》皆是《か》くの如《ごと》し」（人間の霊妙《れいみょう》な活動は、気を主体とするものである。〝気というものは肉体に充満しているものだ〟。すべて事をなすのに、気を先導とすれば処置に誤《あやま》りはない。技能工芸についても同じことである）。

『言志四録』にある言葉である。

些細《ささい》な私事だが、私の日課を孫《まご》が、「学校の時間割りのようだ」といっていたが、在宅日の私の日課は起床から就寝まで、何から始めて、終りは何というように決まっている。別に定めて表にしているわけではないが、長い間にそうなってしまったのである。

早寝、早起きは若いころからのもの。それに会社勤め時代から、日曜や休日というものがない。平日どおり起きて、働き、寝るわけだ。

読書、執筆はもっぱら午前中にしている。

睡眠時間も、年をとるにしたがって長くなっているが、朝の起床後はフル活動となる。目を醒《さ》ましている間、やる気を落とさないための睡眠である。

同じことをするにも、気力に満ちているときであれば百の仕事ができるが、気力が衰えているとその十%もできかねる。

それに、気力が充実しているときと、衰えているときでは仕事のできばえが全く違ってくる。充実しているときは予想以上のできばえになるが、気力の落ちていたときのそれは、自分ながらあきれはてるものになっている。

昔の名人は、気が進まないと何日でも仕事にかからないといわれている。気力に欠けているときは、物は作るが魂が入らないからである。

前にのべた関係会社が経営不振に陥《おちい》った理由の一つが、欠陥商品の続出であった。入社してすぐに、私はその調査にあたった。欠陥商品を作った人たちは、かつて技術優秀会社と折紙をつけられたときと同じ人たち。

そのため、どうして優秀技術者がこれほどたくさんの欠陥商品を作ったのかとたずねたが、はっきり答えた者は一人もいなかった。自分たちが会社の好調に酔い、優《すぐ》れた技術者という言葉にうぬぼれていたため、すべての先導ともいえる気力が失なわれていることに気づかないのである。

あるとき、「欠陥商品は、皆さんの腕が鈍《にぶ》ったからでたものではなく、気力が鈍ったからだ」と、ほめたり、けなしたりしたことがある。

その後、同じ人たちがつくったものの中から欠陥商品はでていない。これが会社再建の大きな力になっている。

いわば、その会社の盛衰は社員の気力によってわかれたともいえるのである。

よく、会社再建の理由をきかれたり、私の功績であるかのように褒《ほ》められたりしたこともあった。

しかし、私の功績など何一つない。強《し》いて功績といえば、上から下までのやる気を呼びもどしただけ、と答える以外にない。

そこでいえることは、気力が肝要といっても、やる気だけで張りつめていたとすれば、心に疲れがでてくる。疲れは気力の減退を招く。招けば前記のような欠陥商品をだし、経営に少なからず悪影響を与える。

ということは、人を率《ひき》いる者は、部下の気力の衰えをどう緩和《かんわ》し、なくするかに努めねばならないということである。

昔の兵法にも、「守らざる所を攻める」ということがある。敵の守っていないところ、手薄《てうす》なところを攻めるから勝つことができる。

逆にいえば、守っていないところを攻められるから負ける、ということになる。

現代企業の守っていないところ、守りが薄くなっている時とは、社員が戦意を失なっている部署、好調になれて漫心《まんしん》になっている時といえるだろう。

「好事も無きに如《し》かず」（良いことなど、なまじないほうがよい）という言葉がある。

良いことならいくらあってもよさそうなものであるが、良いことのあとには必ず心のたるみが生じ、得たものまで失なうことになる。

無気力は財産、名誉をも道づれにして去るものである。

五　体力と気力

「社長の健康は会社の健康に比例する」と私なりに考えている。つまり、社長が健康であれば社長の意気も軒昂《けんこう》、社員の志気も奮《ふる》い、組織も活性化して業績も向上する、ということになるからである。

社長が話す声にもはりがあり、話すことも自信に満ちているなど、元気潑剌《はつらつ》としていれば、きく者も思わず手を握りしめたくなる。

社長の言葉に力がなく、頭をかかえ、あるいは天を仰《あお》いだりしているのを見れば、いかに張りきり男であっても心が沈む思いになるだろう。

鬼神《きしん》をひしぐほどの豪雄であっても、憂《うれ》いがあれば気は沈み、病《や》めば顔色もさえず、歩く足の力も失せるものである。

そのため、人の上に立つ者は健康に留意し、摂生《せっせい》に努めなければならない。これを怠《おこた》るとすれば、会社に対する忠誠を欠くということになる。社長の健康即《そく》会社の健康ということであるからだ。

だいたい、人の気力なるものは、自分の肉体から自然にでるものである。草木の幹や枝葉に活力があれば、大きな花が咲き、大きな実も成る。幹や枝葉に力がなければ、つぼみのまま落ちてしまうものさえでてくる。つぼみを開かせる力もなくなっているからである。

また、つぼみが開くのは人に見せるためではない。木や草が自らの力で開くのである。なぜ花を咲かせるのか。実をならせ、子孫存続という使命があるといえよう。

企業もまた同じで、現代に生き残るためには活力は欠くことができない。活力の源泉は社長の健康にあり、といいたいのである。

ある社長は、「僕は朝ジョギングをやっているが、ときどき、そのまま会社へ出勤して朝礼にでることもある。学校の体育の教師のような格好だが、背広より身も心も引き締まった気分になれる。昔の武士が鎧兜《よろいかぶと》に身を固め、軍配をもって立つ姿は凛々《りり》しいが、いまの社長でも、気力溢《あふ》れる凛々しさがなければ社内が眠っているようになってしまう」といっていたが、それには姿や形だけではない。心の中も甲冑《かっちゅう》で固めなければならない。

将が病《やまい》に倒れれば、同情は得られるだろうが支持は失なわれる。統率者が病《や》めば敗北の危険にさらされるからだ。部下は統率者が病めば気力を失ない、全軍の志気が衰えることを敏感に知っている。

ここでトップが用心したいことは、感情による一時の気力といえるものである。たとえば、酒で調子づき、「よし、やるぞ」などと叫んで、意気軒昂《けんこう》をむきだしにする。真剣に叫ぶなら結構なことである。もし、酒の席の座興《ざきょう》であったとしたらどうなるか。一時の座興ではとうていすまされない。

また、他人からすすめられたり、一時の思いつきでやる気をふりまく人もあれば、血気に疾《はや》って意気ごむ人もある。

いずれも事は失敗に終り、冷笑をうける結果となる。

もし、自分のやる気を具体化しようとするなら、周到に準備をととのえ、確固とした自信を得てから内外に示すべきである。

ここでもう一度、思いおこしてほしい。すでにのべたが、関係した会社のピンチを救うため、私は周到な準備をしたうえで、まず二つの条件を示して幹部役職員に示し、「騎虎《きこ》の勢い下るを得ず」といって不退転の決意を表明し、それを実現したあと、分社経営の実行に移った。

これを知った幹部らが、「ようやくやる気を起こしたらしい」「やっと重い腰をあげた」といったというが、私としては最初からやる気は十分にあったわけで、準備中は遊んでいるように見えただけである。

しかし、その準備があったからこそ、予想以上の成果を得ることができたといえる。計画発表直後、期の途中で、私は破格の昇給をうけた。やる気に対する前渡しとうけとめ、昇給をいただくことにした記憶がある。

六　気力と姿勢

『菜根譚』に、「動を好むものは雲電風灯《うんでんふうとう》、寂《せき》を嗜《この》む者は死灰槁木《しはいこうぼく》なり。すべからく定雲止水《じょううんしすい》の中に、鳶《とび》飛び魚躍《おど》るの気象あるべくして、わずかにこれ有道の心体なり」とある。あまり活動的に動きすぎる者は、雲間の稲妻や風にゆらぐ灯のように落ちつきがない。静寂《せいじゃく》を好む者は、あたかも火の消えた灰や枯れ木のように静かすぎる。人間としては、動かない雲の中を鳶《とび》が飛び、静かな水のなかにあっておどりあがる魚のような溌剌《はつらつ》とした気概《きがい》があってこそ、道を体得した人の心といえるという意味である。

会社内などにあっても見かける図だが、主張もなければ動きもない、泰然自若《たいぜんじじゃく》というか大様《おおよう》に構え、いかにも大人《たいじん》の風格を備えているかのような人がいる。こうした人が、有事に当って率先して動くのであれば、静水魚躍《おど》るの感を抱かせるものであるが、そういう人は少ない。テコでも動かない者さえある。

反対に、こせこせ動いて席の暖まる暇もないという者もあれば、人を押しのけても動いていないと気がすまないという者もある。

かつて私が銀行の取締役になった日、先輩常務に呼ばれ、「取締役になったら、ふだんは借りてきた猫のようであってもよい。しかし、一朝有事のときは身をもって当れ。静中動の構えをもつことに心がけよ」といわれたことがある。

その常務はこんなこともいってくれた。

「大地震が起きたら、一刻も早く安全なところへ退避しろ。しかし、銀行が有事の際は、どんなことがあっても驚いたり退避したりしてはならぬ」と。自然にさからえば死の危険がある。しかし、人間社会の苦難を恐れ、責任を避けては男児の面目を失なう、ということではなかったろうか。男児たる者、勢いを示すべきときには、勢いを示さなければならない。

『菜根譚』にはこういう文句もある。

「鷹《たか》の立つや睡《ねむ》るが如《ごと》く、虎の行くや病《や》むに似たり。正《まさ》に是《こ》れ他《かれ》の人を攫《つか》み、人を噬《か》む手段のところなり。故《ゆえ》に君子は聡明は露《あら》われず、才華《さいか》は逞《たくま》しからざるを要して、わずかに肩鴻《けんこう》任鉅《にんきょ》の力量あり」（鷹の立っている姿は眠っているようだし、虎が歩くようすは病気にかかっているようだが、それは人におどりかかり、咬《か》みつく手段なのである。君子もまた、才能をむやみに外に現わしたり、才知をやたらにふるわないほうがよい。それでこそいざというときに大任を果たすことができるのである）。

さて、ここで人の上に立つ者として心しておきたいことは、表面はいかにもおだやかにふるまい、才能を秘めているかに見える者についてである。

これには二つの形がある。一つは、前記の言葉のように、いざというとき大任を果たす者である。

もう一つは、形は同じようであるが、内心に悪意、悪だくみを抱いている者である。いわゆる陰険《いんけん》な者で、もっぱら自分のためにたくらんでいる。

これらは、つねに忠臣を装っているが、いずれは企業の秩序を乱す者である。中国の歴史から拾いあげれば、秦《しん》の二世をたぶらかした趙高《ちょうこう》、漢を前後に分けた王莽《おうもう》、唐の玄宗《げんそう》にそむいた安禄山《あんろくざん》などである。

いずれも、国のため、君のためと称して忠勤に励んでいるが、それは己《おのれ》のために機をうかがっているにすぎないのである。

七　誰か道《い》わん人生再び少《わか》きことなしと

「誰か道《い》わん人生再び少《わか》きことなしと、門前の流水尚《な》お能《よ》く西《にし》す」（人生再び若くなれないなどと誰がいったのか。現に門の前を流れている川は西のほうへ流れているではないか）。

これは蘇軾《そしょく》の言葉である。中国の川は西から東に流れるのが普通だが、逆方向に流れているのもある。これと同じく、少年から老年に進むばかりではなく、再び若くなることもある、というたとえである。

川は常に西に流れ、人もまた年を重ねれば老い衰えるものと思いこむから気力も失《う》せ、志を遂《と》げる希望さえ捨てるようになる。

「志《こころざし》有《あ》るは年の高きにあらず」ということもある。人が事業に成功するか否かは、志があるかないかによって決まる。志があればどんなに若くとも成功させることができるし、年老いても成功することができる。

『後漢書』には、「丈夫《ますらお》志を為《な》すや、窮《きわ》まりても当《まさ》に益々堅《ますますけん》なるべく、老いても当《まさ》に益々壮《ますますさか》んなるべし」（優《すぐ》れた男子は、志を立てたからには、困窮《こんきゅう》してますます意志を強くし、年老いて、ますます志気をさかんにすべきである）とある。

現代でも、年老いても心身ともに強健、気力旺盛、青年を思わせる者がある。

「棺《かん》を蓋《おお》わば事は則《すなわ》ち已《や》まん、此《こ》の志《こころざし》常に豁《ひら》けんことを覬《ねが》う」と杜甫《とほ》は詠《よ》んでいる。杜甫が官職を得たときの思い出を詠んだもので、棺に入れられてはすべて終りだが、それまでには、せめて志は果たしたいものだという意味である。

昔も今も変わることはない。こうした気力のあることが若さを保ち、老いても事を成す力となる。

人間、老いれば体力の衰えは避けられない。体力減退即《そく》気力、智力の減退と考えるから、老いぼれ扱いされることになる。しかし、気力や智力に衰えがなければ、青年指導者としても通用する。指導者ともなれば、重労働をすることもないからだ。

指導者の条件には戸籍年齢は入っていないものである。

「人生七十古来稀《まれ》なり」は昔のこと。今では、「経営者七十は働き盛り」ということになっている。現実に七十をすぎた多くの経営者が、若い青年将校を従えて陣頭指揮をとっている。

近年では、世間の手前をはばかってか、自分は会長に退いて社長に命令している元気な人も少なくない。体力にかげりは感じられるが、気力や能力はいまだ旺盛《おうせい》であるからに違いない。

もっとも、体力だけは旺盛だが、気力はなく、才能も未成年といえる〝自称社長〟もいないことはない。二十、三十歳代の若さだが、老齢年金受給資格者といえる者で、自分はいい気になっているが、会社の方は、いずれ車椅子に乗ることになる。

高年者は、若年者にはないものをもっている。体験と分別である。これに、進取の気象を補強すれば万全ということになる。

それでは、「鬢《びん》、霜あるも、亦《また》何ぞ妨《さまた》げん」（髪が白くなるなど何の関係があろう）といえるほどの気力をもつにはどうあるべきか。経営にあたる者は常に心にとめておかねばならない。

自分では若く、黒髪を誇っているが、心の髪は白い霜となっていることが多いからだ。

松下幸之助さんは、「青春とは心の若さである」といっておられたが、心の若さを失なっては三十歳も翁《おきな》。心の若さを保てば七十、八十も青年といえる。

しかし、そうあるためには、頭脳と肉体を常に鍛えることを怠《おこた》るべきではない。私は、六十歳から七十一歳まで会社へ出たが、七階の自室までエレベーターは用いなかった。

また、六十五歳ごろから当時の国電通勤にしたが、定期券は買わず、毎日わざわざ自動販売機で乗車券を買ったものだ。些細《ささい》なことだが神経を使うことになるからだ。

退職後、自宅にいるときは朝、昼の食事は自分で作り、食器洗いも自分でやる。火や刃物を使うことは、手を使い、神経を使うことになるからだ。

朝は野鳥の鳴き声が目覚し時計。十時間は少なくともベッドの中だが、起床後はフル活動となる。家族から〝貧乏性〟といわれるが、この貧乏性が、今のところ気力の源になっているらしい。

さて、あれこれ老人讃歌《さんか》を唱えたが、老いた者すべて気力十分というわけではもちろんない。老人一人ひとりの能、無能を見分ける鑑識能力がトップになければならない。その判定の基準は、〝若い人の不足を補うに足る人〟ということでことは足りるだろう。

そこで、いいたいことは、若い経営者はとかく自分より年下の協力者を求めようとするが、年齢にかかわらず広く人材を求める姿勢が望ましいということである。

周《しゅう》の文王《ぶんのう》は太公望《たいこうぼう》（呂尚《ろしょう》）を見いだして周朝をさかんにしたが、太公望はそのとき七十歳に及んでいた。牛殺しをしたり、一膳飯屋を営んで飢《う》えを忍んでいたという。渭水《いすい》のほとりで文王が見いだしたときは乞食《こじき》同然であった。

それが、文王に見いだされた後は、三万の兵を与えられ、またたく間に天下を平定したという。

知識は年を重ねても老いないものなのである。

第十四章　自己能力の限界に挑戦

一　不可能に挑《いど》め

「自己能力の限界に挑戦せよ」とは、別項（第八章の六）でのべたとおり、私の生涯信条の一つである。

二十歳のとき、厳しさに挑戦、時代の変化に挑戦、疑問に挑戦とともに、〝四挑戦〟としたものである。

要するに私のような、文字どおり浅学非才《せんがくひさい》な者は、「自分の能力は、この程度が精いっぱいだ。これ以上のことは不可能」と自分できめてしまう。

たとえば、地位にしても、学校もでていないのだから、せいぜい課長どまりだろう。蓄財なら、三千万円ためれば上々だ、というように上限をきめて、それ以上は不可能と考えてしまう。この不可能という考えを取り払わなければ、より大をなすことはできない。言い換えれば、「あたりまえを破れ」ということになる。

できないことがあたりまえ、と考えているようでは、何ごともできなくなる。

「学校をでていないのだから、出世できないのがあたりまえ」「親から財産を譲られないから、金持ちになれないのがあたりまえ」「忙しいから本が読めないのがあたりまえ」というような〝あたりまえ〟は、口にするさえ男の恥と考えなければ、一人前の人間にはなれない。

それなら、なぜ二十歳の若僧である私が、限界に挑戦などということに気づいたのか。

その答えは簡単である。限界などと呑気《のんき》に構えていられない立場に追いこまれたからだ。

なにしろ、私は十八歳のとき父に死別しているが、譲られた借金が三千五百円。私の年収が三百円。その他、弟や妹を教育する義務もある。

当時、銀行の昇給は一年で月額三円程度、母が作って売る米が六十キロで七円。勤務先の残業手当も借金返済に当てたかったが、徹夜残業でも一晩三十五銭。

借金の利息は年一割だったから、私の年収では利息にも足りない。

だからといって、私の借金返済の限界はこれまで、といって債権者に泣きつくわけにもいかない。自己能力の限界を突き破らないかぎり、生涯にわたって背負わなければならない男の恥を残すことになる。差し押えの内容証明郵便なるものを何回かうけとったが、そのたびに自己能力の限界を突き破られたことになる。

しかし、そのたびになんとかなっている。自己能力の限界を破ることは困難だが、できないことではないと考えるようになった。

このように、私の生涯信条の一つは、借金苦から出てきたものといえるが、それからというものは、不可能よりも可能を信ずるようになっている。

ただ、今にして思うと、自己能力の限界に挑戦したことが、言い換えれば不可能に挑戦したことが、果たして幸福であったかどうか……。

なぜなら、東漢の光武帝《こうぶてい》ではないが、「人足《ひとた》るを知らざるに苦しむ。既に隴《ろう》を得て復蜀《またしょく》を望む」ということになっている。

先日も、「八十歳になったら、楽隠居《らくいんきょ》したくなる年ごろだが、どうしてもそういう気持ちになれない」と話したら、女房が、「こういう人と一緒になったのが身の不運」といっていた。どうやら、こういう種類の欲の病《やまい》は死ぬまでなおらないようである。

これを他人がみると、「なんと損な人だろう」「気の毒な人だろう」と思うだろうが、私自身は「なんと幸福な生まれつきなんだろう」と考えているわけで、苦とは少しも考えていない。苦を求めているわけではもちろんない。むしろ、楽しさを求めているのである。困難、不可能を先に考えると苦になるが、可能を先に考えると楽天主義になるからだろう。

楽天主義というと、困難も知らず呑気《のんき》にかまえている人のことをいうが、真の楽天主義とは、「不可能の壁は破れる」と信じて、それに挑《いど》む人間と理解している。

二　意欲型と自己形成

人間には、〝意欲型〟と〝退嬰型《たいえい》〟との二通りがあるといわれている。

意欲型人間の第一の特色としては、確たる人生観と生き甲斐《がい》をもち、目的を抱き、目的達成を喜ぶ。達成を他から認められるとさらに喜ぶ。

次の特色は、自己志向性が強く、失敗や困難を自分の責任として反省する。

さらに、ムードに強いことが意欲型の三つ目の特色である。

これに対し、退嬰型人間は、人生観、生き甲斐もなく、目的意識にとぼしい。失敗、困難を他人のせいにして反省することがない。

それにムードに弱く、信念もないため、そのとき、その場の空気に巻きこまれやすいということである。

たとえば株式投資で失敗した場合、意欲型人間は、調査もせず、時もかまわず投資したのは軽率だったとして自分を責めるが、退嬰型人間は、すすめた人や、経済政策の非を責めて自分の過《あやま》ちとしない。

また、「インフレ時に貯金などバカがすること」というようなムードになると、「それもそうだ」といって貯金をやめてしまう。

「株をもたざるもの人間にあらず」などというムードになると、借金してでも買いたくなる。そして失敗する。

こうした退嬰《たいえい》型人間は、猿芝居の猿のように自主性がない。自己能力の限界意識さえない。将来自分自身をどうしようか、という考えさえないのではなかろうか。

それに、こういう人間は、他人の過ちや欠点だけを掘りだす習性があるらしい。そして正義の人を自認して、自己宣伝につとめる。こういう人間にかぎって、なにもできないものである。

よく時代劇にでてくるが、悪代官に与《くみ》している土地のやくざと同じである。

退嬰型人間は、苦しみも、失敗や困難も他のせいにし、自分は正しいと思いこんでいるのであるから、自己能力の限界を突き破る意欲がでないのも当然である。

昔から事を成した人は、まず自己形成に努めているが、その一言の言葉のなかにも閂《かんぬき》が通っていることに気づく。強い意思の現われで、意欲型人間にだけみられるものである。

現職時代に私が部下に強く求めたものの一つがこの意欲型自己形成で、なにごとにつけ自分を意欲型に鍛えよ、といったものである。

ところが、ある部長は他人志向型で、何ごとにつけ失敗を他のせいにして己《おのれ》を省《かえり》みない。左遷する際、自分の失敗であったことがわかるようになったら元の地位にもどす、といってやった。左遷とは小さな子会社の代表にしたのであったが、その会社を倒産させても、まだ倒産理由を他のせいにしている。とうてい救いようのない人間なのである。

また、会社の重要会議の席上、「当社も景気が良くなれば売上げが伸びるのだが」と嘆息《たんそく》している人間もあったし、職場の責任者でありながら、「若い社員の自己中心主義のため能率が上がらない」とボヤいている者もあった。

自分が責任者としての責任を果たしていないことを暴露《ばくろ》しているようなものである。

入社当初、幹部の会議に出てみると、各部門間の責任のなすり合いに終始していたので、〝幹部会〟となっているが〝責任転嫁会議〟としてはどうか、と皮肉な提案をしたこともあった。

成長会社に退嬰《たいえい》型社長はいない。いたとしても長続きはしないものである。

よく昔から、「苦労は買って出ろ」といわれているが、追いつめられた人間は、苦労を買って出なくても、意欲型にならなければ生き残ることはできない。好むと好まざるとにかかわらず、意欲型人間にならざるをえない。つまり苦労が意欲型にしてくれるからである。

若いころ私は、神仏からも見離され、つかもうとする一本のワラをも奪い取られたような体験をしたためか、失敗や困難を他のせいにしても何の役にもたたず、これほどムダなことはないと考えている。

これが、どれほど人生行路に役立ったか、また会社経営の助けになったか計りしれないものがある。

そして何より、自己能力の限界を突き破る力となっている。これは、強制された苦労のたまものといえるのではないか。

三　これでも俺は上がっていく

「志あれば道あり」のとおり、志があれば進むべき道はいくらでも開けてくる。志を失えば開かれている道も閉ざされる。

虎退治で知られる武将、加藤清正に、「裸一貫だったらどうして出世するか」ときいたら、

「風呂屋の三助《さんすけ》になる」といったという話がある。要するに「これでも俺は上がっていく」という強い志が肝心だということである。「俺はこれでも上がっていく」という信念が自分を押し上げていく。加藤清正は、ただただ上がっていくことだけを考えていたのである。

「閑想客感《かんそうきゃつかん》は、志の立たざるに由《よ》る。一志《いっし》既《すで》に立ちなば、百邪退聴《ひゃくじゃたいちょう》せん。之《これ》を清泉湧出《せいせんゆうしゅつ》すれば旁水《ぼうすい》の渾入《こんにゅう》するを得ざるに譬《たと》う」と『言志四録』にある。要するに、くだらないことを考えたり、外部のことに心が動かされているのは、志を立てていないからだ。しっかりした一つの志を立てておれば、邪念は退散してしまう。清い泉が湧きでていると、外からの水は混じって入らなくなるのと同じである、ということである。

昭和五十三年に実業之日本社から、東京大学名誉教授で林学博士、本多静六氏の『わが処世の秘訣』が出版され、その解説を私が書いたことがある。

そのなかに次のような記述がある。

「私は埼玉県の百姓家に生まれ、十一で父に死別、祖父に育てられたが、祖父は地方の老農で〝学問すればものぐさになる。詩を作るより田を作れ〟というのが口ぐせで、小さいときから働く習慣をつけられた。

それでも米搗《つ》きは搗き終れば、本が読めるので、十三歳ごろから米搗きを選んでやった。

はじめは苦しくて踏み台からおりてばかりいたので、熱が冷めてますます搗《つ》くのに手間がかかった。

そこで、傍《そば》の戸の桟《さん》の上に緩《ゆる》く糸を張り、その間に本を広げ、搗きながら本を読むことにした。〝読書百遍義自《ひゃっぺんぎおのずか》ら通ず〟で、本がだんだん面白くなり、夢中になって搗きすぎるまで白く搗いた。ついに米搗きは静六に限るとほめられ、米搗きを全部引き受けるようになった。

米搗きのような機械的で単調な仕事でも、努力しつづけると仕事そのものを道楽化することができる。それにいろいろな本を暗記することもできた。

こうして私は独学で、東大農学部の前身であった山林学校に入ったが、ほかの連中は中学で勉強してきたのに、何しろ私は米搗き勉強で、幾何《きか》や代数はやっていないので、これには大閉口《へいこう》、そのため第一学期は見事に落第してしまった。

そこで思いつめた私は、申しわけないから古井戸に入って死のうとしたが、米搗《つ》きで鍛えた片腕が途中の井桁《いげた》に引っかかり死にきれず、思い返して翌朝恥を忍んで、島村泰先生のところに行って落第を詫《わ》びた。

先生は、私が秋の末《すえ》、麦播《むぎま》きがすむと田舎から出てきて、翌春五月、百姓が忙しくなるまで毎年厄介《やっかい》になっていた恩師であり、学校の保証人でもあった。先生は成績表をジーッと見つめておられたが、おもむろに口を開かれ、〝幾何《きか》と代数の二科目が各四十五点。わずか五点ずつの不足で落ちたのは残念だが、別に心配することはない。ドン尻《じり》で及第するよりも、もう一度しっかりやりなおしたほうが将来のためだ。落第のことは、保証人たる俺に話しただけで、お前の役目はすんだ。お前の家の誰にも話してはならぬ〟といって、成績表を裂《さ》いて紙屑かごに投げこんでしまわれた。

私は先生のこの言動に感激し、それからは死力をつくして勉強した。幾何など一千題からある問題集を、三週間ばかりで全部やってしまい、次の学期からはいつも満点つづきで、試験にでるのが楽しみになり、落第したほど不得手であった幾何などついに道楽になってしまった。そして幾何の先生からは、お前は幾何の天才だから授業に出ないでもよい、といわれるようになった。

そのとき私は、それなら天才というのは努力《べんきょう》のことだと自覚したが、後にゲーテの『天才論』を読み、〝天才とは勤勉これなり〟とあって、ゲーテも俺と同じことをいっておるわい、と膝《ひざ》を打ったものだ。

しかし、私は落第で半年損をしている。これを取り返そうと思って、七月の卒業予定であったが、二月までに卒論を出してしまい、ドイツの大学へ入った。

ドイツ留学四年の予定が、銀行の破産で送金が途絶《とだ》えたせいで、私は四年分の学科を二年間で卒業しようと努力を始め、結局、予定の二年間に四年間の学科を残らず聴講、その間に学位論文も書き上げた。

それにしても、一度落第した男が、卒業のときは最優等で銀時計を授与されたのであるから、決死的な努力というものは偉大な力をもっているものだ」と。

四　百尺竿頭歩《ひゃくしゃくかんとうほ》を進むべし

「百尺竿頭《ひゃくしゃくかんとう》須《すべか》らく歩を進むべし。十方《じゅっぽう》世界是《こ》れ全身《ぜんしん》」（百尺もの長い竿《さお》の先端からさらに一歩進んで、広大な宇宙が自分の全身と同一であるようにしなければならない。修行《しゅぎょう》をして悟りの境地に達したとしても、そこにとどまってはならない）。これは、唐の景岑禅師《けいしんぜんじ》の言葉とされている。

なるほど、自己修養、自己形成というが、これで十分ということはないのである。

学問にしても、荀況《じゅんきょう》という人がいっているように、「学は以《もっ》て已《や》むべからず。……高山《こうざん》に登らざれば、天の高きを知らず。深渓《しんけい》に臨《のぞ》まざれば、地の厚きを知らず。先生の遺言《ゆいごん》をきかざれば、学問の大なるを知らず」ということで、いくら学んでも終着地というところはない。よく徳を重ね、よく学んでいる人は、行けども尽《つ》きない広地を歩みつづけているわけで、「ここでいい」ということがない。

ところがわれわれ凡人は、少々常識を身につければ、徳はすっかり身についたとして疎《おろそ》かにしはじめる。学問などにいたっては、最高学府を出たものなどは、卒業証書を手にしているのであるから、これ以上学ぶ必要なしと決めこんでしまう。

卒業証書というものは老人年金証書よりも値打ちがない。年金証書なら学ばず、稼がず出勤せずともかねを払ってくれるが、卒業証書ではそういうわけにはいかない。学校をでても学ばない人間に給料を払っていけるような会社はそのうちなくなるだろう。

現職時代、係長、課長に昇格試験を実施したとき、次のように話したことがある。

「中間管理職への昇格試験は、学校卒業後、つまり入社後どれだけ勉強したかを知りたいためだ。入社後勉強してきた者なら誰でも合格するだろう。課長以上に昇格試験のないのは、毎日が試験と考えているからだ。

部門長の試験は月一度の部長会である。部長会の発言でどれだけ学んでいるかがよくわかるものだ」と。

また、分社経営後、子会社の代表の集まりではこう話した。

「代表取締役の任期は二年だが、二年の任期で降りてもらう人と定年まで代表をつづけてもらう人に分かれるだろう。その区分は、どれだけ平素勉強しているかによって決まるだろう。

分社して規模が小さくなったとはいえ一国一城の主《あるじ》。大企業という大城主と闘うことになる。

ところが大城主は、二年か四年ごとに新進気鋭、しかも幾百、幾千人かから選ばれた者が就任している。これらと太刀打《たちう》ちするには常に学んで引けをとらない強者でなければならないからだ」と。

業績拡大についても、割り当てられた販売額や利益目標を達成したからといって満足しているようでは、百尺の竿《さお》の先に達していい気になっているのと同じである。割当目標を突破する、つまり竿頭《かんとう》をさらに一歩を進める意欲がなければならない。

ある成長企業の創業者と話したことがある。

「私は田舎から家出するようにして上京し、中くらいの会社へ日雇《ひやとい》として入った。なんとか本雇になろうと思って、終業後に掃除や片づけごとまで手伝った。それが社長に認められて、材料倉庫係としてようやく本採用になり、いわゆる月給取りになった。年は係長より多かったが月給は少ない。

〝月給は少ないが仕事は多くしてやれ〟というのが私の性分《しょうぶん》で、係長のやる仕事を買って出て仕事を覚えた。

その後、係長に抜擢《ばってき》されたが、仕事は卒業しているので、課長の仕事をいろいろな面で勉強した。

このように、課長になれば部長の仕事を勉強していたので、部長になってもその日から困らず仕事ができた。つまり一年のときは二年、二年のときは三年の勉強をしてきた。

その後、会社を辞めて会社を設立したが、常に上を向いて歩きつづけてきた。社員五人のときは、十人になったらどういう経営にするか。十人になったら、二十人にするにはどうするか、という具合にしてきた。それがいままでは三百五十人の所帯になっている。日雇《ひやとい》、腰弁《こしべん》から、こうなれたのも、現在に満足できない性分に生まれついたからではないでしょうか」と話してくれた。

竿《さお》の先端まで登ってしまえば、その先は竿がないから登れない、などと理屈をいっているようでは、これからのリーダーにはなれない。

五　一人の限界は知れたもの

自己能力の限界に挑戦するといっても、それには自《おのずか》ら限界がある。五十キロは差し上げられても五百キロは不可能。しかし、他の何人かの力を借りれば容易になる。自分の能力以上の大事に挑《いど》もうとするなら、代価の高いことを嘆くことなく協力を求むべきである。

他人の力を借りることを、いかにも沽券《こけん》にかかわるかのように考えるむきもあるが、それこそ大きな考え違い。協力者を得られるということは、それだけの徳があり、能力があるからである。

古今東西、大を成した人のすべては、自己能力の限界を破るために優《すぐ》れた人の協力を得ているものである。

中国の春秋五覇《ごは》の一人、斉《せい》の桓公《かんこう》は、自分を射殺《いころ》そうとまでした管仲《かんちゅう》を用いて名君の誉《ほま》れを高くし、西漢の劉邦《りゅうほう》は、張良《ちょうりょう》、蕭何《しょうか》、韓信《かんしん》の三傑《けつ》の力を得て天下をとり、『三国志』の蜀《しょく》の劉備《りゅうび》は諸葛孔明《しょかつこうめい》と〝水魚の交わり〟を結んで天下を三分している。

わが国の企業のなかにも、トヨタが神谷、ホンダが藤沢、ソニーが盛田の各氏の協力によって今日《こんにち》の大を成したことはよく知られている。

これはわずかな例にすぎないが、事を成した人は優《すぐ》れた師、あるいは賢明な参謀、補佐役の協力を得ているものである。

そして、その功を分かち合っているところに、協力者の心を引きつける人格を窺《うかが》い知ることができる。

ところが、「他の力を借りて事を成したのでは、自分の非力を示すものである」とか、「功名を独《ひと》り占《じ》めにすることはできない」と考えるような小人物は、自己能力の限界を突き破ろうとしてもハネ返されて失敗するか、中途挫折して後に悔《く》いを残している。

「うちのような中小零細企業では、とても、そういう優れた人はきてくれない。きてくれても月給も払えない」というむきも少なくない。

これに対して私はこう答える。

「経営、会計、税務などを専門としている先生がいるし、地方公共団体や地域の商工会議所には相談員もいるし、取引金融機関もある。

また、経営セミナーに出席するもよし、専門書もある。

これらはいずれも、自分より優《すぐ》れた協力者といえるのではなかろうか。熱意があれば、〝万人万物吾師《わがし》ならざるはなし〟といえるだろう」と。

さらに、熱意のある人は、優秀な協力者を内部社員から求めようとしている。社員教育に努めるのである。

ある成長企業の社主と対談したとき、特別会議室に案内された。部屋の天井は宇宙天体を形づくっている。

そこに参加するメンバーは七人。二十代から五十代までの社員で構成され、一つのテーマを中心に論議され、必要が生ずれば世界のどこへでも出張させる。

これが、私の参謀会議室と説明してくれたが、二十歳代の参謀もいるわけである。さらにその社主は、

「世界の新風を身につけるには、私自身、ハーバード大のセミナーにも参加するし、こうして宇宙の下で会議をし、二十代の人間の考えもきくことにしているが、私のいい補佐役を果たしてくれる」と話していた。

優《すぐ》れた人を求めるとき、年齢など意識するな、といいたい。

前記の劉備玄徳《りゅうびげんとく》は五十歳に手がとどく年。膝《ひざ》を折って請《こ》うた孔明《こうめい》は二十七歳だった。

また、「先《ま》ず隗《かい》より始めよ」の故事にもあるとおり、代価の高いのを嘆くなといいたい。燕《えん》の昭王《しょうおう》は高い代価を払って楽毅《がくき》という謀将を得たため、燕の危地から脱することができた。

アメリカの自動車王フォードは、自分より給料の高い人をたくさん雇うのだといっているが、社長が最高給でなければならないということは定款《ていかん》にもないはずである。

六　ライバルをつくれ

二十歳のとき私は、勝ち負け、損得にかかわる趣味や娯楽は一生やるまいと自分に誓ったことはすでにのべた。これに凝《こ》って、生涯設計や信条が疎《おろそ》かになるのを恐れたからだ。

しかし、自分を伸ばすための競争心まで制限したわけではない。むしろ、育て伸ばすことに努めたものである。

人間には、「他に負けない人になろう」「他より優《すぐ》れた人間になろう」「より幸福な生活をしよう」という本能がある。この本能は人間にだけに天が与えてくれたものである。ここから当然に競争本能が動きだし、先を争うことになる。

一面、人間のみにくさとも感じられるが、このために人間社会が発展してきたともいえるのである。競争即《そく》進歩といえるからだ。

ただ、競争にも自《おのずか》ら節度がなければならない。

『荘子《そうじ》』はこう戒《いまし》めている。「巧《こう》を以《もっ》て人に勝つこと無かれ、謀《ぼう》を以て人に勝つこと無かれ、戦いを以て人に勝つこと無かれ」と。すなわち、技巧をこらして人に勝とうとしてはいけないし、計略をめぐらして人に勝とうとしてはならない。また、戦いによって勝とうとしてもいけない。不当な手段や道理に反したことで勝とうとしてはならない、ということである。

なるほど、〝先生〟といわれている人たちの争い、とくに選挙戦などにみられることだが、相手の欠点や過《あやま》ちだけを叫んでいる先生もいるようだ。大人《おとな》げないというより哀《あわ》れにさえ感ずるものである。

戦うなら堂々と先生といわれるにふさわしい戦いをやるべきである。

かつて、自動車のプロセールスマンで日本一といわれたトヨタの中村賢作さんと対談したことがある。

「私のノルマは毎年日本一の地位を維持することだが、並たいていの努力では維持できない。そこで強力なライバルとの競争を思い立った。

そして、ライバル会社の日本一といわれるプロを自分の営業所へ引き抜いてやれ、と考えて交渉したが、容易に応じてくれない。

そこで、自分の会社の営業所長に出馬を願って直接交渉し、ようやくスカウトに成功した。こうなると、お互いに負けてたまるか、という気持ちが強くなり、朝から晩まで張りきりっぱなし。自宅の室内にグラフをつくって毎日の契約高を記入していたが、女房がそれを見てはハッパをかける。

こうしたおかげで、その年は八十台も余計に売ってトップの座を維持することができた」と話してくれた。

これで新記録を大幅に突破したともいっていたが、ライバルに刺激されて自己能力の限界を突き破ったといえよう。

よい例がスポーツ界である。強い競争相手があると新記録がでる。ライバル意識が高まるからだろう。

かつて、関係した会社で販売部門を独立販売会社としたとのべた。

格別にライバル意識を高めるために行なったわけではなかったが、同規模同士がライバル意識をもつようになる。兄弟の多い子は逞《たくま》しく育つというが、各子会社は兄弟会社のためもあって、その競争意識は熾烈《しれつ》をきわめる。親会社の示す年間売上目標など眼中にない。兄弟会社が目標をいくらにしているかが問題なのである。

九州の販売会社の激励会へ出席したことがある。その意気さかんなのには驚かされた。「わが敵はまさに東京、大阪、名古屋にあり。汝《なんじ》よく攻めよ」と社長が挨拶している。これは、明智光秀が本能寺の織田信長を攻めた時をうたった頼山陽《らいさんよう》の詩を読みかえたものである。「わが敵はまさに本能寺にあり、敵備中《びっちゅう》にあり、汝《なんじ》よく備えよ」というのが『本能寺』という詩の一節にある。

こうした敵愾心《てきがいしん》が一丸となり、開設以来未到の販売高を記録している。

在任中、ある生産部の部長が手作業の能率を高めるためコンクールを実施したところ、労組を中心に猛烈《もうれつ》な反対がでた。労働強化だ、人権無視だという理由であったが、社会主義経済思想の受け売りにすぎない。

いまでは共産圏諸国の経済は破綻《はたん》してしまったが、競争の自由をおさえて発展はないことに目覚めたのではないか。

競争に反対したそれらの人たちも、分社してライバルをもつと、勝たねばならぬという意識になる。こうして会社も自己能力の限界を破って伸びてゆくのである。

第十五章　将の威厳と陣頭指揮

一　統率力と威厳

将たる者の器量の一条件として、威厳ということがある。自然に頭が下がるような〝おごそか〟とでもいおうか、〝いかめしさ〟といおうか。

昔の軍の将にしても、現代企業のリーダーにしても威厳を備えているから、多くの部下を統率することができる。もし、威厳がなく軽輩《けいはい》と見られるようでは、いかに声を大にし、目を怒らしたとしても従う者はなかろう。

冒《おか》しがたい威厳が備わっておれば、軍配を掲《かか》げただけでも兵は死地にも赴《おもむ》くことになる。

とかく威厳といえば、恐怖、圧迫を先に考えがちだが、これでは暴虎のそれと変わることはない。真の威厳とは、親しみ、愛情や慈悲、頼《たの》もしさ、逞《たくま》しさの混ぜ合わされた〝おごそか〟といえるものである。言い換えれば、人格や徳からでてくる徳威といえるものである。

『言志四録』に、「人主《じんしゅ》は最も明威《めいい》を要す。徳威惟《とくいこ》れ威なれば則《すなわ》ち威なれども猛《もう》ならず。徳《とく》明惟《めいこ》れ明なれば、則ち明なれども察《さつ》ならず」とある。

つまり、君主は徳明が肝要。徳威は徳の備わった威厳であるから、威であっても暴威ではない。徳明も徳の備わった明察《めいさつ》であるから苛察《かさつ》ではない。細かいことは見て見ぬふりをするがよい、ということである。

昔、西漢の劉邦《りゅうほう》に仕えた韓信《かんしん》が楚《そ》の項羽《こうう》の人物評をしている。

「私は前に項羽に仕えていたことがあります。項羽がどんな人物であるか、よく知っています。項羽が怒りますと、そこにいる人はみな恐怖にかられ、ひれ伏してしまいます。それに、項羽は部下に任すということを知りません。部下を信頼できない者は、いかに威厳をみせても一凡夫《いちぼんぷ》の勇気でしかなく、とうてい大きなことはできません」と。

これは、主君の劉邦に話したものである。

そのとき韓信は、劉邦にこうたずねている。

「勇猛果敢《ゆうもうかかん》、情け深さということでは項羽と大王とではどちらが勝っていると思いますか」と。

劉邦は、「それは項羽には及ばない」と答えた。

韓信は、「私も同感で、大王より項羽のほうが上だと思います」といった。

にがい顔でもするかと思っていたが、劉邦は表情も変えなかった。これを見て、韓信は、「これはききしにまさる大人物だ。天下をとるかもしれない大器」と思った。

韓信《かんしん》は、劉邦《りゅうほう》の天下統一まで武勲《ぶくん》を重ねているが、やはり劉邦の徳威に魅《ひ》かれていたからだろう。

現代の組織内でも、管理者のなかには、肩で風をきり、威厳をふりまいている者がある。また、派閥に与《くみ》して威張りちらしている者もある。トップとの関係を利用して虎の威を借りている狐《きつね》もいる。困ったことだが、こういう人間に肩書をつけているトップの威厳はどうか。「人を玩《もてあそ》べば徳を失なう」という言葉があるが、トップの威厳も地に墜《お》ちて善良な部下からも見離されることになる。

その点、真に徳威ある人主《じんしゅ》は常に身を慎《つつし》み、人を敬《うやま》うことを心がける。とくに、誠心誠意で人に接している。

反面また、賞罰を公平にしている。トップが賞罰の公平を期しているか否かは、威厳を大きく左右するもので、心したい点である。冒《おか》すべからざる威厳は信賞必罰にあり、ともいえるのである。

会社などにも賞罰規定がある。これを適正に守ることは、即《そく》トップの威厳を高めることであり、疎《おろそ》かにすることは威厳を損《そこ》ねることになる。

とかく、部下を怒鳴《どな》りちらして威厳を示そうとしているトップを見かけるが、たび重なると効き目もなくなってくる。無言でいても賞罰を明らかにすれば、「一を賞して百を勧《すす》め、一を罰して衆を懲《こ》らす」の効果も期待できる。

怒鳴《どな》り叱るから、部下は圧迫を感じ反抗したくもなる。定められた罰であれば、反省すればとて抵抗することはない。

二　心服威服

『論語』に、「君子は三度姿を変える」とある。

徳のある人は、遠くから見ると、近寄り難《がた》い威厳がある。近づき親しくつき合ってみると、その人の温かさが伝わってくる。その人のいっていることをかみしめてみると、その言葉の厳しさがわかってくる。厳しいようで厳しくなく、厳しくないようで厳しい、ということになるが、つきつめると〝慈の中の厳〟といえるのではなかろうか。

昔の兵法にも、罰則ばかり用いたのでは部下は心服しない。といって、過失があっても罰しないなら統制することはできなくなる。

やはり、温情をもって導き、軍律をもって統制しなければならないと教えている。

現代でも、権力や暴力で従わせようとしても、恐れ、おののいて従うことはあるだろうが、心から従うものはない。温かい思いやりの心であたれば、心から服して従うことになる。

「赤心《せきしん》を推《お》して人の腹中《ふくちゅう》に置く」という故事がある。

後漢の光武帝《こうぶてい》が蕭王《しょうおう》と称していたころ、銅馬《どうば》の諸賊を討伐して降服させた。しかし、味方の諸将も銅馬が心から降服したとは思わず、銅馬もまた、征服者を征服者として扱うことなく、平等に扱っていることから、これからどうなるのかわからず安心していない。

これを知った王は、降服した銅馬を各自の陣営に帰らせ、部下をまとめるように命じた。そして王自らは武装もせず、馬に乗り、降服した各部隊を巡視した。これを見た降将たちは互いに話していった。「蕭王は自分の真心を他人の腹の中へおしこんで、少しも疑っているようすがない。どうしてこの王のために死力を尽くさずにいられようか」と。

これこそまことの心服といえるだろう。

蕭王はこのようにして兵を増し、山東《さんとう》などの賊を平《たい》らげて、残るは隴《ろう》と蜀《しょく》となり、隴も降《くだ》って蜀の公孫述《こうそんじゅつ》のみとなった。このときいったのが前にのべた、「隴を得て復蜀《また》を望む」の故事である。

やがて蜀《しょく》も平《たい》らげて、史上まれにみる名君として後世に名を残しているが、徳の威光の輝きがしからしめたともいえるのである。

さて、いまでもよく使われている言葉に「鼎《かなえ》の軽重を問う」というのがある。

「社長があいうことをしては、鼎の軽重が問われる」というように使われる。つまり、社長の権威を疑うことである。

今から約二千六百年の昔、中国春秋《しゅんじゅう》時代である周《しゅう》王朝もようやく衰え、権威も地に墜《お》ち、群雄が覇《は》を争うようになった。

一方、江南《こうなん》に勢力を増した楚《そ》の荘王《そうおう》は戎《じゅう》を伐《う》った後、周の国境で盛大な示威を行なった。いうまでもなく周王朝に対する威圧である。

周の定王《ていおう》は、大夫《たいふ》の王孫満《おうそんまん》を使者として荘王の功をねぎらわせた。荘王は会見の席上、周王室に代々伝わる鼎《かなえ》の大小、軽重をたずねた。

この鼎というのは夏《か》の徳政が天下に及んでいたとき鋳造《ちゅうぞう》したものである。

たずねられた王孫満は、「鼎の値打ちは、もっている者の徳次第で決まるのであって、鼎自体の大小、軽重とは関係のないことです。

この鼎《かなえ》にしても夏《か》の徳政のとき造られましたが、夏の最後の帝王桀王《けつおう》が無道を行なったために殷《いん》に移りました。殷は六百年もつづきましたが、紂王《ちゅうおう》が暴虐を行ないましたので周に移ったのです。

すなわち、鼎の軽重は所有者の徳いかんで決まります。鼎は小さく、軽くとも所有者が徳のある人であれば腰をすえ、いくら他へ移そうとしても移すことはできません」と。

勇気ある王孫満《おうそんまん》の堂々たる論鋒《ろんぽう》にさすがの荘王《そうおう》もおされ、むなしく兵を引いたという。

これは『左伝《さでん》』にある故事だが、勇気と巧みな弁舌が国の名誉を保ったものと受けとめるべきだが、ここでは、強力な武力も徳の威光には及ばないという点を強調したいのである。

三　威厳は自《おのず》ら備わる

「敬《けい》（己《おのれ》を慎《つつし》み、人をうやまう心）を持《じ》する者は火の如《ごと》し。人をして畏《おそ》れて之《これ》を親《した》しむ可《べ》からしむ。敬せざる者は水の如《ごと》し。人をして狎《な》れて之《これ》に溺《おぼ》る可からしむ」と『言志四録』にある。

要するに、敬の心の持ち主は火のように人を畏《おそ》れさせるが、親しめる人として尊敬もされる。敬のない人は水のように親しみやすいが、威厳がなく人から侮《あなど》られてしまうという意味である。

私は銀行時代、課長になるまでの平社員時代を二十数年間すごした。

その間、何人かの店長、課長に仕えているが、二人の上司が二、三回私の引き抜き合いをしたことがある。私のどこが気にいったのかしらないが、それぞれが私を部下にしたかったらしい。

しかし、私は仕事の得手《えて》、不得手、好き、嫌いを別にしてAという上司に従うことにした。

二人の上司とも手腕、力量いずれも社内屈指であったが、人柄が大きく違っていた。

Aという上司は、見たところ厳しく、〝雷おやじ〟のアダ名があるほどであった。部下の面倒みもよく、能ある者はどんどん抜擢《ばってき》するという人であった。そのかわり、部下の教育は激しく、ついて行かれないといって遠ざかる人も少なくなかった。

Bという上司は、腰も低く言葉もていねいで近づきやすい。

しかし、それらの態度は、人格から自然にでてくるものとは受けとりがたい。自分のためにしているとしか考えられない。つまり、部下を思いやるしぐさではなかったからである。

前にのべたように、〝敬〟とは己《おのれ》を慎《つつし》み、人を敬《うやま》うことである。Bの表面の態度はそのとおりだが、心のなかは、他人よりも己《おのれ》を敬っているのである。これでは、こちらとしてもその人を敬うわけにはいかなくなる。

威厳というものは、外見を装ってもつくものではない。徳を積み、能力を高めるなど、人としての力をつけるところから自然に現われてくる。

よく言われることに、殿様と槍《やり》持ちの話がある。

槍持ちが殿様の姿になって構えても、槍持ちであることがバレてしまう。姿は殿様でも威厳がないからである。

『十八史略』に次のような話がある。

中国春秋時代、斉《せい》の国の宰相で晏子《あんし》という人がいた。

質素倹約で、一枚の狐《きつね》の皮衣を三十年も着つづけ、神前に供《そな》える豚肉までほんのわずかにするほどだった。そうして倹約し、生活に困る人を助けた。晏子のおかげで生計をたてる者が七十余軒にもおよんだ。

あるとき晏子が外出した際、その馬車の御者《ぎょしゃ》の妻が門の間からそっとのぞいてみると、御者である夫は大きな日傘《ひがさ》をさしかけ、四頭立ての馬に鞭《むち》打ち、いかにも得意気になっていた。

その日、夫が帰ってきたので妻は、「どうか今日かぎり離縁していただきたい。あなたの主人の晏子《あんし》さまは、身分は斉《せい》の宰相として、その名は諸侯の間でも知らない人はないほど有名な方なのに、常に人には謙虚《けんきょ》で少しも威厳をふりまこうとしておりません。あなたは人に使われている御者《ぎょしゃ》でしかないのに、いかにも偉そうで得意になっています。まことに情けないことです。それゆえ、私は離縁を願ったのです」といったという。

それからというもの、御者はたかぶる心をおさえ、見違えるようになった。後に晏子はこの事実を知り、御者を士の上の大夫《たいふ》に取り立てたとある。

身分があっても、奢《おご》り、たかぶらなければ人から敬《うやま》われる。

爪《つめ》で拾うような倹約をつづけても、それを人のために使えば多くの人から慕われる。

力もないのに、たかぶれば女房からさえ愛想づかしをうける。

かつて高級クラブのナンバーワンと称するホステスと対談したとき、「きらいな客」の一つとして「請求しないのに名刺をだす人」というのがあった。

名刺をだすこと、すなわち肩書をひけらかすことが、かえって自分の威厳をさげていることに気づかないのである。

四　虎の威を仮《か》る勿《なか》れ

中国の戦国時代、楚《そ》の宣王《せんおう》が群臣にたずねた。

「北方の国々は、わが国の宰相である昭奚恤《しょうけいじゅつ》を恐れているか」と。

これに江乙《こういつ》という者が進みでて答えた。

「虎は百獣を求めて食います。あるとき狐《きつね》をつかまえ、食おうとした。ところが狐は、〝いや待て、俺は天帝から、百獣の王に任命されているのだ。俺を食えば、天帝の命にそむいたことになる。もし、それが、うそだと思うなら俺についてこい。俺を見ればどんなものでも逃げ出すから〟といいました。

それなら、ということで虎は狐のあとについて行きました。なるほど、狐がいったとおり出会った獣はみんな逃げてしまいます。狐が恐ろしくて逃げたのではなく、狐のあとからくる虎が恐ろしかったのです。

虎はそうとも知らず、狐が恐ろしくて逃げたのだと思ったわけです。

いま王は、領土五千里四方の大国王。百万の兵をもっております。その兵力をすっかり宰相の昭奚恤《しょうけいじゅつ》の手にゆだねております。

北方の諸国は昭奚恤など少しも恐れてなどおりません。獣たちが恐れたのは、狐《きつね》ではなく虎であったように、北方の国々が恐れているのは王の兵力なのです」と。

江乙《こういつ》は昭奚恤をおとしいれるために、こう話したとあるが、いずれにしても巧みなたとえ話ではある。

前にも〝虎の威を仮《か》（＝借）る狐〟にふれたが、権力者の名を借りて自分の威厳を高めようとする卑劣《ひれつ》な行為が、かえって威厳を損《そこ》ねることを知っておきたい。

力があれば虎の威を借りることはない。力がないから借りるのである。そんなことをしても、だれも実力のある人とは見ないものである。

銀行時代、私はよく後輩に注意したものである。

「『戦国策《せんごくさく》』という本に、〝虎獣《けもの》の己《おのれ》を畏《おそ》れて走るを知らざるなり。以《もっ》て狐を畏ると為すなり〟とある。

つまり虎の威を借《か》る狐ということだが、銀行屋は、ともすると〝かねの威を借《か》る狐〟ということになりやすい。こういうことでは信用と体面をおとすことになる」と話した。

ところが世の中は広いもの、かねの威を借《か》る狐の上をいこうとする人もある。

これは私自身が出会ったことだが、一面識もない人間から電話があり、すぐ行くから会ってくれという。

二十分ほど遅れて来た。「いやー、すまん、すまん。いままで福田君と話していたんじゃが、つい話がはずんで」ということだった。

出した名刺は特大で、三つ四つ肩書がついていた。用件というのは借金申し込み。

「福田君からも電話があるはずだが、やつも忙しいから」といっている。

福田君とは当時大蔵大臣をしていた福田赴夫さんである。

まさに大虎ではあるが、狐《きつね》にたぶらかされるようなお人好しではない。体裁《ていさい》よくことわってお引きとり願ったが、わずかな借金に大蔵大臣まで引っぱりだすから相手にもされなくなる。

そうかと思うと、出身校や同郷、先祖の偉人から、同級生が出世していることまで言いだして自分に箔《はく》をつけようとしている者もある。自分に箔をつけるどころか、自分の不甲斐《ふがい》なさを暴露《ばくろ》しているようなものである。

昔、後漢の光武帝《こうぶてい》が国を始める前である。隴西王《ろうせいおう》に仕えていた人材に馬援《ばえん》がいた。王は、蜀《しょく》(四川省《しせんしょう》)の地で帝と僭称《せんしょう》している公孫述《こうそんじゅつ》とはいかなる人物かを知りたいと考え、馬援《ばえん》にそれを命じた。

馬援は公孫述《こうそんじゅつ》とは同郷旧知の間柄。さぞ親しく迎えてくれるに違いない、と思って出かけた。

ところが案に相違して、馬援が到着すると、宮殿の階段の下に護衛兵をものものしくならべておいて引見していった。「昔のよしみで、お前を将軍にしてやるからここにとどまれ」と。

馬援はそこで、従者にいった。「公孫述は外見を飾って威厳を示そうとしているが、まるで木偶《でく》人形のようなものだ。こういう態度で、どうして天下の立派な人物を手許にとどめておくことができよう」と。

そして馬援は帰って王に、「述《じゅつ》は井戸の中の蛙《かわず》で、やたらと一人でえらぶっているつまらない人間です」と報告している。

五　自ら行なえば

夏《か》の国といえば中国でもっとも古い国とされているが、いまだその実在は古蹟《こせき》などで証明されていないようである。

その夏《か》を始めたのが禹王《うおう》である。

「禹《う》は吾《わ》れ間然《かんぜん》する無し。飲食、衣服、宮室《きゅうしつ》、其《そ》の軽重《けいちょう》する所を知る。必ず是《か》くの如《ごと》くにして、財《ざい》も亦乏《またとぼ》しからず」（夏の禹王のしたことは一点のすきまもない立派なものであった。自分の飲食は粗末にし、宗廟《そうびょう》は厚く祭り、祭服は立派にし、住居は質素にするなど、よく軽重をわきまえていた。そのため財にも不足することはなかった）と、『言志四録』にある。

この禹王は、『十八史略』によると、王と称するようになった最初の人である。いまから四千年もの昔になる。

禹は洪水を防ぐために全力を傾け、外におること十三年、わが家の前を通ることがあっても入ることさえしなかった。平野を行くには車に乗り、水上は舟、泥地はそり、山を行くときはかんじきをはき、全国を開拓し、道路をつくり、堤防を築き、山々を測量し、次々に事業を完成させた。これを舜帝《しゅんてい》が見て感心し、すべての官吏を統率して政治を行なう宰相に禹《う》を任じた。そして舜帝が死ぬと禹が王位を継《つ》いだとある。

また、禹について、こんな記述もある。

「禹の言葉は、そのまま法律にしても差《さ》し支《つか》えないほど立派であり、行ないはそのまま人の模範となるほどであった。それはまるで、左手に水準器と墨縄《すみなわ》を持ち、右手にコンパスと定規をもっているようにすべて法にかなない、寸分の違い、乱れもないものであった。また、一度の食事に十回も立ちあがって人民の労をねぎらった」云々《うんぬん》と。

このように、禹王《うおう》は自ら率先垂範《そっせんすいはん》したため、国民も深く敬《うやま》い、彼を手本として業に励んだので、国も民も豊かになり平穏に国も治まったということである。

流れの源がきれいであれば川下もきれいであるように、上に立つ者が正しければ従う人も正しくなる。

子は親の写真とか。部下はトップの写し出されたものである。トップの言動はいつのまにか部下にしみこんでくる。

したがって、トップが組織の活性化を願うなら、自ら活力をみなぎらせて陣頭指揮にあたらなければならない。経営の合理化を進めようとするなら、自ら進んで実行すればよい。

中国神代の天皇子《てんこうし》は「無為《むい》にして化《か》し」たという。つまり、無言で民を感化したということで、人の道を正しく行なっていたので人民もそれにならったわけである。

これは、ある会社に関係したときであった。

業績不振の原因の一つに規律の守られていないことを知った。卑近《ひきん》なことだが、なにか理由をつけて遅刻、早退が多い。罰則は定めてあるが適用されていない。それでいながら残業がすこぶる多い。

これを正さなければ志気にも悪影響をおよぼすことになる。そこで私は始業の八時三十分より一時間早く出勤し、定時退社と定めて実行するとともに、規律の厳正に努めた。

また、業績不振企業の通弊《つうへい》ともいえることは、経費の公私混同が多く、罪悪感が薄いことである。白鼠《しろねずみ》に月給を払っているようでは、いずれは倒産の憂《う》き目をみなければならない。

ある管理職の集まりで、「肉《にく》を割《さ》いて以《もっ》て腹《はら》に充《あ》つ」という唐の太宗《たいそう》の故事をひいて、暗に公私混同を戒《いまし》めたことがあったが、「正直者はバカをみる」と考えている人間には通じそうにもなかった。

といって、千余人を尾行していちいち確かめることはなおむずかしい。

公私混同の撲滅《ぼくめつ》対策には、まず自《みずか》らを正して公私混同をしないことにつきる。その会社に十余年いたが、私は公私混同の伝票は一枚も残していない。

また、命じても手をつけようとしなかった不良在庫一掃の時も、ほこりが多いのでわざわざ頬《ほお》かぶりをして自ら率先して倉庫に入った。そのためか、わずかの間に整理を終えている。

「寝ていて人を起こすな」と、よくいうが、自分が起きて動きだせば、寝ている者も起きだしてくるものである。逆に、自分が寝ているようでは、人は起きてこない。

六　指揮と必勝の信念

なにごとをなすにも、成るか、成らないか、得か損か、勝つか負けるかの判断もなしに取り組む者はない。必成必勝《ひっせいひっしょう》を信じて挑戦するから、事が成るのである。昔の兵法も、どう考えても勝味のないときは逃げるにしかずと教えているのである。

とくに、将たる者が部下を率《ひき》いて事に挑《いど》もうとする場合、必ず勝つという信念を強くもつことが必要である。強い信念は必ず部下に伝わり、それが志気を高めることになるからだ。

前記したが、第二の会社へ入ったとき、会社の再建を危《あや》ぶむ社員が少なくなかった。中途入社の私に、「会社は大丈夫でしょうか」「立ち直ることができましょうか」という質問をしていたことからも、社員の不安が理解できる。

そのつど、私は笑顔で、「必ず再建できる」と答えた。「どうして、そういうことがはっきりいえるのか」と反問する者もいた。「何も財産らしい財産がないからだ」と答えた。私としては、「何がなくとも再建してみせる」という考えでそう答えたわけである。

そうした場合、人や物に頼る言葉は禁物である。依存心の強い者で事を成した人は一人もいないからである。

会社がドン底状態になると、人々からでるものは、愚痴《ぐち》と溜息《ためいき》だけとなる。まさに「志気地に墜《お》つ」の感じで、人の集まりもお通夜同様になる。風前のともしびというが、息絶えて心臓の鼓動がかすかに動いている状態で、会社の命脈は尽きたも同じである。

こうなると、トップ一人が勇んでも一人芝居に終ることになる。自分は必勝を期し、信じているが、部下が疑念を抱いているようでは戦力も鈍《にぶ》る。そこで考えられるのが指揮者の知恵ということになる。昔の武将もいろいろ知恵をだしている。

信長は、今川義元の三万の大軍を迎え撃ったとき、三千の部下とともに熱田神宮に戦勝祈願をした。その後で部下に話している。

「命の惜《お》しい者はただちに立ち去れ。残る者は命をこの信長に預けよ。自分はいまだかつて神に祈ったことはない。祈ったのは生まれて初めてだ。であるから戦いは必ず勝つ」といったという。

部下の将兵も、「衆寡《しゅうか》敵せず、討ち死に覚悟」と思っていたものが、「勝つこと疑いなし」と大将の口からきけば、さらに勇気は百倍するだろう。一度も神に祈ったことのない無信心者の信長が祈ったというからには、神も味方するに違いないとだれもが考えたであろう。

昔、中国のある武将の話である。部下の志気があがらない。そこで出陣のとき、百枚ほどの銅銭を地面に投げさせ、表がでたら戦いは勝つと将兵に告げた。

投げてみると一枚残らず表ばかり。これを見た将兵はどっと歓声をあげた。

幸い戦いは大勝に終り、将兵がもときた道を通って投げた銭を拾ってみると、両面とも同じ表の図柄であったという。

現代では縁起をかつぐ人も少なかろうが、それでも気にかかるものである。

しばらく前に、エスエス製薬創立者の泰道三八《たいどうさんぱち》さんと対談したことがある。

「ぼくは課長以上の管理職にいうのです。

おまえらは、〝うちの課員はよくやります〟とか、〝部長以下しっかりしている〟とか、そういっていれば部下の受けがいいと思っているんだろうけど、逆になめられているんだぞ。それは隊長が働いていない証拠だ。まず、俺につづけといって先頭きってやってみろ。弾《たま》のくるところへ、俺につづけと飛びだしてみろ。

俺の部下なんだから命令すれば動くだろうと思っても、部下は絶対に動きやせん。だいたい、自分が働かないときは、部下に感謝できる。

〝部下は何をやっているんだ〟と腹の立つときは、自分がいちばん働いているときだ。だから管理職は常に腹を立てていろといっているのです」と話してくれた。

あとに詳しくのべるが、率先する者はその功を部下に譲り、口先だけの者は功を私《わたくし》することが目につく。そのためか、率先する将に従う者は、率先する将を追い越そうとする勇者も多く現われるが、口先のみの将に従う者は、要領よく立ち回るが功は少ないものである。

七　陣頭指揮と冷静

陣頭指揮は人を率《ひき》いる者の基本といえるが、いくつか心しておきたいことを、私の体験からのべておきたい。

その一つは、功を焦《あせ》るためか、失敗もあることを忘れることである。

「勝に急にして、敗《はい》を忘るること無かれ」と『荀子《じゅんし》』にあるが、優《すぐ》れた将は勝つことだけを考えて、敗れることを忘れるということはないという意味である。逆にいえば、凡将は勝つことだけを考えて、敗れることのあることを忘れるということになる。負けのあることを知っていて負けたのであれば、立ち直るのも早いが、知らずに負けたのでは収拾がつかなくなる。

二つに、血気にはやって猪突猛進《ちょとつもうしん》して失敗をまねくことがある。

ことに陣頭指揮にあたっていると、部下に誇りを示したい気がでてくる。自分の勇気、才能を部下に見せたい。ひらたくいえば、格好のいいところを見せたいというような気になる。怪我《けが》のもとになる。

三つに、自己過信に陥《おちい》る。会社が業績好転してくると、心もはずんでくる。「運がついてきた。この波に乗ればできないことはない」という気になる。これは、考えるとおり、運がめぐってきただけで、自分の能力が増したわけではないのである。

四つに、陣頭指揮の有資格者は、己《おのれ》の名利を忘れ、公のために誠をつくす者でなければならない。言い換えれば、義に強い人といえる。

もし、陣頭指揮にあたりながら私利私欲を考え、あるいは自分の名利の保全だけが心にあるとすれば、困難に突きあたった場合、冷静を欠き指揮を誤《あやま》る危険が多分にでてくる。もし、自分を捨て、会社の利益のみを考えていたとすれば、部下全員の力を糾合《きゅうごう》して事にあたることができる。さらに自己を捨てていれば、いかなる困難に出会っても冷静に対応することができる。

現職時代、販売子会社の代表の集まりで激励したとき、「一念巌《いわ》をも徹《とお》す」の故事を引用したことがあった。

漢の李広《りこう》が草原の石を虎と見誤《あやま》って射《い》たところ、矢尻《やじり》がかくれるほど石に突きささった。あらためて射たら、突きささらなかったという。

その話のあと、李広についてこんな話をした。

「この李広将軍は匈奴征伐《きょうどせいばつ》にも功のあった人だが、あるとき百騎ほどの精鋭を率《ひき》いて匈奴の勢力圏深く侵入し、目前の敵は倒したが、気づいたときは敵の大軍に包囲されていた。部下は浮き足たち、逃げようと算を乱して走りだそうとしたときである。李広は前に塞《ふさ》がって叫んだ。

〝ここは落ちつかねばならぬ。へたに逃げては敵の餌食《えじき》になるだけだ。ここで生きる道は全員が冷静になって、われわれは敵を誘いだすおとりの部隊だと敵に思いこませることだ〟。部下の落ちつきを見た李広は、馬首をめぐらせて敵に近づき、〝全員、馬からおりて鞍《くら》を解《と》け〟と命じた。

敵はこれをながめ、あまりの大胆不敵なふるまいに気を呑《の》まれ、見ているだけで攻めてこない。

なにか計略がかくされていると思ったのだ。

これを悟った李広《りこう》は、ひそかに十数騎の剛者とともに馬の腰帯を締め、疾風《しっぷう》のように敵陣に近づき、指揮していた大将を射殺してしまった。

敵は予想外のできごとに、おじけづいて右往左往するばかり。このすきに李広は敵陣突破を試み、一兵も損ずることなく本隊にもどることができたという」

困難にあたっても、自分を捨ててかかれば心も静まり、正しい判断もできれば、咄嗟《とっさ》の知恵もでてくる。「責任は逃《のが》れたい」などと自分を先にするから、成ることも成らなくなるのである。

第十六章　部下を信頼せよ

一　人材活用の要《かなめ》

企業組織は、上下、左右の人が信頼しあって結ばれている。もし、信という結び紐《ひも》が切れたとすれば組織は乱れ、たちまち烏合《うごう》の衆と化してしまうだろう。

上が下を信用して権限を任すのも、下の能力を信頼しているからである。下が上の命に服すのも、上を信頼しているからである。

社員から信頼されないようなトップは、長つづきしないともいえる。一時は権力で社員の心を押さえつけられたとしても、いずれは押さえきれなくなる。押さえられたとしても、社員のほうが去っていくことになる。

詩の文句に、「古《いにしえ》より民《たみ》を駆《か》るは信誠《しんせい》に在《あ》り、一言を重しと為《な》し百金も軽し」（昔から民を使うのに重要なのは信用ということである。一言の重さは百金でも軽いほどだ）というのがある。

なるほど昔から、業を始め、大を成したいわゆる名君といわれている人は、無辜《むこ》な人、平凡な多くの人々の力、つまり信頼を得ている。

暗君《あんくん》といわれている者は、民心どころか、優《すぐ》れた側臣からも見離されて身を亡ぼしている。

だいたい、信用、信義(約束を守る)などというものは、自分自身が生みだすもので、人が与えてくれるものでもなければ、かねで買えるものでもない。小さな行ないの積み上げといえる。

また、自分が信頼を得ようとするなら、人を信用するだけの大きな心がなければならない。

ところが、自分の下で働く部下さえ信用しない者がある。

会社などでもよく見かける図だが、パートのおばさんがやるようなことまで社長がやっている。雑用まで手をだすから忙しい。そういう人にかぎって、トップのやるべきことをやらない。いや、気づかないのである。

これは、人を信ずることのできない病気で、これでは会社を大きくすることはできなかろう。

だいたい、自分の功績を鼻にかけたり、才能に自惚《うぬぼ》れているような人間は、人を信用することができない。したがって、仕事を他に任すこともできない。

「善《よ》く人を用うる者は之《これ》が下と為《な》る」と前にのべたが、目下《めした》の人にもへりくだっている人は、よく人の優《すぐ》れた点に気づく。欠点よりも優れた点が大きければ、部下に仕事を任せてしまうだけのおおらかさもでてくる。

人を信じないものは、十の長所のなかに一つの小さな欠点があるだけで、すべてが信用できなくなってしまう。

これでは、仕事も進まなければ、人材の活用もできない。

心ある部下は、自分の功や長所を認められるのを願っているものである。つまり、上司の信用が得たいのである。

よく、一杯飲みながらにも、「○○部長の推薦《すいせん》で係長になった、課長になった」などと誇らしげに話しているのを聞く。部長の信任を得たことが誇りなのである。

二　用いて育てよ

「天才とは努力である」といった人がある。

生まれながらにして天才といえる者はなく、努力によってすばらしい能力をかちえた者が天才だといえる。言い換えれば、努力をすれば天才になりうるといえるだろう。

まさにそのとおりで、その道の神様といわれる人も、生まれたときは同じ赤子であり、生まれたときから神様であったわけではない。その道に通じるまで、血のでるような努力を重ねてきているものである。

サラリーマン社会をみても、入社の際、学業成績や採用試験の得点に差があったり、あるいは学校差があったとしても、実質的には大きな差がないものである。

差がでてくるのは、十年もたってからである。その差は入社後十年間の努力の差ではないか。

この努力の差にしても、本人の自覚もあるが、管理者の指導教育によっても差がついてくる。ことに、努力を惜《お》しまぬように仕付けられた者は、他の者に一歩先んじることになる。

このように考えると、部下をその道の達人に育てようとする者は、常に部下を努力家に育てるよう心がけなければならない。人に差がないとすれば、努力を重ねさせることが人材教育といえるからである。言い換えれば、名将とは部下に努力教育をする者といえる。つまり天才に近づける者である。

それには、どうすべきか。努力をしなければならない場を与えることである。

こうした考えから私は、「用いて育てよ」といっているのである。

だれしも仕事を与えられればやることになる。ポストを与えられれば、その責を果たすため努力しなければならない。習わぬ経《きょう》をも読まなければならない。仕事やポストが与えられると、どうしても学び努めることになるため、次第に経も読めるようになる。

前に、分社経営の目的は、人材教育と組織の活性化にあるとのべた。係長を子会社の取締役に、課長待遇の店長を代表取締役に昇格させたわけだが、肩書が変わるとともに経営者としての自覚をもつようになれば、責任も進んでとるようになる。経営参加意識も高くなる。

独立会社ともなれば、親方日の丸ではすまされない。経理や財務の勉強をする者もでれば、経費節約など率先してやるようになる。

資金調達のため金融機関との交渉をもつことになれば、予算や決算にもあたることになる。

最初の一年ほどは親会社のそれぞれの担当が指導にあたったが、経営者としての知識はほぼ一年で卒業している。

もちろん完全とはいえないが、もし経営者学習を十分にさせ、肩書を与えるとしたら、もっと早く一人前の経営ができるようになるかもしれない。

完全無欠に育てあげてから肩書を与えようと考えること自体、無理な話である。

よく、部下を用いる場合、まだまだ早い、といっている人がある。

また、「苦労が足りない」「分別がない」などを理由に登用を遅らせている人がある。いわゆる、見足《みた》りないのである。それならむしろ逆に、まずポストにつけて勉強させたらよさそうであるが、それもできない。

これも、部下を信頼できないという病《やまい》で、自分では健康でえらい人間と考えているだろうが、人材を育てることのできない病人である。

先年、ある老社長が「早く楽隠居したいと思うが、まだ目が離せない。なにをやるかわからない」といっていた。

「引退したほうが会社はよくなりますよ」と、よほどいおうと思ったが、やめておいた。

部下が信頼できないのである。部下を信頼することのできない人は、部下を育てることもできなければ、人材を発掘することもできない。かりに人材を得ても、信ずることができなければ任せることもできない。小人物で大成することもできない。

三　人生意気に感ず

「人生意気に感ず、功名《こうみよう》誰《だれ》か復《ま》た論ぜん」（人間生まれたからには、お互いに男の心意気に動かされて行動するもの。功名など問題にするものではない）。

これは唐の太宗《たいそう》に仕《つか》えた名臣魏徴《ぎちよう》の詩『述懐《じゆつかい》』にある一節である。

魏徴は年もすでに四十をすぎていたが、その名もよく知られていなかった。なんとか功を立て世にでたいと考え、山東《さんとう》の敵を説得しようと思い、その旨《むね》を太宗に願いでた。名もない者の願いであったが、太宗は希望をかなえてくれた。その君恩に報いるため勇躍《ゆうやく》出発したのであった。

その感激をこめて詠《よ》んだのが『述懐』である。彼は後に初唐の名臣の一人にあげられ、その死後、太宗は「鏡を失なった」と嘆いたことはすでにのべた（第十二章の五を参照）。

このように、下であればあるほど、上から認められた感激は大きいものである。

現職時代、私はよく、少々ムリと思われるような大役を部下に任せた。

また、やらせてくれ、といってきたものに反対したことは十年余りの間でただの一回だけで、あとは全部やらせた。

そのいずれも失敗に終ったものはない。「自分を認めてくれた」「信頼してくれている」という感激と誇りが、やる気を盛りあげているからではないか。

生前、松竹新喜劇の渋谷《しぶや》天外《てんがい》さんと話し合ったときである。

「役者は、あんまり平和だと、呑気《のんき》になりすぎるし、危機感ばかり与えると萎縮《いしゅく》してしまう。よく、〝有用の用〟〝無用の用〟といいますが、だいたい、三通りぐらいに人を分けておく。ちょっとも役がつかん、このごろひまだというような無用の人がおらんことには、劇団は成り立ちません。

一年なり一年半ぐらいひまでいた人に役をつける。そうすると、たいへんなハッスルぶりです。

これは、一年か一年半たつと役が回ってくることがわかっていては具合《ぐあい》が悪い。ある日とつぜん役をつける。人間だれだって、見捨てられたのかな、と思っているところへ名ざしで役にありつくと感激しますよ。この感激が舞台に現われる。だから極端にいったら、無用な人間が舞台を盛りあげるわけだ」と。

天外さんは名演技者であったが、さすがに劇団のリーダーとしても名演技を演じている。

だいたい会社などでも、ものの役に立つような人間は向上欲が強い。両手を開いてチャンスがくるのを待ちうけている者が多い。それだけに感受性も強い。上司の一笑、一言をも自分にむすびつけて考えるものである。

目をかけるということで、ある社長は、これは見込みがあると思われる若い社員を夕食に誘うことにしている。何百人のなかから一人選ばれるわけだから、その感激は大きい。

しかし、これは何人目かでやめ、他の方法にしたという。「社長にご馳走《ちそう》になるなど一生の思い出になるほど名誉なことだが、どんなに上等なご馳走でも、社長とさしむかいでは藁《わら》をかんでいるようだ」といわれたそうだ。藁をかむ思いでも、心は意気に感じているに違いない。

また、ある社長は、専門書などの研修書籍を新聞広告から選び、社員を指名して、「買って読め」と直々《じきじき》に言い渡す。

社長に指名されることは、有望人物として自分が認められたことになる。

そのことでは、私も三つの部長を各一年で通過して取締役になったが、頭取が辞令を渡すとき、「○○部長の仕事は半年で終って、後の半年は遊んでいたんだろう。銀行も、そうそう遊ばせておくわけにはいかない。今度は○○部長をやってくれ」といわれたが、「功名誰《だれ》か復《ま》た論ぜん」と心にもないことまで口ずさみたくなったものである。

よく、「人使いがうまい」といわれる人がいる。要するに、「意気に感じさせる」のである。感じるから、火の中、水の中でもという気になる。

清水《しみず》の次郎長《じろうちょう》は、「子分のためなら、いつでも命を投げだす」といっていたという。そうであればこそ、子分は親分のためならという気になる。

命を投げだしている人間の意中には、功名などない。そこから強さも一段と加わるのである。

四　信じたら任せ

トップが部下に、地位、権限を与えるということは、その部下の人格、能力などを信じた証拠といえるだろう。

したがって、部下は与えられた権力を自由に行使してよいはずである。行使しなければ怠慢といえるだろう。

ところが、トップの中には部下を信じ、権限を与えていながら、事毎《ことごと》に口だしをしている者がある。

本田技研の本田宗一郎さんは、現役の社長のときから重役会に一度もでたことがないということは、先にも紹介した。社長のみならず副社長の藤沢武夫さんも重役会には出席したことがないという。

あれだけの会社の重役会に正・副社長が一度も出席していないということは、自分が選んだ他の重役を心底から信頼しているからである。

信頼され、いっさいを任された他の重役としては、誠を尽くしてことにあたることになる。もし、トップが出席して、あれこれ口をだせば、他の重役の真剣味は極端に薄れるだろう。失敗しても自分たちの責任ではない、というような考えが、人間である以上当然にでてくる。

本田さんは、出席しないことがいかにも当然であるかのように話している。しかも、自分の補佐役である藤沢さんが重役会に出席しないのを知りながら自分も出席していないのである。藤沢さんの度胸にも驚くが、本田さんのはそれに輪をかけた度胸の良さといえるだろう。いずれにしても、部下を信じきっていなければできない芸当である。

ところが、これとは逆に、トップが出席しないと会議が開けないところがあるという。

会議を開いて決議しても、トップの一言で、どうにでもなってしまうむきもある。

トップが出席すべき会議にトップが出席するのは当然にしても、なかには、権限をすべて委譲してある下級者の会議にまで出席して、ご託宣《たくせん》を並べているトップもないではない。自分の選んだ者を信用していない証拠であって、むしろ自分の不明を恥じなければならないものである。

「私の仕事は子会社の社長の首のすげ替《か》えだけ。あとは全部他に任せてある。もし、重大な過失があれば責は私がとる」といっていた立派な社主もある。

どうかと思うのは、第一線の社長を退き、会長とか相談役、顧問になりながら、実際は権限を離さず〝院政〟を行なっている者である。

健康のため、生き甲斐《がい》のため、仕事が趣味などといっているむきもあるようだが、たとえ創業者であったとしても、個人の健康などのために会社が存在するものではないのである。

いつまでも主役を務めたいのであろうが、かえって人望を失なうことになる。

「去《さ》るは盛時、おくは独後」という言葉がある。権力の座をおりるときは、いちばん会社も盛ん、自分の心身も盛んなときにしなさい。去った後は、名利に関係のないところを選びなさいという意味である。

権力の座にあった者が、そこを去るということは忍びがたいことであるが、権力の座を後進に譲って任せるということは、むしろ権力者の義務とさえいえるのである。

現在、私はある会社の相談役となっているが、第一線を退く際、取締役相談役を断り、ただの相談役になった。相談役には定年がないというので、相談役の定年制を設けるよう頼んでおいた。

相談役を引きうけた理由は、相談をしなければ経営ができないような人は残していないと考えたからである。

五　無責任な印が押せるか

関係した会社へ入社した当日、秘書課長が私の前へ役員の出勤簿をだし、これに毎朝印を押してもらいたいという。カチンと頭にきたからいった。

「誰が決めたのか知らないが、出勤簿があるということは、取締役、監査役が怠《なま》けているかもしれないから押させるわけで、信用していない証拠ではないか。それほど信用できないのなら、役員から外《はず》すべきではないか」と毒づいた。翌日から出勤簿は廃止ということになった。

その際いったことだが、「役員は無欠勤であれば任務を果たしていると考えるのは間違いだ。毎日出勤しなくとも、役員としての任務を果たしていさえすればそれでよい。毎日出勤しても会社の仕事をしていないなら、役員としての資格はない」。

日本信販の創立者、山田光成さんと話し合った際、「たとえば、社長が好きなゴルフと小唄でもやって、三日も会社へ出てこない。そういうときは必ず大きなプラスを会社にもたらすであろうという信頼感がなければいけない。

また、常務がすっかり園芸にこって、三日間も畑づくりに懸命になっている。しかし、その見返りとして大きなプラスがでる。だから私は、畑から会社が指揮できないようじゃダメじゃないか、と思っている」といっていた。

信じたら任せばよい。

銀行時代から私の決裁はすこぶる早い。書類を見ないで印を押しているといわれた。

前記の役員出勤簿に文句をつけた後であった。私の机の上に大きな箱が二つならべてある。大きな文字で〝既決〟〝未決〟と書いてある。「私には不必要。すぐ決裁してしまうから」といって片づけさせた。

決裁を求めにきたら、説明をきいて即決すればよい。

当初よく、そのわけをきかれたり、ろくに見もしないで印を押しているので頼りないとか、無責任だ、などといわれたものである。

そのたびに私はいったものである。

「何も見ないで印を押しているというが、私は担当責任者の印を見て自分の印を押しているわけだ。だから早い。全責任は私が負うといってある。自分の部下を信用できなければ百日たっても一つの印も押せなかろう」と。

どうも決裁する時間がないといって、未決箱に書類を山積みしている人がある。つきつめると原因は部下不信となっている。

「なにをやらかすかわからない」というのが理由のようだ。なにをやらかすかわからない人間をなぜ任命したのか。トップの不明という以外にない。

銀行の資金課長時代である。銀行全体の資金調達、配分を扱う課である。一か月の資金計画を作成して常務会へ提案することになっている。

あるとき、常務会に呼びだされた。頭取が計画書を机の上に叩きつけるように投げだして、

「こんな、ずさんな計画があるか」と語気を強くしていっている。そこで私は、そこにあった大きな椅子に腰をおろし、「どこが、ずさんなのか説明してもらいたい」と、こちらも荒い言葉でいった。血相が変わったらしい。

二人の常務が、「まあまあ」といいながら私を部屋の外に出した。一課長の分際《ぶんざい》で頭取にたてつくとは何ごとか、ということだったろう。

それから一時間ほどたったころ、頭取から直接電話があった。すぐ来い、ということだった。

おそるおそる部屋へ入った。

「さっきは銀行を辞《や》める気になっていたな。あのくらい僕にかみついてくるからには、計画に間違いはあるまい。この計画どおり進めていいよ」と笑いながら計画書を渡してくれた。なにか、私をテストしたような気がしてならなかった。

それから何年か後の部長時代である。銀行の情報機器導入計画を常務会に提出したことは前にものべた。当時としては画期的なものであった。常務会へ六回だしたが審議未了。機械知識に乏《とぼ》しく理解できないためである。

そこで、頭取に直接承認をえに行った。

「何回も常務会に提出して、いろいろ意見もあったろうが、この計画の一部でも改めたことがあるか」ときかれたので、

「全くありません」と答えた。

「よし、それなら僕が最初に承認印を押す」といってくれた。

文字どおり、何も見ずに印を押してくれたのである。

六　なぜ信頼できないか

トップが部下を信ずることができないほど不幸なことはない。信じ、任せることができなければ、いかに大志を抱いていても、それを成し遂《と》げることはできないからだ。

前にものべたが、大志ある者は、信じ任せるに足る人材を求め、育てて組織の拡大を計るものである。それを怠《おこた》ると、組織は拡大できても信ずるに足る人材がいないことになる。小成に甘んじざるをえない。

なぜ、信じ任すことができないのか。

その第一は、ふさわしい人物を求め、育てていないからである。

「能力があることはわかっているが、気心がわからない」という人がある。たんに気心を知ろうとしていないだけである。

『論語』に孔子の言葉として、「名馬は脚《あし》の力があって、早く走るから称賛されるのではない。調教されているから名馬なのである」とある。人も同じで、教育を受け、自らも努めているから頼むに足る人材となるのである。

第二に、部下の欠点は目につくが、長所には気づかない。

長所に気づくようになれば、ポストの軽重は別にして、多くの部下が任せても信じられる人物に見えてくる。欠点だけ目に入ってくれば、相手がどんなに勇気ある人でも頼むに足らない人間となってしまう。

第三に、過去の過《あやま》ちや失敗を根にもって、用いようとしない者も少なくない。

賢明な将は、失敗した者をよく用いるものである。

たとえば、戦いに負けた者を起用して新たな敵に挑《いど》ませる。そうすると、名誉挽回《ばんかい》の機と考えて勇戦することになるだろう。

現職時代、過去に些細《ささい》な過《あやま》ちを犯した者を出張所長に任用したことがある。それに発憤《はっぷん》しため、たちまち全出張所随一の成績をあげている。

第四に、小心で部下に任すことができない。猜疑心《さいぎしん》の強い者も同じである。

こうした人間は、「人を見たら泥棒と思え」「人の性は悪なり」を信じきっている。人の顔を見ると、ポケットをおさえるほど人を疑っているのである。

これでは自分の妻子まで信用しなかろう。上に立つ資格は皆無といえる。

第五に、責任追及を恐れるため、任すことができない。上司ともなれば、部下の責任をとるのが常識。それを恐れるなら肩書を辞退すればよい。

第六に、これがいちばん悪いと思うのだが、信じ任せた結果、自分の地位を奪うのではないかという心配。

功を独占して、独《ひと》り君臨したいという考えである。

これは小さな功にとらわれて、大きな功を失なっている者で、多くは敗軍の将のたどる道である。

さて、以上が部下を信じ用いられない者の理由といえるが、ここで心したいことは、信じたら何から何まで任せっぱなし、自分はトップの椅子に座っていればよい、というものではない。

任された部下は、任せた上司に誠をつくすことは当然だが、大事については報告する義務がある。それと同時に、上司は任せた人間の考課を行ない、信賞必罰を明らかにしなければならない。扇《おうぎ》の要《かなめ》をおさえるということである。

要《かなめ》を何でおさえるか。別に詳しくのべたように〝賞罰の権〟すなわち〝人事権〟によってである。

したがって、万事を任しても、賞罰の権だけは離してはならない。言い換えれば、任せ用いるから賞罰の権が必要である、ともいえるのである。

第十七章　忠言は会社の名医

一　小逆《しょうぎゃく》、心《こころ》に在《あ》りて

「小逆《しょうぎゃく》、心に在《あ》りて、久福《きゅうふく》、国に在《あ》り」（耳が痛くなる意見をきくと、君主には少々逆《さか》らう心が生じるが、国には長い幸福をもたらす）と『韓非子《かんぴし》』にある。

「良薬は口に苦《にが》けれども、病《やまい》に利あり。忠言は耳に逆らえども、行ないに利あり」と孔子はいっている。

また、『菜根譚』には、「耳中《じちゅう》、常に耳に逆らうの言を聞き、心中《しんちゅう》、常に心に払《もと》るの事あれば、わずかにこれ徳に進み、行を修むるの砥石《しせき》なり。もし、言言耳を悦《よろこ》ばし、事事心に快《こころよ》ければ、すなわち此《こ》の生を把《と》って鴆毒《ちんどく》の中に埋在《まいざい》せん」（諫言《かんげん》、忠言は耳に逆らうものであるが、徳を高め、これを修める基となる。耳を喜ばせるような甘言に満足しているようでは、人生を猛毒の中に沈めてしまうことになる）とある。

いずれも、忠言、諫言には耳を傾けよ、という教えである。

昔から、忠臣の諫言や忠言に耳を傾けて国を守り、身を全《まっと》うした者は多いが、これを退けて国を亡ぼし、身を失なった者も多い。

しかも偶然であろうが、諫言《かんげん》に耳を傾けた者はほとんど大成しているが、退けた者はことごとく挫折している。本項冒頭の教えが強調されるゆえんである。

次の中国の二つの詩は、忠臣の諫言をきかず国を亡ぼし、都を失ない、国民を悲しませた者を詠《よ》んだものである。

「麦秀《むぎひい》でて漸漸《ぜんぜん》たり。禾黍《かしょ》油油《ゆうゆう》たり。彼《か》の狡僮《こうどう》我《われ》と好《よ》からず」（麦の穂はよく伸び、稲や黍《きび》もよく茂ってつやつやしている。あのわからずやの男＝紂王《ちゅうおう》は私と仲が良くなかった）。

これは、殷《いん》の紂王に仕えた箕子《きし》が詠《よ》んだものである。

前にものべたが、紂王《ちゅうおう》は酒池肉林の贅《ぜい》をつくし、妲己《だっき》という美女に心を奪われ、炮烙《ほうらく》（火あぶり）の刑を見て楽しむというほどの淫虐《いんぎゃく》をきわめた。

これを庶兄《しょけい》の微子《びし》がたびたび諫《いさ》めたがききいれないので、王のもとから去ってしまった。また、比干《ひかん》は三日も居座って諫めたが、王は怒って彼を殺してしまった。箕子《きし》は狂人のまねをし、奴隷《どれい》となって逃げた。

そして、この三忠臣がいなくなって殷は亡びている。「三仁《さんじん》去って殷虚《むな》し」である。

箕子は後に周王朝に仕えてから、もとの殷の都の跡を通りすぎるとき、この「麦秀《ばくしゅう》の歌」をつくったのである。

「あのわからずやの王は私と仲が良くなかったが、私を嫌わないで私の忠言をきいていてくれたら、こんな哀れなことにならずにすんだろうに、残念なことだ」――これをきいて、もとの殷《いん》の人たちはみな涙を流した、と『十八史略』にある。

次の故事は唐の代に玄宗帝《げんそうてい》に背《そむ》いた安禄山《あんろくざん》についてである。

安禄山は河北の異民族の出である。玄宗の軍に敗れ敗軍の将として捕えられたことがある。当然死刑に処せられるべきであった。しかし玄宗は、安禄山の勇気と才能を惜《お》しんで彼を許した。

これをみて幾度も反対して諫言《かんげん》したのが張九齢《ちょうきゅうれい》。「安禄山を見ますと、将来わが国に謀反《むほん》をはたらく人相です。この際、殺してしまいませんと災《わざわ》いのもとになります」と。

しかし、玄宗はその諫言をきかず許してしまった。

はたして安禄山は張九齢の諫言のとおり、玄宗の愛妻楊貴妃《ようきひ》の養子になるという離れ業《わざ》まで演じて主君につけいり、油断をつくって反乱を起こしている。

そのため、玄宗帝は楊貴妃とともに都から脱出、四川《しせん》の成都《せいと》に移っている。

この悲しみを歌ったのが有名な杜甫《とほ》である。杜甫は玄宗に仕え、安禄山の反乱で捕われたが、身分が低かったために許され、不安におののきながらも出歩くことはできた。

そうしたとき作ったのが「春望《しゅんぼう》」の詩である。

「国破れて山河《さんが》あり、城春《しろはる》にして草木《そうもく》深し。時に感じては花にも涙を濺《そそ》ぎ、別れを恨《うら》んでは鳥にも心を驚かす。烽火《ほうか》三月《さんげつ》に連《つら》なり、家書万金《かしょばんきん》に抵《あた》る。白頭掻《はくとうか》けば更《さら》に短く、渾《す》べて簪《しん》に勝《た》えざらんと欲《ほっ》す」（主のいない都は秩序がこわされ、人民の寄りどころとてない。最盛期の実力もなく、回復のあてもないありさまだが、山や河はそのままである。春がきても主はいないが、草木は繁っている。そこにある花を見ても華やかだった昔を偲《しの》んで涙を流し、鳥影を見ても賊ではないかと心を驚かす。戦いの合図ののろしは三か月もつづいている。家族との連絡もとれず、便りが万金ほど待ち遠しい。白髪《しらが》頭を掻《か》くと短い毛ばかりになって、いまでは、簪《かんざし》を支えることもできなくなっている）。

杜甫《とほ》の心のなかにも、「もし玄宗帝《げんそうてい》が張九齢《ちょうきゅうれい》の諫言《かんげん》をきいていてくれたら、こうした憂《う》き目をみないでもよかったのではないか」という思いがあったのではなかろうか。

二　吠《ほ》えぬ犬は飼うな

「姦《かん》無きを以《もっ》て、吠《ほ》えざるの狗《いぬ》を養《やしな》うべからず」（犬を飼うのは、悪者に吠えかからせるためだが、いま悪者がいないからといって吠えない犬を飼うべきではない）と蘇軾《そしょく》はいっている。この言葉の前には、鼠《ねずみ》がいないからといって鼠を捕《と》らない猫を飼うべきではない、とある。

いずれも、諫言《かんげん》の必要がないからといっても、諫言する部下をもっていなければならない、という意味である。

「災《わざわ》いは忘れたころにくる」「会社不振の種は好調のときに蒔《ま》く」とか。得意のときは、諫言、忠言など聞く耳もたぬ、ということになる。むしろ、そういう人間を遠ざけたくなる。

また、諫言、忠言などされると逸《はや》る心に水をさされるような気にもなる。

しかし、得意のときこそ諫言は必要になる。ことの破れるのはえてして得意のときである。得意のときには、心に驕《おご》りがでているからである。

得意になっている者はそれに気づかない。

昔、徳川時代の三名君の一人、紀州和歌山の徳川頼宣《よりのぶ》は名刀を誇りとしていた。死刑囚を試《ため》しぎりしたあとで、「かくのごとき名刀や、切り手は日本はおろか、唐天竺《からてんじく》にもあろうか」と家臣を前にしていったという。

すると、邦波道円《くになみどうえん》という男がいった。「名刀ならば唐には干将莫邪《かんしょうばくや》という名剣があります。また、人を殺すことを楽しみにした王というのなら殷《いん》の紂王《ちゅうおう》がおります」と。

史上随一の悪虐無道にたとえられては怒るのも無理からぬこと。顔色を変えて席をたった頼宣だったが、そのあと道円を呼んで礼をのべたという。こうした〝反省〟が名君たらしめているといえよう。

特別の場合にかぎらず、平穏無事のときなど、自分の言葉のなかにも反省すべき点はいくらもある。しかし、一国一城の主《あるじ》、社長ともなるとそれに気づくことは少ない。

このように考えると、諫言《かんげん》や忠言の必要がないと思われるときほど、あえてしてくれる部下が必要ということになる。

「千人の諾諾《だくだく》は、一士《いっし》の諤諤《がくがく》に如《し》かず」という文句が『史記』にある。ハイハイとだけいっている人間が千人いるよりは、率直にものをいう人間が一人いるほうがよいということで、「千羊《せんよう》の皮《かわ》は一狐《いっこ》の腋《えき》に如《し》かず」と同じ意である。

中国の春秋時代、趙《ちょう》の名君、簡子《かんし》は周舎《しゅうしゃ》という臣が死んでからというもの、毎朝政務をとりながら浮かない顔をしてこういっていたという。

「千枚の羊の皮は一匹の狐《きつね》の腋《わき》の下の皮におよばないというが、そのとおりだ。毎朝大勢の廷臣が出仕してくるが、ただ私のいうことをハイハイときくだけで、周舎のように直言する者がいない。寂《さび》しいかぎりだ」と。「周舎の鄂鄂《がくがく》」のいわれである。

名君というものは、どんなときでも、うるさいくらいに直言する者がいないと心もとないのである。

諫言《かんげん》をする人間を置かないと、必ずといってよいほど、甘言、巧言で主君をたぶらかそうとする、媚《こ》びへつらい人間がそこに入りこんでくる。

だいたいこの種の人間は、必要な才能はないが、主君をたぶらかす才知には優《すぐ》れているものである。つまり、巧言令色《こうげんれいしょく》を身上《しんじょう》としている者である。

現代の経営者のうちにも、家族や社員の一人ひとりにまで、悪い点があったら注意してくれ、と指示している人がある。また、社長と争う社員になれ、つまり、〝争臣〟たれと説いている人もある。

私も銀行時代、私の悪い点は率直にいってもらうようにしていた。

証券課長の時だったが、女子行員の代表だという者がネクタイをもってきて、「すぐとりかえて下さい。今しているのは冬物です」といわれ、早速《さっそく》とりかえたことがある。これは、ネクタイでした愛嬌《あいきょう》直言であった。

三　富貴《ふうき》に諛言《ゆげん》多し

「林中に疾風《しっぷう》多く、富貴《ふうき》に諛言《ゆげん》多し」

林の中ではいつも激しい風が吹き、金持ちや身分の高い人のまわりには、おべっかつかいが多い。〝諛言〟とは、おせじ、へつらい言《ごと》という意味である。

なるほど、貧乏人や身分の低い人に尾をふって慕いよる者はない。なんの得にもならないからだ。

そのため、貧賤《ひんせん》の時期は比較的身も守りやすいが、富みかつ貴くなるにつれて、それら佞《ねい》人《じん》のワナに陥《おちい》りやすくなる。

利欲に盲目になるのは人間の通弊《つうへい》。だれの諫言《かんげん》もうけることがなければ、たちまち陥穽《かんせい》に引きこまれる。

せっかく、富を積み、地位を得ながら、これらへつらい人間のために「九仞《きゅうじん》の功《こう》を一簣《いっき》に虧《か》く」人は、古今《ここん》数えることができないほど多い。

富貴《ふうき》の身ともなれば、側臣の一人や二人はいたろうが、それが〝千羊《せんよう》の皮《かわ》〟でしかなかったか、あるいは諫言《かんげん》を用いなかったか、いずれかのために失敗しているのである。

ある人は、「最高の地位につくと、かねの力が見えなくなる。自由に使えるからだ。次に人材が見えなくなる。おべっかをいう人間が集まって、真の人材が近寄りがたくなるからだ。こうなると最高権力者は野たれ死にすることになる」といっている。

だいたい、権力や財力ある者にへつらうということは、自分の欲望を満たしたいからである。自分のためにへつらうのであって、主君のためにすることはない。

これに反して、諫言をする者は己《おのれ》を捨てて主君のために諫《いさ》めるのである。

「険《けん》言は忠に似《に》たり、故《ゆえ》に受けて詰《なじ》らず」ということがある。つまり、厳しく、聞きづらい言葉にこそ忠義の心がこもっているのである。であるから、それをすなおに受けとめて、諫言するのをやめさせてはならないという教えである。

これを言い換えれば、諫言を用いないことは、忠義者を退《しりぞ》け、不忠者を用いることになる。

これでは、権力の座に居すわることはできなくなる。

先賢は、上に立つ者は佞人《ねいじん》を近づけてはならないと言葉をつくして戒《いまし》めているが、近づけて身を失なう者が多い。これを見ても、いかに彼らの言が甘く巧みであるかが知れる。それに引きこまれるということは、国のため、会社のため、主君、社長のためというようにおためごかしでつけいってくるからである。

卑近《ひきん》な例が、金持ちからかねを引きだそうとする人間は、「あなたに儲けていただこうと思って」とか「絶対に儲かりますから」「あなたに喜んでもらうため」などといってくる。絶対に儲かるなら自分でやればよさそうなものである。こうしたセリフに「ノー」といえる勇気がなければ、財産は守れないのである。

また、権力におもねる人間は、自分も権力の座が得たいからである。実力がないから、こびへつらって上にのぼろうとする卑劣人間でしかない。

こうした人間にかかわり合っていると、部下の人望をも失なうことになる。

その点、私は特に選んだわけではなかったが銀行時代から、西郷南洲に心酔して佞人《ねいじん》ぎらいの先輩の薫陶《くんとう》をうけたためか、こびへつらう人間を遠ざけた。災《わざわ》いが自分におよぶのを恐れたばかりではなく、ものの役にたつ人間と思えなかったからである。

そのため、私自身も私より上の人にへつらう気もなく、むしろ諫言《かんげん》、反発することのほうが多かった。銀行時代から第二の会社を終えるまで、自分より地位の高い人の自宅は訪問しなかった。いかにも礼儀知らずのようであるが、権力にすがって世にでようとは思わなかったからである。

しかし、こうした考えは現職時代はマイナスになることのほうが多かったかもしれないが、〝一狐《いっこ》の腋《えき》〟になればとて〝千羊《せんよう》の皮《かわ》〟にはなりたくないのである。

銀行時代、私は五人のトップに仕《つか》えたが、そのなかに、終戦後の混乱期をのりきり、一大飛躍を遂《と》げさせた名トップがいた。公務にあたってはきわめて厳しかったため、部下のすべても一言の反発もできない。会議なども、鶴の一声で「おおせごもっとも」と決められる。

そのため人々は、トップの喜ぶようなことはいうが、気にさわるようなことは言わなかった。さわらぬ神にたたりなし。こびへつらう言葉だけが耳に入る。

人間はこうなると、別に悪意はないのだろうが、自分が最上等の人物と思いこむようになってくる。あるいは、とり巻く者が神棚へ祭りあげてしまうのかもしれない。

たとえば、そのトップは仏像彫刻が好きで、銀行の支店内にそれを祭ったり、顧客に配るカレンダーの絵柄にも仏像を毎年用いるようになった。トップが印刷会社が提示する絵柄を決定するわけではない。部長や役員の投票によって決められていた。風景、花鳥、その他雑多な候補のなかからわざわざ仏画を選ぶ。無記名投票だが、反対投票が知れたら一大事と考えるからだ。

これが毎年となると、配られた顧客からも異論がでてくる。正月から仏では縁起がよくないなどといわれる。しかし、反対するものはなかった。

またトップは、建築にも明るかった。自ら設計に手を入れるほどであった。それだけに、設計屋のほうも、トップの考えを取り入れてお気に召《め》されようと考える。

トップの仏像を店内に安置するため、ビルの二階をなくして吹き抜け設計にする。これに対しても意見をのべる者がない。ただ私一人、仏像カレンダーに反対投票したり、吹き抜け設計に難色を示したりした。そのため百雷一時に落ちる思いにさせられたこともあったが、ほどなくそれらは改められた。

当時よく「きみは損な男だ」といわれたが、自分を偽《いつわ》って得な人間になるよりましだと考えていた。身びいきは一見《いっけん》忠義のようだが、結果は不忠になることが多いものだ。

四　絶対きかねばならぬ諫言《かんげん》

経営者が耳を傾けないと、ついには会社を倒し、自分の身をも失なうことになる、絶対にきかねばならない諫言《かんげん》をいくつかあげておきたい。

その一つは、忠臣の忠言をきかないことを諫言されたときである。

前にのべたが(第十章の二参照)、西漢の劉邦《りゅうほう》は敵の項羽《こうう》より先に秦都を占領し、その豪華に魅《ひ》かれてそこに長くとどまろうとした。それを諫《いさ》めたのが剛将の樊噲《はんかい》。しかし、劉邦はそれをきこうとしなかった。そのきかないことを諫めたのが智将の張良《ちょうりょう》であった。これで目をさました劉邦は城をでて、野陣を張っている。もし、劉邦が二度目の諫言をも用いなかったとしたら、天下は項羽のものとなっていたろう。

その二は、小さな利益にとらわれるときである。

とかく、人は功を急ぐ。急ぐあまり目先の小さな利益をつかもうとする。そのため将来の大きな利益がつかめなくなる。また、目先の小利に目がくらんで、道に外《はず》れたことに手をだして後に悔《く》いを残す。

また、見える小さな利をつかんで、見えない大きな利をつかもうとしない。いずれも、大成できない人といえよう。

大成するような人は、魚釣りをするにも小さな池や川では竿《さお》をたれない。離れた場所であっても時間をかけ、大海を目ざすものである。

その三として、小さな忠義、見せかけの忠義に捉《とら》われるときである。

社長は部下から慕《した》われ、親しまれなければならないが、社長の個人的なことまでしてつけいろうとしたり、社長の身代りになって歓心《かんしん》をかおうとするような小さな忠義に捉われるようでは困る。

これを部下から諫《いさ》められ、反省しないようではなおさら困ることになる。

かつてのリクルート事件では、受け取った株式は秘書名義になっていたという。もし、本当に秘書が主人のためにしたことであったならば、まさに忠義者である。しかし、結果は主人が責任を追及されている。数多いなかには、「断固辞退すべきだ」と諫めた人もあったろう。一言の諫言《かんげん》をきいたか、きかなかったかで明暗はわかれてくる。こうした例は形は違っても、少なからずある。

その四として、酒色についての諫言である。

上に立つ者が、とかくの評判をうけるような場へ一人で進んでいくようなことはまずない。へつらい人種に誘われることから始まるのである。

お偉方《えらがた》ともなると、ホストとして下座《しもざ》にすわろうが、ゲストとして床の間にすわろうが、その座の人気は最高である。奇麗《きれい》どころからも紀国屋文左衛門《きのくにやぶんざえもん》あつかいされる。ここで鼻の下を長くするから、次は一人で行ってみようということになる。

ある社長は、「私は宴会などに行くときは、きまった一人の男をつれていく。この男は、二次会に誘われると先回りしてタクシーを呼んでしまうから」といっていた。

その五として、力以上のことをしようとする、つまり、自分の分を忘れるときである。

その多くはトップの見栄《みえ》が原因である。

なにごとをするにも、自分の力を十分に知ったうえで事に挑《いど》むべきだが、つい見栄や大欲が先にたって分を忘れる。

これを諫《いさ》めるものの多くは、財務、経理担当者である。この担当者は、牛の角《つの》の曲っているのをまっすぐに直そうとして牛を殺してしまう、いわゆる「角《つの》を矯《た》めて牛《うし》を殺す」ことがあるので注意しなければならないが、トップの自慢の種にするような設備や投資には絶対に諫言《かんげん》の勇をためらってはならない。

五　父に争子《そうし》有れば

『孝経《こうきょう》』に「士《し》に争友《そうゆう》あれば、則《すなわ》ち身は令名《れいめい》を離れず。父に争子《そうし》あれば、則ち身は不義に陥《おちい》らず」とある。良くない点を諫《いさ》めてくれる友がいるなら、その身から名声が遠ざかることはない。父の過《あやま》ちを諫《いさ》めてくれる子がいるなら、父の身が不義に陥《おちい》ることはない、という意味である。争う社員がいれば、社長が身を誤《あやま》ることはないともいえる。

これらを言い換えると、子が父に意見する、社員が社長に意見するということになる。したがって、意見する者が目下《めした》であるだけに意見される方にも抵抗があるだろう。

しかし、子が父を諫めることは、子が父を思い、一家繁栄のつづくことを願うからであって、父に意見してけっして不孝ということにはならない。また、社員が社長に意見をいう。これも社長の身分や威信を思い、会社のためになると思うからであって、けっして不忠、不《ふ》遜《そん》のそしりをうけることではない。

ただ、ここで心しておきたいことは、要は父や社長に意見を聞いてもらうことにある。聞いてもらえぬ諫言《かんげん》なら、しないほうがよい。そこで聞いてもらうためにはどうあるべきか、仕《つか》える側からも考えてみようと思う。

その第一は、諫言する人が、される人に信頼されていることである。極端な話、ドラ息子が父親に意見しても落語のネタになるだけである。人格、才能に欠ける社員が社長に諫言しても耳を傾けることはなかろう。

やはり、見どころのある人間、頼りになるやつ、という気持ちをもたれていなければ糠《ぬか》に釘《くぎ》ということになる。

第二に、相手の気持ちに逆《さか》らわないことである。父とか社長ともなれば、子や社員は従うのが当然という意識が強い。そういう人にむかって諫言《かんげん》することは、ガソリンに火を近づけるに等しかろう。爆発したら元《もと》も子もなくなる。

架空の動物に竜というのがある。竜は何もしないとおとなしい動物だが、喉《のど》の下に大きな鱗《うろこ》が逆《さか》さに生えている。これにふれるとたちまち人を咬《か》み殺す。これを「逆鱗《げきりん》にふれる」といっているが、とくに〝おやじ〟といわれる人の逆鱗は大きくできているようだ。そのため、逆鱗に手を近づけただけでも角《つの》を立てる。諫言する人の苦心はここにある。

第三に、相手の急所、恥部《ちぶ》などに絶対にふれないことである。

第四に、事前に根回しをしておくことも欠かせない。要するに、先手を打つことである。

たとえば、上司の公私混同を改めたいと思ったら、自分の部下にそれを徹底しておくとか、予めトップの方から、公私混同の自粛《じしゆく》を部下に徹底してもらっておく。これは間接的な諫言《かんげん》になるが、案外効果は大きい。

第五に、もっとも必要なことだが、相手の心を読みとることである。

過去において私が諫言トラブルを起こさなかったのは、相手の心を読んでいたからではないかと思う。

ある年、トップが胃を病《や》み、秘書課長がなんとかトップのタバコをやめさせようと骨を折っていた。今後、トップの前ではタバコを吸わないように、という通達までだした。トップにも禁煙すると誓わせてあるからという話であった。

ところがある日、突然トップの部屋へ入ったところ、トップが一本タバコを口にしたところだった。私がトップの前に座り、ライターを手にすると、トップはタバコを口にくわえたまま私の前へ出した。私はそのタバコを咄嗟《とっさ》にとって自分の口にくわえ、火をつけた。机の上の一箱にトップが手をだそうとしたから、それも取って私のポケットに入れてしまった。

トップは、

「別に吸うわけじゃない。なんとなく口がさびしいから、くわえていただけだ」

「でも、〝瓜田《かでん》に履《くつ》を納《い》れず〟、タバコも口に入れずということがあります」といったら、

「いいかげんなことをいうな。それを全部もっていかれては困る。手にもっているだけだから一本おいていけ」といわれた。

トップは心からタバコをやめたかったのである。それがわかっていたから、私はあえてタバコを全部ポケットに入れてしまったのである。

第十八章　己《おのれ》の敵を知る

一　企業の大敵

銀行を退き、第二の会社に入ったとき、私なりに自分にいいきかせたことがいくつかある。

その一つは、「経営は死地なり」（会社経営は命がけのものである）ということであった。とかく、第二の人生は、現役時代の慰労《いろう》期間であるかのように考える者もあるが、そういうことでは企業経営はできない。経営とは命を賭《か》けた勝負である。そういう意味で、自分にその覚悟を促《うなが》し、同時に自分を励ました次第である。

二つに、企業の当面の敵は何かということである。それは、「急激な時代の変化」に他ならない。

国際政局や世界経済の変化、科学の進歩、人心の移り変わり等々、細分しては枚挙にいとまがない。この「時代の変化」との戦いは、企業の存亡をかけた戦いとなる。

三つに、企業経営者にとっての敵は何かということである。

それは、「心中《しんちゅう》の賊《ぞく》」である。

企業の衰亡の多くは、経営者の心のなかにわだかまっている邪念邪欲《じゃねんじゃよく》が原因をなしている。

これらの敵に勝つことが、企業が生き残る道であると考える。

以下、順を追ってのべるが、まずは、企業の大敵についてである。

孫子の兵法に、「爵禄百金《しゃくろくひゃっきん》を愛《おし》みて敵の情を知らざる者は不仁《ふじん》の至《いた》りなり」とある。つまり、戦争という大事業を行なうのに、わずかなかねなどを惜《お》しんで事前の調査を怠《おこた》るということほどバカげたことはない。それでは上に立つ資格はない。補佐役もつとまるまい。当然、勝つこともできない、という意である。

現代の企業経営においても、あらゆる手段を用いて広く情報を入手し、現在を知り、将来を先見して速《すみ》やかに対応しなければ、必ずとり残される。

昔のように十年、二十年が一昔であったころは、悠長《ゆうちょう》に構えていても悔《く》いを残すことはなかったが、現代のように一年一昔、一か月一昔といえる時代では、まさに短距離競走の寸秒の争いに等しくなる。

したがって、変化という敵を知るためには万金をも惜《お》しむべきではない、といえるだろう。

時代の変化の縮図を、よく地場産業で見かける。

ある地域は織物業が盛んなところで、同業が数十社ある。そのなかの二、三社は、常に海外の消費国に社員を派遣して衣類の傾向変化を調査し、それによって生産をしているために、業績もきわめて順調に推移している。ところが、その他は存続さえ危《あや》ぶまれるにいたっている。

かつて、アメリカのある業界の指導者は、同業者を前にしてこうのべている。

「われわれ一万三千余の同業者は、あたかも繭《まゆ》からとびだした蝶《ちょう》のようなものである。ある蝶は繭からとびだすや地面に叩きつけられ、ある蝶は栄養失調になって空を舞っているにすぎなくなる。そのなかにあって、空高く舞いあがる蝶もでてくる。

地面に叩きつけられる蝶は因襲《いんしゅう》的で、将来を甘く見ている蝶であり、栄養失調になる蝶は人のマネをしている蝶である。空高く舞う蝶は、時代の変化を先見して、それに対応する蝶である」と。

しかし、近年のアメリカ産業は、技術、価格競争に敗れ、最大の輸出国が輸入国と化している。前記の蝶のいずれにあたるか。空高く舞いあがっている蝶とは受けとめかねるだろう。

「安きにいて危うきを忘れた」悔《く》いという以外にない。

ものの本に、カマキリが虫を狙《ねら》っているとそのあとを小鳥が狙い、鷹《たか》はその小鳥を狙っているとあった。これは、油断も隙《すき》もないということでもあるし、弱肉強食のたとえでもある。

ところが、現代の知恵だし競争下では、雀《すずめ》が鷹を殺すこともあれば、鹿が虎を倒すこともありうる。強肉必ずしも安泰ではない。弱食もありうるのである。

こうした時代変化に対応するには、物財ではなく人智が不可欠であることに気づくことが第一の先見といえるだろう。

二　将の敵

企業の敵は時代の変化であり、経営者の敵は心中《しんちゅう》の賊《ぞく》であるとのべた。

明《みん》の王陽明《おうようめい》は各地の匪賊《ひぞく》討伐にあたっていたころ、現地から門人の楊仕徳《ようしとく》に手紙を送り、戦果を知らせるとともに教訓をたれている。

「山中《さんちゅう》の賊《ぞく》を破るは易《やす》く、心中《しんちゅう》の賊を破るは難《かた》し。区区鼠竊《そせつ》を翦除《せんじょ》するは、何ぞ異《い》と為《な》すに足らん。若《も》し諸賢心腹の寇《あだ》を掃蕩《そうとう》し、以《もっ》て廓清平定《かくせいへいてい》の功を収《おさ》めば、比《こ》れ誠に大丈夫《だいじょうふ》不世《せい》の偉績《いせき》なり」

山中の賊を破るのはたやすいことであっても、心中の賊を破るのは困難なことである。私が取るに足らない匪賊《ひぞく》を平らげたといって、なんで手柄などといえよう。もし、きみたちが自分の心のなかにわだかまっている人欲という賊を一掃したとすれば、男児としての稀《まれ》にみる偉業というべきだろう、という意味である。

なるほど、心中《しんちゅう》の賊《ぞく》というものは、人間の心のゆるみを狙って攻めてくる。心を引き締めると一時は退散するが、全滅させることは至難。心をゆるめれば再び攻撃をかけてくる。古今幾多の志《こころざし》ある者が、この波状攻撃のまえに屈していることか。

わが国で全盛をきわめた平氏の滅亡も、源氏に討たれてはいるが、驕奢《きょうしゃ》という心中の賊に敗れたといえるだろう。

昔、秦の始皇帝は六か国を亡ぼして天下を統一し、万里の長城を築いて匈奴《きょうど》を封じこめたが、二世の悪政が災《わざわ》いとなって三世十五年で滅亡している。強国や匈奴よりも為政者の心中の賊のほうが強かったといえるだろう。

近年でも、政財界をゆるがす大事件の源をつきつめると、いずれも心中にわだかまる人欲が真犯人であることに気づくのである。

「創業は易《やす》く守成《しゅせい》は難《かた》し」の故事が『貞観政要《じょうがんせいよう》』にある。

そのなかで唐の重臣魏徴《ぎちょう》が国王の太宗《たいそう》にこう答えている。

「昔から帝王は位を艱難《かんなん》の間にえて、これを安逸《あんいつ》の間に失なうものです。そういう点からいいますと、創業より国を守り存続させるほうがむずかしいと思います」と。

これに対し太宗《たいそう》はこう話した。

「おまえは、常に驕奢《きょうしゃ》は富貴から生じ、禍乱《からん》は心をゆるがせにするところから生ずることを知っているから、守成のほうがむずかしいといっているのである。


とにかく、唐はすでに創業は終っているのであるから、今後は守成に心を致そう」と自ら戒《いまし》めているが、晩年になると次第に心がゆるみ奢侈《しゃし》に流れている。

太宗から三代目の玄宗《げんそう》皇帝も〝開元《かいげん》の治〟で知られるほど良い政治を行なったが、次第に奢侈になり、楊貴妃《ようきひ》に心をうばわれ、安禄山《あんろくざん》に追われている。

これらすべてが心中《しんちゅう》の賊《ぞく》に討たれたといえよう。

『言志四録』に、「凡《およ》そ禍《わざわい》は皆《みな》上より起こる。その下より出《い》ずると雖《いえど》も、而《しか》も亦《また》必ず致《いた》す所《ところ》有《あ》り。成湯上誥《せいとうじょうこう》に曰《いわ》く〝なんじ、万方の罪あるはわれ一人にあり〟と」（すべての禍《わざわい》は上から起こるものである。下から出たものでも必ず上に立つ者がそういうふうにさせているのである。殷《いん》の湯王《とうおう》は〝四方の国々の民に罪悪があるのは自分一人の責任である〟といっている）。

これは、トップの責任逃れに釘《くぎ》をさしたものであるが、現代でも会社の大きな過《あやま》ちのほとんどが上からでているのである。

よくトップの条件のなかに忍耐力、克己心《こっきしん》があげられている。さらには攻撃精神、前進姿勢も求められるが、私は何よりも第一に克己心をあげることにしている。言い換えれば、まず最強の敵を倒せ、ということである。最強の敵を屈服させてしまえば、後の会社の敵は容易に倒すことができよう。

三　己《おのれ》の敵を防ぐ

人の病《やまい》は、体が衰弱したときに多く現われるが、己《おのれ》の敵が蜂起《ほうき》するのは物心ともに盛んで自ら誇りを覚えているときである。「事の破るるは得意のとき」の戒《いまし》めは、自慢の鼻をおるためのものである。

物心ともに盛んになって、でてくるものは自惚《うぬぼ》れか、そうでなければ野望である。こうしたときの判断や計画は、結果において誤《あやま》ることが多いものである。

そこで私は、得意になって人に誇りたい気がでてきたら、一歩退《しりぞ》くことを考えることにしている。

身近な例が、株式投資をして、株価が連騰《れんとう》してくると家族や友人に自慢したくなる。このとき一歩退くことを考える。

「泰山《たいざん》、富士もその秀麗《しゅうれい》を誇らず、花鳥も亦《また》その美にたかぶらず。かくの如《ごと》く天地自然は誇らず」――このような心であれば、心の敵が居すわる余地はなくなるだろう。

関係した会社の再建が成ったとき、ハイヤーを国電に変え、腰弁通勤にしたり、倹約を徹底したり、およそ好転とは逆の政策をとったことは前にものべた。それは、安泰を取りもどしても上下が心をゆるめては、今度は己の敵を迎えいれることになってしまうと考えたからである。

満ちたりて現われる己の敵の第二は、野望や大欲である。分《ぶん》をわきまえず、己の力を過信して夢を描き、これを現実化しようとする、いわゆる〝暴虎《ぼうこ》馮河《ひょうが》の勇〟である。

過剰投資、思惑《おもわく》行為などがある。資金的にも余裕ができ、好況ムードも強くなると、度胸もでてくるからだ。

厳寒で草も食えず衰《おとろ》え、意気もあがらなかった野生の馬が、春も過ぎて夏のころになると悍馬《かんば》となって、あてもなく走りまわり勇み立つ。再び冬のくることなど全く考えない。

このときこそ、厳寒のくることを思うべきなのである。

飢《う》えてむさぼるのは、人間と他の動物と異なることはない。違うところは、他の動物は満たせば飢えるまで求めることはないが、人間は足ることを知らない。このあたりにも見えない敵が潜《ひそ》んでいるのである。

関係した会社で、借金を完済し、資本金に相当するくらいの余裕資金をもったときである。その日暮らし時代には話にもでなかった資金運用の話がとびだした。今にも大儲けができるかのように目を輝かして話しだす。己《おのれ》の邪欲にとりつかれている証拠である。

そこで話した。「余裕資金がでたら全部銀行預金にしておけばよい。文句もいわず、残業手当も休暇もいらず稼いでくれるのは預金だけだ。勝つと思うから負け、儲けようとするから損をするのである。〝財を望んで財に頼らず〟というのが当社の行き方。つまり、本業からの利益はあくまでも追求するが、得た利益に頼らないという意味だ。払ってくれる利息をことわることはないが、それをあてにするような、さびしい考えは捨てるべきだ」といったことがある。

少々かねができると、「乞食が大名になった」というが、ついつい大名気分になってしまうものである。ここにも事を誤《あやま》る悪魔が潜んでいるのである。

『近思録《きんしろく》』に、「敬(慎《つつし》み、礼儀正しく人を敬《うやま》う心)は百邪《ひゃくじゃ》に勝つ」とある。敬であれば、どんな邪悪もつけいるすきがなくなる、ということである。

また、『言志四録』には、「敬稍弛《ややゆる》めば、則《すなわ》ち経営心起《お》こる。経営心起これば、則ち名利心《めいりしん》之《これ》に従う。敬は弛《ゆる》む可《べ》からざるなり」（自ら慎《つつし》む心がゆるんでくると、なにかをたくらむ心が起こってくる。たくらみの心がでてくると、地位や名誉や利益に走る心が起こってくる。名利の心がでてくると徳を失なうことにもなりかねないので、敬の心をゆるめてはならないのである）。

人に巣食うガンは人の命を奪うが、己の心中《しんちゅう》の賊《ぞく》は企業を死にいたらしめる。

四　謙譲邪念《けんじょうじゃねん》を制す

「謙《けん》は徳の柄《へい》なり。敬は徳の輿《よ》なり。以《もっ》て師を行り邑国《ゆうこく》を征《せい》すべし」と『言志四録』にある。要するに、謙譲は徳の柄《え》、尊敬は道徳の乗物である。謙という梶棒《かじぼう》をとり、敬という車に乗って兵を率《ひき》いていくなら、どんな相手でも征伐することができるという意味である。

また、『菜根譚』には「世に処するに一歩を譲るを高しとなす。歩を退《しりぞ》くるは即《すなわ》ち歩を進むるの張本《ちょうほん》なり。人を待つに一分《いちぶ》を寛《ひろ》くするはこれ福なり。人を利するは実に己《おのれ》を利するの根基なり」（世渡りには、先を争うとき、人に一歩譲《ゆず》るがよい。一歩退くことは後に一歩を進める伏線になる。人を遇《ぐう》するには厳しすぎてはならない。一分は寛大にする心がけが必要。これが自分のためになる土台である）とある。

こうした心の持ち主には、邪心邪欲というような心中《しんちゅう》の敵は棲《す》みにくい。要するに謙譲《けんじょう》の心というものは、心の敵を追いはらう魔避《まよ》けともいえるのである。

「へりくだって人に譲ること、つまり謙譲は徳の基本」ともいわれているが、こういう人から、はなはだしい人欲を見いだすことはできない。

またある書物には、「終身路《みち》を譲るも、百歩を枉《ま》げず」とある。一生のあいだ人に道を譲ったとしても、百歩も遠回りするわけではない。わずかなものなのだから、こちらからへりくだって譲るべきである。それが、自分が得をする道でもある、ということである。

ところが、上には十歩も退くが、下には退くどころか突きのけようとする者がある。責任は部下に譲るが、功績は進んで一人占《じ》めしている者もないではない。

これらは己の心中の賊がしからしめているわけで、自力で征伐ができなければ、天が代わって討つことになるだろう。

人にへりくだっている人を見ると、いかにも、根性もなく、逞《たくま》しさにも欠けているかのように見えるものだが、人欲をむきだしにしている人間よりはるかに意志堅固で、内には火が燃え盛っているものである。

それは、前者には、法に背《そむ》くことはなくとも己《おのれ》の心にもとるところがあるからである。

後者は、謙虚《けんきょ》で人の心を捉《とら》えているという自信がある。言い換えれば、人に敬であれば人からも敬せられる、ということを知っているのである。こうした信念がその人を強くする。

また、己に邪念邪欲という敵がなければ、腹背《ふくはい》から攻められることはない。これが勇気となる。

前にものべたが、「壮士愁《うれ》いに因《よ》りて減ず」とあるように、己の心の敵には義にかなったものがない。法にスレスレであったり、成否不明などのことが多い。つまり、邪欲は大きいが、やるときは小心翼々《しょうしんよくよく》たるもの、これでは成ることも成らなくなる。

さて、こうのべてくると、すぎた謙譲《けんじょう》についてものべる必要がある。

謙虚は美徳であるが、これがすぎると卑屈《ひくつ》になり、へつらいと誤解される心配がある。また、損して売るなどの譲歩は、商売知らずのそしりをうけるだろう。

罪ある者を罰しなければ、権力者の威厳を損なうことになる。賞の与えすぎも賞の値打《ねうち》を失なわせることになる。

また、腰をおり、道を譲っても、己《おのれ》の利につないでいるようでは、かえって身の仇《あだ》となる。

政治家の握手や土下座など、猿芝居にも劣ることに気づくだろう。

五　飽後《ほうご》に味を思えば

「飽後《ほうご》に味を思えば則《すなわ》ち濃淡《のうたん》の境《さかい》すべて消え、色後《しきご》に婬《いん》を思えば則ち男女の見《けん》ことごとく絶ゆ。故《ゆえ》に人《ひと》常に事後の悔悟《かいご》を以《もっ》て、臨事《りんじ》の痴迷《ちめい》を破らば、則ち性《せい》定まりて動くこと正しからざるはなし」と『菜根譚』にある。

満腹のあとは、うまいまずいの区別もなくなり、情事の後では男女の欲も消えてなくなる。

したがって、終った後の気まずさ、味気なさなどを思いうかべ、そこで起こる愚《おろ》かな迷いを醒《さ》ますように心がければ、事に臨《のぞ》んで本心が定まって、行動が災《わざわ》いをおかすことがなくなるという意味である。

たとえば、会社などでの経費の公私混同がある。最初は誰もためらうだろうが、たび重なると罪悪感もなくなる。しかし、どんな人でもひとかけらの良心はある。やめよう、やめるべきだと思いながら一夜一時を楽しむ。そしてネオンから遠ざかるにつれて、悔悟《かいご》の念に酔いもさめる。自責の冷水をかぶる思いをするなら、最初から行かなければよい。

しかし、わかっているがやめられないのが凡人の悲しさ。

後輩に十人の同期入社組があった。七人はそれぞれ地位を得て円満退職したが、残り三人は平社員で終ってしまった。

一人は不摂生から病気になり、定年前に死亡。一人は〝残業稼ぎ〟といわれるほど残業して信用をおとし、一人は経費の公私混同がバレて村八分にされている。いずれも己《おのれ》の敵に敗れた者である。

だいたい、己の敵との戦いは、戦う寸前の判断が勝敗を決することになる。これをやっていいのか、悪いのかの判断である。

一瞬のなかにも生涯を決定づける一瞬というものもある。そのとき、満腹後の味のなさを思う一瞬があればさいわいである。

この一瞬を重んずる者が己の敵に勝つのである。

こうしたことから、賢明な部下は長たる者のこの一瞬を見逃さない。もし長たる者が、自分の過《あやま》ちを注意されたり、あるいは長たらざる行ないに走ろうとしたときなど、一瞬にとどまるようであれば、大事を志《こころざ》している者として部下は頼もしさを感ずるだろう。

逆に一瞬をためらい、あるいは幾度もくり返すようならば、部下は立ち去るであろう。トップが孤立する例はよくあるが、その多くは、己《おのれ》の敵に負け、性懲《しょうこ》りもなく何度も人の道を踏み外《はず》しているからである。

前項で、謙譲《けんじょう》は邪念を制すとのべたが、判断を誤《あやま》る一瞬の迷いは、「天上天下唯我独尊」のとき、すなわち、偉い人間は天下にわれ一人と自惚《うぬぼ》れているときに多くでる。

楚《そ》の項羽《こうう》、ナポレオン、ヒットラーなど、いずれもこの心によって敗れているといえるだろう。つまり、大志を抱いていても、己に勝つことはできないということを証明した人たちといえるのである。

唐の詩人白楽天《はくらくてん》は、「君子悔尤《かいゆう》を防ぎ、賢人行蔵《こうぞう》を戒《いまし》む」(徳のある人は、過《あやま》ちをおかしていないか、また、後悔することはないかと常日ごろから用心し、賢い人も、自分の行ないを常に戒めているものだ) といっている。

名のある兵法にも、己の敵に勝つ戦略・戦術は説かれていない。

己の敵に敗れたからといって罰する法律もない。責めを負う人もない。

ここから、自分への甘さがでてくる。甘さの過剰はからだを損《そこ》ねるが、心の甘さは企業を危地に陥《おとしい》れる。企業の危機管理の第一歩は己《おのれ》を厳しく律することにあることを知るべきである。

六　辺幅修飾《へんぷくしゅうしょく》の持病

辺幅修飾《へんぷくしゅうしょく》とは、粗末な布のはしを飾るの意で、要らざる飾りつけをすることをいう。力のない者が、身辺を飾って、あるふりをすることで、他から褒《ほ》められる美しさではない。カマキリはなぜ逆立《さかだ》って怒るのか。力がないからである。小犬ほどよく吠える。弱いからである。人もまた同じで、力がないから身辺を飾り立てたり、虚勢《きょせい》をはったりするのである。こうしたむきは、虚飾によって外見を飾ることが力と考えているため、内面を充実して虚飾をはずそうとは考えない。いわば持病になっているのである。

内面充実に努めてきた人は、修飾の必要を全く感じていない。したがって、そのための費用も労力も時間もいらず、ますます内面充実に努めることができるようになる。

内面が充実してくると、外部からはわからないが、自分では十分に承知しているため、外見は粗末であっても劣等感をおぼえることはない。

だいたい、外観をよくしたいと考える者は、何か引け目を感じているからである。

たとえば、かねのない人ほど物を欲しがり、ぜいたくもする。背伸びがしたいのである。

そして、かねをもっている人をケチとして軽べつしている。もっている人をそしることによって、優越感を満たしているようである。

会社経理にも紛飾ということがある。利益がでていないのに、でたかのように見せかけることである。

いずれの例を見ても、最初のうちはわずかな額でしかないが、紛飾に紛飾を重ねて制止がきかなくなって倒産する。

辺幅修飾《へんぷくしゅうしょく》は完全な持病であり、これを断ちきらないかぎり、ついには企業生命をも失なうことになる。

よく、合理的経営というが、単純にいえば、欲しいものにかねを出さず、必要なものにだけ出す、ということにつきるのである。

とかく、「あるから使う」「欲しいから買う」「借金しても買う」という気になりがちだが、その多くは、不必要におかねを払っているのである。

辺幅《へんぷく》を修飾《しゅうしょく》して「井《い》の中の蛙《かわず》」にたとえられたのは、後漢の光武帝《こうぶてい》に亡ぼされた蜀《しょく》の公孫述《こうそんじゅつ》だが、現在では亡ぼされる前に自滅しているようである。

「桃李《とうり》は艶《えん》なりといえども、何ぞ松蒼柏翠《しょうそうはくすい》の堅貞《けんてい》なるにしかん。梨杏《りきょう》は甘しといえども、何ぞ橙黄橘緑《とうこうきつりょく》の馨冽《けいれつ》なるにしかん。まことなるかな、濃夭《のうよう》は淡久《たんきゅう》に及ばず。早秀《そうしゅう》は晩成《ばんせい》にしかざるや」と『菜根譚』にある。

要するに、桃や李《すもも》は艶《つや》やかな美しい花を咲かせるが、つねに青さを保っている松や檜《ひのき》のごとさにはおよばない。梨《なし》や杏《あんず》の実は甘いが、橙《だいだい》やみかんの高い香りにはおよばない。

そこでいえることは、きらびやかだが長つづきしないものは、地味で目立たないが長持ちするものにはおよばない。早熟は晩成にしかずである、という意味である。

実力のある人のうしろ姿には後光《ごこう》がさすが、これみよがしに着飾った者のうしろ姿には暗い影がさすものである。

さびしい話になるが、その昔、私は東京銀座の街《まち》で働く人たちと話し合ったことがある。靴磨き、演歌流し、石焼芋《いも》屋など三十余人であった。

そのほとんどの人たちが、疑う余地のないほど正直に話をしてくれたが、そのなかの一人、老婆乞食だけは、本当の話が全くないといっていいほどウソを並べたてた。

銀座三丁目あたりの屋台のおでん屋で、酎《ちゅう》を飲みながら話し合ったわけだ。

年は六十八だが、子供がもうすぐ定時制高校を卒業するから安心だといっていたが、数えてみると五十歳のときに生んだことになる。私のぶんまで酎を飲んだ彼女。口三味線《くちじゃみせん》に手びょうしとってご機嫌だったが、どうやら花街の出身らしい。

そこへ、かんばんになって仕事を終えた飲み屋の女性と男客が入ってきた。そして、一つ一つ値段をきいてからオデンを注文している。すると婆《ばあ》さんがいった。「若い女が、よくあんなしみったれたことできるね」と。

婆さんも若いころから、この客のような心がけであったら乞食にまでならなくともよかったろうに、と思ったものである。

華やかに飾ったものが力つきて、飾るものもなくなると、次は言葉で飾るようになる。つまり、ウソつきになる。そのウソも人をだますだけのウソがいえるうちはよいが、しまいにはウソのウソをいうようになるからすぐバレてしまう。

歌の文句ではないが〝心の錦〟を飾るべきなのである。

第十九章　功は下に責は己《おのれ》に

一　人を立てるか、己《おのれ》が立つか

成功者に共通している一つは、功は人に、責任は自分で負っていることである。逆に、失敗者は自分だけを立てて、人を立てていない。

会社の業績が不振になると、「ろくな社員がいないから」「部課長がたるんでいるから」、あるいは「お客さんが渋くなったから」などと、その責任は自分には全くない、というような態度をとる経営者もいる。

一転して業績が好調になってくると、「これこれの手を打ったから」「陣頭指揮をして社員の尻を叩いたから」といって、自分だけを立てようとする。なんとも聞きぐるしい文句である。

こういう人間にかぎって、口では、社員は会社の宝だ、財産だ、客は神様だなどといっているのである。

その点、成功者は「業績が好転したのはお客さんが当社をお認め下さったため」とか「社員がよく働いてくれましたので」という具合に人を立てることを忘れない。

よく例にするが、楚《そ》の項羽《こうう》は戦いに敗れ、追いつめられて二十八騎を残すだけとなった。その兵士にむかって「此《こ》れ天我《わ》れを亡ぼすなり。戦の罪にあらず」といっている。天が自分を亡ぼすのであって、戦いが下手《へた》のせいではないとしている。天の罪にしてしまえば、誰からも文句はないし、自分の責任でもない。

一方、項羽を敗って天下をとった劉邦《りゅうほう》は、「自分が天下を得た理由は、自分より優《すぐ》れた能力者である、張良《ちょうりょう》、蕭何《しょうか》、韓信《かんしん》の三人の人傑《じんけつ》がいたからだ」として部下を立てている。

困難や失敗を部下の責任とすれば、快《こころよ》く思うものはない。はなはだしい抵抗さえ起こるだろう。さらに、部下の功を上に立つ者が横取りしたとすれば、席を会社においても心は離れることになるだろう。

もし、部下の責を自分の責とするなら、部下は感激してそれに報いようとするだろう。

また、己《おのれ》の功をも部下のものとして、部下に譲るなら、人生意気に感じて献身の努力を惜《お》しまぬことになるだろう。

近年の労働力不足は経営者の明暗を分けている。

かねが高い金利と安全にむかって移るように、人も高い賃金と、より安全な職場を求める。同じ賃金、同じ安全な場であれば、あえて移る気にもならない。

ところが、一方の賃金が高く、一方が低ければ、低い者は高い場を求めて移る。しかし、なかには物やかねでは動かないという人たちもいる。浪花節《なにわぶし》ではないが、動けば男がすたると思いこんでいるわけで、「男が男にほれた」のである。

こうした男と男の心の絆《きずな》を断ちきる刃《やいば》はない。この絆は部下の感激から生まれているものである。

ところが、「社員にはそれ相応の給料を与えているのだから、働くのはあたりまえだ。なんの不足がある。経営で得たものは社長のものだ」と思いこんでいる経営者がいる。

会社の決算の見込みがたつと、でる利益の範囲いっぱいに海外旅行の計画をたてる。利益を計上しても税金でもっていかれてしまうから、という理由である。

それなら社員の待遇でも良くすればいいのに、それもやっていない。それで人に会うと、世界中で行っていない国はないほどだと自慢している。

これでは会社が存続できるわけがない。結局は倒産し、それを苦に社長は病気になり、ついに印刷した六文銭《ろくもんせん》をもって冥土《めいど》旅行に出かけることになる。

最高位にある者は、功績を自分のものにするなど狭い根性を捨てるべきだ。有終の美を飾るのは己《おのれ》一人になるのであるから、責任は自分一人でとるべきだ。これが自分の責任を小さくする道なのである。

二　名将は機を与える

現職時代、営業所属のある男を課長に抜擢《ばってき》しようと思い、話したところ、案に相違して断られた。その理由は、「課長になると残業手当がなくなるし、ノルマも増え、責任も重くなるから」ということである。採用ミスであったか、その後の指導の悪さか。

そこで話した。

「私は銀行時代から、職場が変わるたび、肩書があがるたびに自分にチャンスを与えてくれたものと受けとめてきた。

また、厳しさや困難、失敗は天が自分に試練を課しているものだと考えてきた。

そういう考えから、左遷、昇格を問わず、チャンスを与えてくれた人に感謝している。

この理屈は、周囲を見ればわかるだろう。肩書もつかず、ついても長年そのまま。職場も変わらず十年一日《いちじつ》のような仕事をしている。これは、チャンスを与えても、なんの効果も考えられない人だ。つまり、上からあきらめられた証拠ではないか。

それほど残業手当がほしいなら、課長昇格を一年延期するが、そのあいだ、よく考えてみてはどうか。こんど断ると定年まで、〝あきらめられ人間〟になるだろう。

伸びる人間というものは、ことの善《よ》し悪《あ》しにかかわらず、自分にかかわってくることはチャンスと考える。そのなかには、取るにたらないものもあれば、それに染《そ》まってはならないものもある。悪は悪なりに反省の糧《かて》とし、避けるためのしるべとしてもよい。

このように、すべてをチャンスと考えることは、自分を励ますことにもなり、さらに多くのチャンスをつかむことができるようにもなる。

だいたい、地位があがるということは、それなりの能力が認められたからである。もし、十の才能の者が一の仕事しか与えられないとしたら、不満だろう。十の才能の者が二十の仕事を与えられるとしたら、名誉と考えてしかるべきではないだろうか。名誉と考えるから意欲もでてくる」と話した。

賢明な指導者は、部下にどのようにしてより多くのチャンスを与えることができるかということに腐心《ふしん》するものである。

また、心ある人は、常にチャンスの与えられるのを待望している。

ある社長は、「僕と出会っても、ていねいに挨拶はしてくれるが、顔をみないで通りすぎてしまう社員と、出会うと僕の顔から目を離さない社員がいる。目をそらすような社員は、僕から、なにか注意されたり、命令されたりするのを避けているようにみえる。ていねいな挨拶も、なにか見逃して下さい、というように受けとれる。

僕の顔を見つめるような人間は、猟犬《りょうけん》が猟師の指図を待っているように見える。こういうやつに出会うと一日中楽しくすごせる」と話していた。

目つき顔つきだけでその人のやる気というものはうかがえるものである。

チャンスを与えられるのを待望しているような人間は、「チャンスなら、いつきてもよい。こなければ進んでつかむ」という気概《きがい》がある。

志《こころざし》のある者は、社長の目つきからもチャンスを引きだそうと考えている。したがって、上に立つ者も、チャンスを渇望《かつぼう》している者にチャンスを与えなければならないのである。

三　功を譲れば

現職時代、中間管理者のなかに、功を独《ひと》り占《じ》めし、責任を部下におしつけている者が目立った。同じように課や部の間でも、失敗は他の部門におしつけ、功績は己《おのれ》の部門のものにしようとしていた。

これが嵩《こう》じてくると、セクショナリズムがコンクリート化され、組織の風通しがはなはだしく悪くなる。

あるとき、次のような話をしたことがある。

「皆さんは将来を考えて、蓄財に努力しているだろうが、その近道を教えたいと思う。

その効率的な方法は、自分一人の力は知れたものであるから、他に有力な協力者を得ることだ。

有力な協力者とは、おかねと時間である。

その協力を得るには、おかねが稼いだかねを人間が横取りせずに、おかねに与えてしまうことだ。

よく、預貯金に利息がつくと人間が取って使ってしまうが、元来、利息というものは、人間が努力して得たものではなく、おかねが稼いだものだ。

また、株式に投資して儲けると、自分の力で儲けたものと思いこみ、勝手に使ってしまう。鵜飼《うか》いの鵜はとった魚を吐《は》きださせられるが、全部ということはない。幾分かは魚にありつける。ところが、人間はおかねの稼ぎを全部さらってしまう。これでは、おかねだって喜ぶわけがない。

ついには不満が嵩《こう》じて、損という形でその人間のもとから離れていくことになる。

これに反し、蓄財名人ともなると、利息、配当、運用利益など、おかねの稼ぎに手をつけることはない。おかねのほうも働き甲斐《がい》がでるのか、利息に利息を生ませて、より大きくしようと考える。儲ければ、それを元金に加えて、より多く儲けようと努めるようになる。これが雪だるま式に大きくなるのである。

ある金持ちにその秘訣をきいたら、〝最初のころは、かねをためることに一生懸命だったが、なかばごろからは、ためなくとも自然にたまるようになった。『ためる』から『たまる』ようになったのは、かねが稼いでくれるからだ〟といっている。

さて、会社の仕事の話ではなく、かね儲けの話をしたのは、なにごとにつけ、人の手柄を横取りしたのでは成ることも成らなくなるということだ。当社は分社経営を実施したが、子会社が得た利益を本社が吸いあげることはまかりならぬ、としたのは、そういう考えからである」と。

子会社の利益は親会社からの出資金に対し最高二十％の配当を支払うだけで、あとは子会社の社内留保とし、子会社の功績を奪ってはならないと定めた。子会社があげた利益を親会社がとりあげたのでは、子会社はやる気を失ない、結局は親会社の自殺行為となるからである。

だいたい、部下の功を奪うようなトップは、それだけにとどまらず、部下の功績を自分のものとして自惚《うぬぼ》れる。自惚れ屋が自分で自分を過大評価して悦《えつ》に入《い》っている。これがことを誤《あやま》るもととなる。

「大功《たいこう》を成す者は、小を成さず」ということが『列子《れっし》』にある。大きな仕事を成し遂《と》げようとする者は小さなことに手をだすことはない、という意味だが、項羽《こうう》を亡ぼした劉邦《りゅうほう》は、功を部下に譲り、戦いで得たものも部下に与えてしまったが、天下統一という最高の功を己《おのれ》のものとしている。

現代の企業においても、部下に功を与えてしまえば、自分に残る功はなくなってしまうと思っている者がいるかもしれないが、実は与えた功の幾十幾百倍かの功となって返ってくるものである。

功を与えない者には、ついには自分の功さえ得られなくなる。

大功をあげようとするなら、部下にまず功を譲れといいたいのである。

四　人材の発掘と育成

孔子の弟子の樊遅《はんち》が〝仁〟とはどういうことですかと孔子にたずねた。

「人を愛することだ」

「それでは〝智〟とはどういうことですか」

「人を見抜くことだ」

「それだけで〝智〟といえましょうか」

「正しい人間を要職に抜擢すれば、下のものは感化をうけて不正を働かなくなるのだ」

それでも、樊遅は理解しかねて子夏《しか》に説明を求めた。

「いま先生に、〝智〟とはなにか、とたずねたところ、人を見抜くこと、といわれました。正しい人間を要職に抜擢《ばってき》すれば、下の者は感化されて不正を働かなくなる……これはどういう意味なのでしょう」

「昔から名主というものは、賢者を用いて不正者をなくしている。このように、賢者を見いだす能力、人間を見抜くことこそ最高の〝智〟といわれたのだ」と説明した。

また、魯《ろ》の国の重臣季子《きし》の家宰《かさい》（家老格）に取りたてられた仲弓《ちゅうきゅう》が、孔子に家宰の心構えについてきいた。孔子が、「部下が存分に能力発揮ができるように配慮し、過去の小さな過《あやま》ちは見逃して、人材を抜擢することだ」と答えると、

「人材抜擢はなかなかむずかしいことだが」

「おまえが、この人物ならと見込んだ者を抜擢すればよい。そうすれば、おまえの目のとどかないところにいる人物でも、周囲が放っておかなくなる」と。

『論語』には、孔子が人材抜擢の要を説いた箇所が少なからずある。人材を求め、養う必要を教えるところも少なくない。二千五百年の昔も今も変わることはない。

しかし、前記の仲弓ではないが、めがねにかなう人材を得ることはやさしいことではない。見誤れば経営を危《あや》うくすることにもなりかねない。

そこで、前述したように「用いて育てよ」、つまり、まずポストを与え、与えることによって自己を磨かせるということが大切となる。

事前にその人物を見定めることは困難であるが、やらせながら人物を見る。結果で判断するということになれば、確実でもあるし、周囲の納得も得られる。

言い換えれば、チャンスを与えてその人物を見るということである。

ことに敗れた人の多くは、かくれた名臣、強卒を見いだすことができず、不満を抱かれ逃げだされている。

なかにはチャンスも与えず、あの男はダメだと決めつけたり、あきらめている盲将もいるようである。

もし人材を発掘しようとするなら、なにをおいてもまずチャンスを与えてみるべきだ、といいたいのである。

さらに、心ある上司は、部下にチャンスを与えると同時に、才智を与え、部下が功をあげるのをバックアップするものである。

部下は上司のもつ能力を譲られれば、それを踏み台としてさらに一歩を進めようとする。才能を得れば、それを実践に移すのが人間の本性。実践して功をあげれば、より大きな功に挑《いど》みたくなるのが意欲型人間の特色である。子供たちが先生に教えられて学力をつけていくのと同じように、組織内では上に立つ者から教導されて部下は一人前に育っていくのである。

よく伸びつづけている企業では、上司は部下に、先輩は後輩に、自分のもつ能力のすべてを譲って育てている。部下、後輩はそれにこたえて、上司、先輩よりも優《すぐ》れた人間になろうと努力している。そのため、いつになっても人材の絶えることはない。しかも、その能力は常に向上しつづける。〝企業の不滅の財産〟とはこれをいうのである。

ところが、不振企業、行き詰まり企業というのは、後につづく者を育てようとしない。それどころか、部下、後輩に能力を譲ることを極力避けようとしている。

それは、思うに、「能力を譲ってしまえば、自分より優《すぐ》れた人間になるかもしれない」「自分の地位がおびやかされる」という自己本位からでているのである。

上に立つ者の最高の任務は、自分より優れた部下を育てることにあるはず。これに背くことは怠慢《たいまん》といえるのである。

第二の会社へ入社した翌朝、請《こ》われるままに課長会に出席して挨拶した。

「昨日入社した井原です。社長からきのう人事管理も委嘱《いしょく》されましたので、皆さんの頭の中が空《から》になったら、部長に昇格させることを約束します。終り」

後刻、幹事がそのわけをききにきた。

「自分の能力を誰にも譲らずに課長の椅子を確保しようとしている人間などは当社には必要ない。人の上に立つような者は、その能力のすべてを部下に譲れという意味だ。譲れば頭の中が空になる。そういう人間なら、部長に昇格してもよいということだ。

なぜなら、自分の頭を空にするような人間は、空にしっぱなしということはない。さらに強力な能力を仕入れて、それをまた部下に譲る。部下の能力も向上するが、自分の能力はさらに進むことになるからだ。

これに反し、能力を譲らないものは進歩がない。これでは課長の任務さえ果たせなくなるだろう」と話した。

経営に行き詰まるような会社は、上に立つ者が自分の能力を抱えて部下に譲ろうとしない。譲らなければ、自分の地位が安泰であるからだ。

上に立つ者が、自分の地位を楽な方法で守ろうとしているようでは、自分の地位も危《あや》うくなるし、会社の勢いも失なわれてくる。

また下の者が、上の人を追い越すことはできないと考えているようでは、人生の敗残者となるしかない。

〝出藍《しゅつらん》の誉《ほま》れ〟という言葉があるが、それが一番はっきりしているのが相撲界。自分の師や先輩を負かすことが恩返し、師や先輩は自分を負かすような弟子や後輩が現われることに誇りを感じている。

企業組織にあっても同じで、己《おのれ》より優《すぐ》れた人間が現われつづけることが企業発展の必須条件である。そのためにも部下に能力を譲り、その効果を早めるべきだと考えている。

かつて私の先輩で、「後輩を役席につけるのが何よりも楽しみ」といっている人がいた。近寄りがたいほど厳しい人であったが、部下思いでもあった。

その先輩が、「トップに推せんするもっともな理由をつけなければならない。そのため仕事をやらせる。つまりチャンスを与えている」といったことを思い出したが、心にくいほど部下の心を見ぬいている。

五　木鶏《もっけい》の魅力

中日新聞の証券欄（平成二年三月二十八日号）に「木鶏《もっけい》たり得ず」と題して一文を書いた。

「昨年十一月の本欄で〝人に千日の好《よしみ》なく花に百日の紅《くれない》なし〟ということで、好《い》いことは長く続かないと書いた。

しかし、書いた私も株価がここまで崩落することを予想したわけではない。

悪材料が一度に噴出したとはいえ〝株はさがらない〟という神話を信じていた投資家にとっては、〝冷水三斗《ひやみずさんと》〟の思いであったろう。毎日さがりつづける相場をながめては〝木鶏〟を気どっているわけにはいかない」と。

〝木鶏《もっけい》〟とは『荘子《そうし》』にある言葉だが、木を刻んで作った鶏《にわとり》のことである。

生きた鶏は、些細《ささい》なことにも驚くが、木鶏ならいかなることにも驚かず、不動の平常心である。一九三九年、名横綱の双葉山が、前頭《まえがしら》の安芸《あき》ノ海《うみ》に七十連勝を阻《はば》まれたとき、知人宛に「ワレイマダモッケイタリエズ」という電報をうったのは有名だが、あれだけ株価が暴落して「われ木鶏たり」でいられる人は少なかろう。命の次の財産が時間刻《きざ》みで減っていくのであるから、「われいまだ木鶏たりえず」となるのが当然である。ただ、完全に木鶏になることは、人間である以上困難だが、半木鶏になることはできそうである。

値下りすると損になるから、木鶏になりえない。損にならなければ平常心でいられる道理。それには、買い値をタダにしておけばよい。

前出の東京大学名誉教授の本多静六博士は利殖の達人でもあった。詰襟服《つめえりふく》で一生を通すほど倹約し、そのかねで株式に投資した。株価が二倍にあがると半数を売却し、残りの株をタダにしておくというやり方で大財を積み、それを公共団体にことごとく寄付したという。

これならどんな変化があっても、タダより安くなることはない。「われ木鶏たり」ということもできる。

理屈はわかるが、二倍になったとき半分を処分する勇気がないと木鶏《もっけい》にはなれない。

企業経営者にしても、ことあるごとに驚き、態度に現わしているようでは部下の信頼を失なうことになる。

「風吹けども動かず天辺《てんぺん》の月、雪圧《お》せども摧《くだ》け難《がた》し澗底《かんてい》の松」という文句がある。風が吹いても、大空にかかる月は動かない。雪がつもり重なっても谷底の松の枝は折れないという意味で、落ちついて物に動じないということである。

一国の主《あるじ》ともいえる社長が、部下とともに悩み、悲しみ、嘆いているようでは、社長の椅子に木鶏をおいたほうがよい。いかなることにも動ぜず、泰然自若《たいぜんじじゃく》としていられる者でなければ、人の長としての任は果たせない。

それでは、会社の危急などのとき、自分が木鶏たりうる道はなにか。「己《おのれ》を捨てること」つまり、私利、私欲などを捨て、会社のために全力投球することである。自分の名誉、地位から財産まで投げだす覚悟を決めれば、恐れるものなしという心境になる。それらに執着《しゅうちゃく》すると、不安や悩みなどから木鶏《もっけい》たりえずということになる。

つまり、覚悟が決まれば、心の準備も冷静になる。

「心頭滅却《しんとうめっきゃく》すれば火も亦涼《またすず》し」と叫んだのは快川国師《かいせんこくし》だが、「私心を滅却すれば苦も亦《また》楽し」ということになる。

社長は社員に対し毅然《きぜん》たる態度で臨《のぞ》み、信頼感を高めねばならない。それであってこそ、社長の威厳が保たれるのである。

さらに、前にものべたが、「努力すれば不可能ということはない」――この言を信じこむことも冷静を保つ力となる。困難を嘆き、可能を疑うから心が乱れてくる。

ただし、冷静沈着と、図々《ずうずう》しさ、ずぶとさとは紙一重、見分けのつかないことがあるから、くれぐれも心してもらいたい。

第二十章　寛容と人望

一　寛《かん》なれば則《すなわ》ち衆を得《う》

『論語』に「寛《かん》なれば則《すなわ》ち衆《しゅう》を得《う》」とある。人に対して寛大であれば、人望を得ることができるという意味である。

トップの人望は、人気、魅力でもあり、その有無は統率力にも響《ひび》いてくる。人気タレントなどの人をひきつける力は、相手を熱狂させ、没我《ぼつが》の境地にひきこむほど強烈である。無関心な者が見れば、なんとバカげたふるまいと思うが、当人にしてみれば、一声きいただけでも心がおどる思いなのである。

このタレントの人気に匹敵するものがトップの慈愛の徳といえる。社員二百人ほどの会社の創立者が突然死に、その葬儀当日であった。僧侶の読経の声がきこえなくなるような大声で泣きだした一人の女子社員がいた。私も参列していて、すぐに、あの女性ではないかという心当りがあった。それは、亡くなった社長から十年ほど前の話をきいていたからだ。

昭和三十年の朝鮮動乱終結による反動不況のとき、その女子社員の親が死んだ。しかし、彼女は葬式代がなく、五千円の前借りにきた。会社もドン底、そのかねがない。後刻におかねを持って行くことを約束して帰した。社長は奥さんの晴着を持って質屋へ走り、ようやく間に合わせた。女子社員は、後日それを知り、社長の温かい心根に感激していた。それが社長の突然の死によって爆発したのである。

これは、一人の女性の感激にとどまっていない。その証《あかし》は、それから十八年もたった昭和四十八年の石油ショック後にたてられている。

その会社は、創立者の死後の放漫経営と石油ショックで経営が行き詰まった。四十八年来つづけてきた社員ボーナス支給のメドがたたない。結局、労組との妥結条件が、一・五か月ということだったが、支給方法がなんと十二か月の分割払い。常識ではとうてい考えられないものであった。それでも妥結したのは、会社をつぶしては亡くなった先代社長に相《あい》すまないという全社員の心があったからで、まさに「死せる創業者、生ける社員を服す」の図である。

トップの徳の威光というものは、トップの死によって消えるものではない。不滅ともいえるのである。

慈愛の徳と同じく、人の心を動かすものが寛大な心である。

寛大であれば、部下も喜んでついてくるが、私は、もう一つの効果として、部下をすなおで正直な人間に育てることができると考えている。

会社などで、些細《ささい》な過《あやま》ちにも目を怒らせ、人の小さな欠点を探しだしては目のかたきにしているような人間に人望が集まることはない。これは人間個人だけにいえることではない。会社や政治団体にしても、他社や他団体の欠点、過ちを拾い、探しだすことだけを旨《むね》としているものに衆望の集まるわけはない。自らの狭量《きょうりょう》、小器を暴露《ばくろ》しているからである。

部下の小さな欠点を見つけたなら、より大きな長所を見いだすべきだろう。部下が小さな過ちを犯したなら、失敗は成功の基《もと》であることを知るべきだろう。

「小過《しょうか》を寛《ゆる》し、大綱《たいこう》を総《す》ぶ」と『後漢書』にあるが、寛容なトップは、小さな過失に対しては見て見ぬふりをして、人望を得て全体を大きくまとめる。これがトップの器《うつわ》といえるのではないか。小過も許せないトップは、もっとも下手《へた》なリーダーといえそうである。

二　部下に寛、己《おのれ》に厳

会社などでよくみられることだが、才能があり、活動家であるため、課長、部長までの地位は上がるが、それ以上の経営陣に加わることができないという人がいる。

その多くは、地位は能力で得たが、人望がないからといえる。経営者となれば、自分で行動して自分の才能を発揮することよりも、全社的視野で判断し、部下に指揮命令する立場になる。

楚《そ》の項羽《こうう》は、「書は自分の姓名が書ければよいし、剣術は一人の敵を相手にするだけであるから学ぶ必要はない。自分は万人の敵を、つまり大勢を相手とする兵法を学びたい」とのべている。

現代の会社組織でいえば、生産や販売技術、経理、財務管理などに優《すぐ》れた専門者は、それぞれの部門長として部下を掌握《しょうあく》することになる。彼らに要求される条件は、それぞれの専門技術と兵の将としての指導力で足りる。

しかし、経営陣に加われば、兵の将を統轄するトップの代行、あるいは補佐が任務となる。

兵の将までは人望に若干欠けるところがあっても、任務を果たすことができようが、トップのスタッフともなれば衆望を得た者、つまり人望のある者でなければならない。

好ましい言葉とは思えないが〝職人〟とよばれている人がよくいる。その道の専門技術をもつ人である。そのなかには名人といわれる人も少なくない。

その名人が、大勢の職人を集めてそれなりの会社をつくった場合、はたしてうまく経営ができるだろうか。

名人技術プラス人望のある人であれば、発展は疑いないだろう。名人技術だけで人望に欠けているとしたら、経営危《あや》うしとなるに違いない。

それなら、名人どころか専門知識もないが、人望だけはあるという人が経営にあたったらどうか。私がここで説明することはない。数多くのトップの例を見れば理解できる。

人望のある人には、専門技術をもつ人が集まって協力するが、人望のない人は協力者も去り、自分一個の技術に頼らざるをえなくなる。

諸星龍氏の『勝つ』という本に、豊臣秀吉のリーダーシップとして清洲城《きよすじよう》の三日普請《ぶしん》の例があった。

あるとき台風で清洲城の石塀《いしべい》が崩《くず》れた。織田信長は山口という工事奉行に修理を命じた。

ところが二十日たってもできない。あと三十日かかるという。そこで、木下藤吉郎(秀吉)にそれを命じた。

「おまえなら何日で修理できるか」ときかれ、「五、六日あればできます」と答えた。

誰がみても困難なことと思われたが、結局は三日で仕上げた。不可能を可能にした知恵はどういうものであったか。

まず計画を練った。そして調査してみた。

工事を必要とする塀《へい》の長さは百二十間《けん》(二百十六メートル)。一間あたり熟練工は何人必要か、三人ということがわかった。

これで計算すると、百二十間を一日で完成するには三百六十人の熟練工が必要だが、投入できるのは七十人ぐらい。これから割りだすと五日で完成できる勘定《かんじょう》。

次に藤吉郎は棟梁《とうりょう》を集めて相談会を開いた。いつもなら、一方的に命令をくだすだけだが、今回は一同の意見を求めるという態度にでた。平素虫ケラ扱いされている者にとってはたいへんな扱い。これに感激しない者はない。

そして、こう切りだした。

「一日の賃金は百文。かりにこの工事を一日で仕上げたら三十日分の三貫目を払おうではないか。もし、六日で仕上げれば一日五百文。五日なら一日六百文ずつ支払う。早く仕上げて、たくさん賃金を得たいと思わぬか。どうだ、みんな」と。

誰も早く多く賃金は得たいもの。高能率、高賃金に笑顔をみせない者はない。

それから皆の意見をきき、雑役夫の追加を申し込まれればそれを受けいれ、計画への参加意識を高めた。

次に、組織づくりをした。

百二十間の修理であるから、これを十組とし、一組の分担は十二間。一組ごとに一名の責任者をおき、これに下奉行《したぶぎょう》の役名を与えた。つまり責任者に名誉を与え、責任の自覚と、十組が互いに負けてはならじの競争心を呼び起こすことを忘れていない。

さらに藤吉郎は陣頭指揮し、絶えず作業場を見回り、明るい態度で一同を励ました。

各組は「心はひとつ、割普請《わりぶしん》」を合言葉に寝食を忘れて仕事に取り組んだ。

休み時間も働いた者には別手当をだし、終った者には酒食をふるまって労をねぎらう。至れり尽くせりの思いやりに感激しない者はない。

それにしても藤吉郎は、ことにあたって、まず部下の望むと思われるすべてを与えて、部下の心をとらえ、同時に自分の人気を高めている。

さて、藤吉郎は、大工、石工、左官などの専門を身につけていたのであろうか。いまだ、それをきいたことはない。信長に命じられてにわか勉強をしたとも思われない。

ただ彼は、事を成すには、人心の掌握《しょうあく》を欠くことはできないことを知っていたのである。人心掌握のきめ手は、人望であり、人望の基《もと》は寛大である。藤吉郎はそれを見事に活《い》かしたといえよう。

三　名将の人の責め方

「大なること海の如《ごと》からざるに、以《もっ》て江河《こうが》を納《い》れんと欲《ほっ》するは、難《かた》きかな」という言葉がある。海のような大きさもないのに、大河から流れでる水を受けいれようとするのはむずかしいという意味で、多くのものを受けいれるにはそれ相応の寛大さが必要であるということである。

現代の会社経営にしても、才能や財力などに恵まれ、大きな目的をもったとしても、人を容《い》れるだけの寛大さがなければ大成することはできない。

昔から私も多くの経営者に接しているが、何十年一日《いちじつ》のごとく栄養失調経営をつづけている会社もある。

その共通点の一つが、寛容に欠けるということである。トップ自ら陣頭にたって働いているが、部下に任すことを知らない。それだけの度量がないのである。

第二に、部下には厳しいが自分には甘い。

たとえば、社員の出退出は厳重に管理しているが、トップ自身はルーズである。

第三に、規律厳守を歌い文句に、社員の些《さ》細《さい》な過失まで厳しく処罰しているため、社員は責任逃れだけに頭を使っている。

第四に、トップの細心は良いことだが、その細心が社員のこまかい欠点や過失だけに片よって注《そそ》がれている。

これらのいずれも、名将たる者は避けている。

『言志四録』に、「能《よ》く人を容るる者にして、而《しか》る後以《もっ》て人を責むべし。人も亦《また》其《そ》の責を受く。人を容るること能《あた》わざる者は人を責むること能わず。人も亦《また》其《そ》の責を受けず」とある。要するに、人を受けいれる雅量のある人だけが人を責める資格がある。雅量ある人から責められれば、相手も責を受けいれる。雅量のない人は人を責める資格はない。責めたとしても相手はそれを受けいれることはない、という意味である。

名将というものは、同じ部下を責める場合にしても、部下が憎《にく》いから叱るのではない。可愛いから叱るのである。過《あやま》ちを責めるのではない。過ちをなくすために責めるのである。ということは、怒り叱るのが目的ではない。正しく導くのが目的なのである。

上が下を憎《にく》んで責め、激怒してののしれば、反感や抵抗はでるが自ら反省して正すことはない。愛情をもち、怒りもやわらげ、短所や欠点を指摘しながらもその長所を認めたとすれば、反感は感激に変わり、抵抗は従順に変わることになる。

ある社長は、社員を叱るときは誰もいないところで叱るという。社員も立つ瀬があることに救われ、社長を憎むより感謝することになる。

『菜根譚』に、「念頭《ねんとう》の寛厚《かんこう》なるものは、春風の煦育《くいく》するがごとく、万物これに遭《あ》いて生ず。念頭の忌刻《きこく》するものは、朔雪《さくせつ》の陰凝《いんぎょう》するが如《ごと》く、万物これに遭《お》うて死す」とある。

すなわち、心が寛《ひろ》く、あたたかい人のもとでは、春風が万物を育てるように、その恩恵で多くの人々が成長する。これと反対に心の冷たい人のもとでは、北地の雪が万物を凍結してしまうように、すべてのものが死滅してしまうということである。こうしたことは、会社でも見かけるものである。

心の狭い管理者が在籍しているときは、笑い声一つきこえず、室内は静まりかえって死を思わせるほどになり、管理者の身動きにも心を驚かせる。

おおらかで部下に寛大な人が在籍する職場では、部下も伸び伸びと育っているから、上下のへだたりも感じなければ、上に気を使うこともない。自然に能率もあがることになる。

また、自分だけを大切にしているような心の狭い自己中心人間は、責任を問われることだけを恐れているため部下には冷たい。表面は仏を装っているが、心は鬼といえる類《たぐい》で、これも狭量《きょうりょう》人間に多い。

さらに、寛容な上司は部下の昇進を助けて喜ぶが、狭量な者はそれを助けることはない。自分の昇進には熱心であるが、部下の昇進には反対する者さえある。

四　寛容と自由

会社で一番恥さらしなことときかれたら、社長が忙しい、忙しいと朝から晩までとび回っていること、と答えるだろう。

だいたい、こうした会社にかぎって社員は、からだのおきばに困っているものである。

なぜそうなるのか。社長が社員のやる仕事をしてしまうからだ。

社長は、社員の性格、実情などをつぶさに知ることは肝心だが、社員のやることまですることはない。

「言う、言わせる、やらせる、ほめる」をそのまま実行すればよいのである。

部下に仕事を任せられない人は、ほめることも知らない。言い換えれば、部下を喜ばせるのがトップの徳なのに、部下の喜びまで取りあげている。これでは、部下もあくびをおさえるのに苦労するだけとなる。

心ある社員は、自分の力で会社のためになることはないか、新天地を開拓してみたいという、好ましい野望を抱いているものである。野心に燃える有為《ゆうい》な社員に大きな自由を与える、その寛《ひろ》い心が成功の基《もと》となるのである。

ところが狭量《きょうりょう》な者は、まるで柵《さく》から猛獣《もうじゅう》を放《はな》つほどの大げさな恐怖が先立って実行できない。

そのため、積極的、やる気まんまんといえる社員は要注意人物として扱う。

事を成そうとする社員は、意欲型人物で現状にとどまることを潔《いさぎよ》しとしない人材で、一見

〝冒険野郎〟に見えるものである。

「一つや二つ過《あやま》ちを犯すような人間でなければ使い者にならない」といった人があるが、同感である。

そうあってこそ、進歩の激しい時代に対応できる社員が育つと考えたい。

あるトップが、「セミナーにも社員を参加させ、社内でもたびたび研修会を開いて社員教育に努力しているが、効果はさっぱり」とボヤいていた。

そこで話した。

「教育効果を抹殺《まっさつ》している何ものかがあるはず。

思うに、学問をさせて、行ないをさせていないのではないか。知って行なわなければ知ったことにはならない。それに、学問として学んだことは忘れてしまうが、学んで行なうということになれば学問の裏づけもできるし、学び甲斐《がい》もでてくる。学習効果が現われないのは、やらせないからではないか」ときいてみたところ、やはり権限委譲がほとんどなされていない。昇格制度はあるが、行なわれることは例外。会社内の人事異動は皆無に等しい。

これでは、ノイローゼ患者に教育しているような結果になる。

かつて関係した会社で、販売部門を中心にして独立会社としたとのべた。その目的は、組織の活性化と人材育成としたわけであるが、つきつめれば、社員に経営の自由を与えたということである。いくつかの制約を除けば、自由に営業活動ができる組織にしたということで、ことさらとりたてるほど珍しいことではない。

売る商品も、売る人も場所も独立前と同じ、違うのは、○○営業所が株式会社○○と変わっただけである。

こうしたなかで大きく変わったものは、経営参画意識、責任の自覚、志気、採算意欲、競争意識などの高揚であった。

その一つ一つは、従来〝牛後《ぎゅうご》〟であった人間が束縛《そくばく》から解放された〝鶏口《けいこう》〟の喜びとでもいおうか。

裏を返せば、会社がピンチを脱するため、各販売部門にあれこれと規制を厳しくし、無理も強いてきたが、それから逃れられてホッとした気分に加え、何よりも自由に経営活動ができるという喜びがあったからではなかろうか。私はそれを「会社全体が池から大洋にでた活躍自由の場」と表現したが、それは、子会社に大幅な権限を委譲した効果であり、われわれスタッフの意見をとりいれてくれた社長の雅量（寛容）があったからこそできたことである。

部下に自由を与えるトップの〝寛〟の一字は、企業を発展に導く推進力となるものである。

銀行時代から私は、上に立つ者は「いかにして怠《なま》けるかを考えよ」といいつづけてきた。ところが、この意味もわからず、これをトップにつげ口した者があった。忠義だてにいったのだろうが、かえってトップから叱られたという。

「君《きみ》は怠《なま》けていないと思っているようだが、僕からみれば君が一番の怠け者だ。幹部は、しないでもよい仕事はできるだけ怠けて部下に任せ、時間を作り、幹部らしいことを考えろという意味だ。君は幹部のやるべきことを怠けているとしか思えない」と。

五　寛容に道あり

トップの寛容は人心掌握《しょうあく》の必須条件とのべたが、性格もあり、また事情や立場もあって、寛容であることは至難なことでもある。しかし、努めて寛容でなければ、社内外の人望を失ない、身さえ失ないかねないものである。

銀行時代にも、公務に忠実なあまり部下に厳しくあたり、ひんしゅくをかって左遷された者もある。

また、支店員から集めた春秋の慰安旅行費を支店長が管理して、まるで小使さんみたいだということで〝小使支店長〟のニックネームをつけられ、閑職にまわされた人もある。些細《ささい》な例をのべたが、部下の目というものは細かく厳しいものである。

こうした、心ならずも示してくれた先輩の教えもあって、課長職についてから権限も仕事も係長に任せることにした。

私は、証券運用担当の課長と、資金調達配分担当の課長を兼務しながら、銀行業務改善を目的としたプロジェクトチームのチーフを兼ねたことがある。まだ規模の小さい時期であったが、三つを兼ねるということは容易ではなかった。そこで、私はそれぞれの要《かなめ》だけをおさえるだけで、仕事は全部係長以下に一任することにした。結果は、私がつべこべ口を出しているよりはるかによかったのではないかと思う。

これを私なりにいえば、部下を信頼するということで、信頼したら任せるという主義を通した。部下に任せれば、私の方もいくつ仕事をまかせられても困ることはない。

こうした考えは、のちに第二の会社で分社経営にふみきる際に大きく役立った。

次に、寛容の涵養《かんよう》に役立ったのは、その善《よ》し悪《あ》しを別にして、私は常に前進意欲をもっていた。前進のための勉強も、仕事もしていた。

たとえば、係長になれば課長、課長になれば部長、取締役というように一段上を志《こころざ》していたため、課長になったときは、すでに課長を卒業した気分で、課長の仕事などバカらしくてやっていられない。自然、係長に任すことになる。

つまり、経営者であれば高い理想をもつ、大志を抱くということである。

木下藤吉郎は、徒《かち》で戦場へ赴《おもむ》く足軽時代から、街道の村落の生活状態から地形まで頭に入れていたという。大望を抱いていたからである。常に向上意欲に燃え、前進姿勢をとっている人間は、現在に不満をもつ。不満な仕事を捨て、明日の仕事に取り組む。同時に、係長に課長の仕事をさせることは、係長を早く課長に昇進させる布石でもある。

寛容を養う第二の道は、前にものべた〝恕《じょ》〟の心に徹することである。思いやり、相手の立場になることといえる。

『論語』に、「己《おのれ》の欲《ほっ》せざる所、人に施《ほどこ》すこと勿《なか》れ」とある。

人間だれしも上司から怒られるのを望むものはない。自分も望んでいないとすれば、怒らないほうがよい。怒る原因の九十％は自分にあると思えば、振りあげた拳骨《げんこつ》もそっとおろすことになる。

もし、どうしても怒りたかったら、相手の人間のよい所を探すがよい。必ずあるはず。

銀行時代、「遅くまで飲んだ日の翌朝は、定刻より三十分早く出勤すること」と話しておいた。私自身も、もちろん実行していた。

ところが、二度ほど遅れてきた者がいた。二度目のとき私の所にきて、「どうもすみません」とあやまって引きさがろうとしたから、「いつもながらあごひげを奇麗《きれい》に剃《そ》っているな。銀行員はそのくらい身だしなみに注意しないといけない」といっておいた。

しばらくたって、「あの叱言《しつげん》ぐらいきつく響いたことはなかった。一度に二日酔がさめてしまった」といっていた。私は別に叱ったのではなかったが、厳しく感じたらしい。

部下に文句をつける目的は、非を改めさせることにある。とすれば、怒り叱らなくとも改めさせる方法はいくらでもある。

ことに、相手が改めるにも改めようがない過去の小さな過《あやま》ちをとりあげるなど、ならず者のなんくせにも劣ることで、改めなければならないのは、むしろ自分であることに気づくべきである。

六　寛にすぎては乱れる

人に寛大であることは経営者の美徳であるが、行きすぎると悪徳と同じ結果を招く。

昔、宋《そう》の襄王《じょうおう》という人は、敵との戦いで、敵の陣容がととのわないうちに攻撃するのは人道に反するといって攻めず、敵がすっかりととのえてから攻めたが惨敗、王自らも負傷し、それが原因で死んでしまった。いまでも行きすぎた〝仁〟を「宋襄《そうじょう》の仁」といっている。つまり、無用の仁ということである。

そのため、襄王は春秋時代の五人の名君と称《たた》えられたが、とうていその器《うつわ》ではないという者も少なくない。〝仁の人〟ではなく、〝お人好し人間〟とみるからではないか。

これと同じように、現代でも〝人情深い人〟〝いやといえない人格者〟などと表面はいわれているが、内心では〝人が良すぎる〟〝部下にバカにされている〟〝頼りにならない〟などと陰口されている者もいる。

まさにそのとおりで、たんなる〝お人好し〟だけでは一国一城は守れない。やはり、寛大のなかに一定の節度をもつことが必要である。

前記の裏王《じょうおう》は、国や自分の生命よりも仁を先にすべし、という先賢の教えにしたがったつもりであろうが、先賢の教えは「国が亡び、自分が死んでも」ということでは決してない。

したがって現代経営でも、会社を危地に追いこむような、あるいは、会社に対して敵対するような行為については、定められた厳罰に処するのは当然である。その罪を軽くしたり、見逃したりするのは行きすぎで、かえって秩序を乱し、社内の不満を助長して混乱の原因となる。

かつて、ある会社で投書事件がおきた。

社長以下二、三の幹部攻撃がこまごまと書いてある。銀行から借金をし、それを二、三の幹部が自分の費用などに流用している、というものであった。

ついには、国税局の調査が入り、銀行などを調べたが鼠《ねずみ》一匹でない。

その会社は経営が苦しく、幹部の報酬をカットしていたので、その補塡《ほてん》のために会社のかねを幹部が横領しているのではないか、あわよくば幹部を追放し、自分が良い位置を占《し》めようとする野心あっての投書だったかもしれない。

それからしばらくして、一人の役員から退任願いがでた。

当人は、当然引きとめてくれるものと考えていたらしい。社長があっさり受理すると、「ずいぶん薄情なんですね」といって引きさがった。社長は投書した人物を察していたらしい。その投書は創立以来最初であり最後になるだろうが、会社に弓《ゆみ》をひく者に人情を深くしたら鼎《かなえ》の軽重が問われることになるだろう。

会社のトップが寛大にすぎるのは、仁になりすぎる、つまり、相手の立場を考え(＝恕《じょ》に)すぎることである。これは、いわば公私混同である。会社のためには、絶対に寛大にすぎてはならない。ただし私情では寛大にすぎるくらいが望ましい。

前にものべたが、諸葛孔明《しょかつこうめい》は涙をふるって馬謖《ばしょく》を斬《き》っている。軍律違反、しかもこれが原因で味方は危地に追いこまれた。

しかし孔明は、斬ったあとの家族の面倒は遺憾《いかん》なくみている。

恕《じょ》にすぎると、一族や知友など親しい者を見る目と、その他の社員を見る目とが違ってくる。人情として、親しい者には寛容の心が大きく開き、その他の者には狭くなるものである。いわゆる賞罰の不公平がここから多くおこる。

徳川時代に譜代《ふだい》と外様《とざま》の確執《かくしつ》があったように、会社内の表面はおだやかだが底流は渦《うず》をまくことになる。

この過《あやま》ちの多くは、創業者が功を成して一段落したあとに多い。

次代以降の過ちの多くは、自分の保身のためのものである。

先代社長よりよく見られたい、言われたいという思いがつのると、寛大にすぎてくる。叱っては憎まれやしないか、先代と比較されやしないかなど、背伸び根性がでてくる。一度寛大にすると、次々に寛大になって、ついには〝お人好し集団〟となってしまう。

私が、ある会社に入ったとき、「この会社ほど住み心地のよいところはない」といわれたが、なんのことはない、〝お人好し集団〟を言葉を変えてそういっているだけである。

そして、労組に対しても遺憾《いかん》なくお人好しぶりを発揮してきている。労組に寛大は好ましいが、すぎては次第に増長し、会社を危《あや》うくすることになる。

些細《ささい》なことだが、理髪代まで会社が負担している。組合との交渉で譲歩したという。常識から考えてもこれは行きすぎ。

これを中止しようと考えた。ヤカン頭の反対では迫力がないと思ったが、ついに中止させてしまった。こうした小さなことはどうでもよいのであるが、いつも会社側が譲歩し、交渉に負けることで妥結している。これは〝寛大超過妥結〟といえるもので、会社の実情からも明らかであった。

そこで、私は組合の要求に対しては、かけ引きなし、可能なかぎりの回答をし、あとは一言一円の譲歩もまかりならんと指示した。

無期限ストになるとか、なんとか団体や何々党がのりこんでくるとかおどかされたが、ついに一度も譲らなかった。寛大にすぎ、かえって社員を路頭《ろとう》に迷わせた例を知っていたからである。

七　感謝の念と人望

「桃紅李白《とうこうりはく》、皆好《よ》しきを誇る、須《すべか》らく垂楊《すいよう》を得て相発揮すべし」と劉禹錫《りゅううしゃく》の詩の一節にある。桃の花は紅《くれない》、李《すもも》の花は白い。この美しさも、そばにある柳によって映《は》えるものである。われわれ人間が生き、元気で働き、能力を発揮することのできるのも、他の助けによるものだ、という意味である。

「もったいない」とは、物やかね、時間などに対して感謝していることであるが、過去にそれらがないために苦しんだ人でないと、「もったいない、ありがたい」という言葉はでてこない。

お米はスーパーマーケットでとれると思っている人間にはわからない。なんでもかねをだせば買えるようになると、もののありがたみがわからなくなる。ものを作った人の苦労など考えることもない。そのため、ありがたいという気もおこらない。

もったいないということは、大きいから、高価だからということではない。どれほど少なく小さいものでも、もったいないのである。

「大器《たいき》は細事《さいじ》を疎《おろそ》かにせず」と前にのべたが、大人物というものは、小さな物やかねをも疎かにしていないのである。

その点、私などは二十歳前後に借金返済のため母の農作業を手伝い、落穂拾《おちぼひろ》いも毎年のこと、一粒の米ももったいないと考える。

この、もったいないという気持ちは、なに不自由のない生活になっても消えることはない。なぜだろうか。かねを出して買うからもったいないというなら、金持ちになれば消えてしまうだろうが、消えない。それは、感謝の気持ちからでたものであるからだ。貧富で感謝の念が上下することはない。

物が不足してくると、少しムダにしても「もったいない」といいだす。物が足りてくると、食い残したり、使える物まで捨ててかえりみない。そこには感謝の念など全くない。

近年、資源保護や環境悪化防止などの立場から、廃棄物の見直しが叫ばれている。これらにしても、経済や衛生面から訴えることも必要だが、より必要なことは「もったいない。ありがたい」という感謝の心を国民に徹底することである。

「もったいない、という心を失なった国民は滅亡する」といった人がある。

企業にしてもしかりで、一人ひとりの感謝の念は、まず、顧客に通じるだろう。心からお客に対する感謝の真心があれば、百度腰を屈するにまさるものである。

上司が部下、部下が上司に対し感謝の誠があれば、強靭《きょうじん》な絆《きずな》にまさることになる。

会社などの上役のなかには、部下をこうしてやった、誰々のこういう面倒をみたなどと、部下にしてやったことだけをいっている人がいる。

これとは逆に、部下にしてやったことはいっさい口にしないが、部下にやってもらったことだけを話す人がある。

この二人を第三者がみたらどう評価するだろうか。与えた者よりも、与えられた人のほうが高く評価されるだろう。前者は、してやった感謝を求めているのに対し、後者は求めず、かえって部下に感謝しているからである。

中国の諺《ことわざ》に、「子は母の醜《みにく》きを厭《いと》わず、犬は家の貧しきを厭わず」というのがある。

子供は母親の容貌が醜いからといって、けっして気にすることはない。犬は主人の家が貧しくとも不満に思わないという意味で、育ててくれた母親や養ってくれている主人に親しんでいるという教えである。感謝の心というものは美醜《びしゅう》、貧富などを超越《ちょうえつ》した美しいものなのである。

もっとも現代でも、「経《きょう》を読み終えると、和尚《おしょう》を叩く」というふらち者がいる。和尚が懸命に人のためにお経を読んだあとでなぐられる、つまり恩を仇《あだ》で返すということで、いずれは自分が叩かれることになる。

私は、銀行時代からいままで、数多くの著名な経営者と対談したが、いずれも感謝の心が厚い。

これには、いろいろの理由が考えられるが、つきつめると、その人の人格、奥床《おくゆか》しさであって、温かい人の血が流れていることを感じた。これが、人間味や人の魅力、つまり人望となっている。

いわば、人をひきつける力をもつものが感謝の心、と考えられるからである。

ある会社の社長は、「感謝の気持ちをもつことは、自分の心を平和にする道だ。感謝の気持ちに徹底してくると怒ることがなくなってくるし、まずい物もうまく食べられるようになる。

だから自己修養とは感謝の心を磨くことであるということを悟った」と話してくれた。

なにごとも感謝の気持ちで受けとめる人は、厳しく叱られても、自分の向上のためと考えるが、その気持ちのない人は、こらしめのために叱られた、憎《にく》くて叱られたと考える。将来、これが大きな差になる。

感謝とは人間形成に欠くことができないことを知るべきだ。

第二十一章　備えあれば憂《うれ》えなし

一　経営は準備である

第二の会社へ入社した当時、会議の席上、あるいは雑談のおりなどでいろいろな質問をうけた。

「経営とは何か」ときかれ「準備である」と答えたのは、財務を中心とした会議の席上であった。

企画中心の席上では、「経営とは変化に挑戦すること。厳しさに挑戦することである」と答えたが、財務会議では、〝準備〟といったわけである。

その際、逆に私の方から次のような質問をした記憶がある。

「いま、春から夏に変わるところだが、なぜ天はわれわれ生物に春夏という暖かい季節を与えたのかを考えたことがあるか。

思うに、天はわれわれに冬の準備期間として春夏を設けてくれたもので、天の恵みといえるのではないか。

冬になれば氷にとざされ、食物もとれなくなる。凍《こご》えて死ぬ危険もある。そこで、春夏に衣食の準備をさせることにしたと理解すべきだろう。

したがって、好景気はなんのためにあるかと問われたら、不況のためにあるというべきだろう。

会社が業績不振に陥《おちい》ったのは不景気のせいだ、ということは許されない。好況時の準備怠慢の責を逃《のが》れることはできない。

〝害は備えざるに生じ、穢《え》は耨《のぞ》かざるに生ず〟と『淮南子《えなんじ》』にある。損害は備えのないために生じ、土地が荒れるのは草取りをしないからであるということで、よくないことがおこるのは、未然にそれを防ごうとする努力を怠《おこた》るからだという意味である。

当社は長期にわたって業績が不振であったため、準備どころか、過去の準備まで食いつぶしている。これでは、基礎のないところに家を建てているようなものだ。これからは〝経営は準備である〟に徹して万全を期すべきだ」と話した。

具体的には、純利益、つまり、法人税を差し引いた利益の五十％以上を積立金として社内留保し、残り五十％で株主配当や役員賞与などの社外流出とすると定めたが、今日《こんにち》では、純利益に対する配当金の割合が二十％を割りこみ、一割無償をつづけるほどになっている。積立金など準備金が増えたため、それらの稼ぎが大きくなったからでもある。

また、無借金計画を果たして、銀行とは預金取引だけとなったとき、こう話した。

「無借金経営はあくまでつづけるが、金融機関との関係はより密接を計りたい。そのため、余裕資金の運用は、すべて金融機関を通じて行なうものとする。高利などにつられて浮気してはならない」と戒《いまし》めた。

銀行出身の私がこう話したのでは、身びいきにすぎるようだが、企業は生き物、いつ〝夜《よ》半《わ》の嵐《あらし》〟に見舞われるかわからない。そのとき真っ先にとびこまねばならないのが銀行であるからだ。

所有株式にしても大部分は金融関係株である。借金経営時代の恩返しと、いざという場合の準備をかねたものである。

近年、財テクブームといわれるように、余裕資金の運用対象は数多くある。それに傾くこともムリからぬことだが、災《わざわ》いなどというものは忘れたころにやってくる。突発的事変に備えるのも経営といわねばならない。それに備えるために好況があり、春夏があるといえるのではなかろうか。

中国の諺《ことわざ》に「寧《むし》ろ有《あ》りと信ずべし、無《な》しと信ずべからず」とある。そういうことはなかろうと信ずるより、あると信ぜよという意味である。

とかく、そんなことがあるはずがない、と気を緩《ゆる》めてはならないという戒《いまし》めである。

人間の本性として、先を楽しく明るく考えたくなるが、実際はその逆になることが多いものである。

たとえば、株や土地などが値上りしたり、好況がつづいたりすると、下がることはないと思いこむ。会社の製品がよく売れ、利益増がつづくと、万年好調が可能であると信ずるようになる。これを〝神話〟などといって人気を煽《あお》っているが、神話とは崩《くず》れさるものなのである。

熱したものは冷め、上がったものは下がり、盛は衰に通じている。

企業が倒れるのは、盛のときに衰のあることを忘れて備えを怠《おこた》ったためである。前にものべたが(第六章の三参照)、経営者が危機感を常に意識している企業は存続し、忘れて準備を怠っている企業はその経営者とともに消えさることになる。

二　富貴《ふうき》にして貧時を忘れず

「功名、富貴《ふうき》若《も》し長《とこ》しなえに在《あ》らば、漢水《かんすい》も亦《また》西北に流るべし」

これは李白《りはく》の詩にある文句だが、功名や富貴が永久に存在しつづけるものなら、漢水も西北に流れることになるだろうという意味で、ありえないことだということである。中国の川は地形からすべて東北にむかって流れている。

なるほど、歴史をみても富貴《ふうき》が永遠であった例はない。

しかし、興亡の期間の差は大きい。権力や財を貯《たくわ》えても、貧賤《ひんせん》であったころの苦を忘れず、身を厳しく慎《つつし》んできた者は長く、富貴になって貧賤の昔を忘れた者は亡《ぼう》にいたるのも早い。

さらに、「不義《ふぎ》にして富み且《か》つ貴《たっと》きは、我れに於《おい》て浮雲《ふうん》の如《ごと》し」（人の道にそむいて得た財産、地位は、私にとってはまるで空に浮かんでいる雲のようなもので、すぐとびさってしまうほどはかないものである）と『論語』にある。

これなども、富貴にして貧賤を忘れずどころか、何の苦労もせず不義によって富貴を得たもので、忘れる前に朝露《あさつゆ》のように消えさるのが当然である。

誰にしても貧賤《ひんせん》を再びくり返したくはない。むしろ、貧賤の苦を味わった者は、それを忘れさって富貴《ふうき》の境遇にひたってみたいものである。

また、苦しみの反動ともいおうか、贅《ぜい》をつくしたい気にもなる。さらには、自分を厳しく引き締めたあとにでる開放感など、いずれも昔の貧賤を忘れさせるものである。

唐の詩人杜甫《とほ》が詠《よ》んだ有名な詩がある。

「手を翻《ひるがえ》せば雲と作《な》り、手を覆《くつがえ》せば雨となる。紛々《ふんぷん》たる軽薄《けいはく》何ぞ数《かぞ》うるを須《もち》いん。君《きみ》見ずや管鮑貧時《かんぽうひんじ》の交《まじ》わり、此《こ》の道今人《きんじん》棄《す》つること土《ど》の如《ごと》し」（手の平《ひら》を上にむけると雲となり、下にむけると雨となるというように、人情の移りかわりはいとも簡単で、軽薄のかぎりである。そういう連中がこの世の中には大勢いる。管仲《かんちゅう》と鮑叔《ほうしゅく》との貧賤《ひんせん》時代の友情など、いまの人は土を捨てるようにかえりみようともしない）。

「管鮑《かんぽう》の交わり」といえば、すぐうかんでくるのが、昔斉《せい》の桓公《かんこう》に仕《つか》えた名宰相管仲が、旧友鮑叔に感謝している言葉である。

「若いころ鮑叔とともに商売をし、利益を分けるとき、私が多く取ったが、鮑叔は私を貪《どん》欲《よく》とはいわなかった。私の貧乏を知っていたからだ。

あるとき、事業を計画したが失敗し、たいへん苦しみ困ったが、彼は私をバカ者とは思わなかった。時勢には良い時、悪い時があるのを知っていたからだ。

また、私は三度戦いに出て三度とも逃げまわったが、私を卑怯者《ひきょうもの》あつかいしなかった。それは私に老母がいることを知っていたからだ」と。

そして、管仲《かんちゅう》は鮑叔《ほうしゅく》の友情に感謝して、いつもこういっていた。

「私を生んでくれたのは父母だが、私をよく知っていてくれるのは鮑叔である」と。

これは『十八史略』にあることだが、ここを読むたびに、何ともいえない心地よい気分にしてくれる。大国の、しかも名宰相として「なおこの心あり」に感激するからであろう。

とかく、功成り名を遂《と》げてしまえば、昔の恩など忘れさってしまうものだが、小さな恩まで恩として感謝しているところに人情の美を見いだすことができる。

以上、いくつかの例をのべたが、富貴《ふうき》になると貧賤《ひんせん》当時の苦しみを忘れるものである。忘れるから富貴に酔い、身を失なうことになる。

苦労というものは、人間をつくる栄養剤のようなものであるが、昔の苦労を忘れると、たちまち栄養失調になる。

三　準備は攻撃である

虎は、獲物にとびかかるとき、必ず一度伏《ふ》してから奮《ふる》い立つという。これと同じように、大きく飛躍しようとする前に雌伏《しふく》の時が必要である。

よくいわれることに、尺取虫《しゃくとりむし》が身を曲げるのは、次に大きく伸びるためである。とかく、準備するといえば、いかにも消極的、防御的《ぼうぎょ》と考えられ、小心や臆病《おくびょう》を思わせるが、じつは大志を遂《と》げる前の準備なのである。

「長袖《ちょうしゅう》善く舞い、多銭《たせん》善く賈《か》う」という言葉がある。舞を美しく上手《じょうず》に見せるには、長い袖《そで》のほうが引き立つから、長袖が買えるようになるまで、かねをつくりなさい。かねをたくさん持っている人は、好きなものがなんでも買えるし、資本金が多ければ多いほど儲けも大きくなるということである。

そこで大きな目的をもつ人は、少々かねがたまったからといって手をつけない。大きくしてからことを始める。言い換えれば、十分に準備をととのえてから出発するのである。

『荘子《そうし》』は、「千里に適《ゆ》く者は、三月糧《さんげつかて》を聚《あつ》む」とのべている。千里の遠い旅にでようとするものは、三か月もかけて食糧を集めてから旅に出るという意味で、大事を成そうとするなら、それなりの準備が必要だということである。

人間というものは、遠い将来にまで心くばりをする習性がある。ことに不安については、はなはだしい。就職希望者が、年金や退職金まで考えることはなさそうなものだが、どうも気にかかる。不安というものは、翌日の不安がなくなれば一か月先の不安、一年、十年、さては老後という具合である。

そのため、人間には不安をなくすための知恵が生みだされている。その一つが物心の準備ということになる。

そして、近年のように人々の準備が充実してくるにつれて、それは攻撃的になる。

家庭生活にしても、生活水準の向上はめざましい。かつては海外出張など社用でも容易ではなかった。平成二年の夏休みには二百万人余りの人たちが海外旅行にでかけたという。近隣の温泉旅行を贅沢《ぜいたく》といっていたころに比べると、遊び方もたいへんに攻撃的になったものである。

なぜこうなったか。家庭でも遠い将来までの準備がととのってきたからである。

これと同じで、個人が足りれば企業も国も足りてくる。なぜ足りてきたか。人々が働き貯《たくわ》え、将来の準備に努めてきたからである。

企業が収益を多くし、配当を厚くし、株価を高くすれば、株主の収入も財産も増えるから、消費や投資への攻撃力も増すことになる。

一方、企業が収益を増せば社内蓄積も増える。株価が上がれば、社債発行や増資などによる資金調達力も増大する。

余裕資金など、いわゆる〝かね余り〟ともなれば、それまでの守備本位の経営から、設備増大、他業種への進出、さらには海外での資金運用というように攻撃経営に変わってくる。

国にしても、民が肥えれば国も太る道理で、終戦後の乞食経済から今日《こんにち》では世界の経済大国になり、乞《こ》う国から恵む国に飛躍している。

内が満ちてくれば、勢いあまって外に出ようとするのが自然の姿。わが国の今日は、まさにこの姿といえるのである。戦後、耐えに耐えて内を満たした、つまり長年の準備が勢いとなって姿を現わしたといえるのである。

もし戦後、日本人が飢えたら食い、渇《かつ》えたら飲み、なくなれば働くということで満足し、将来に備えることを怠《おこた》っていたとすれば、とうてい今日の隆盛を築くことはできなかったろう。

準備とは、今にとどまらず、明日の安心を得ようとする人間の働きで、他の動物には例外を除いてない。しかも人間は、きわめて遠い将来の準備をも考えている。また、不確実、不透明なことにまで備えている。ここに人類の賢明を知ることができるのである。

もし、われわれが安きに馴《な》れて準備を怠ったならば、好ましい攻撃はとまり、経済の歯車は悪循環の方向に動きだすことになるだろう。企業、個人もまた同じである。

くり返すが、物的貯蓄、頭脳貯蓄を問わず、貯蓄は準備であって、将来に使うものである。金銭貯蓄はもちろん、勉強して智力を貯《たくわ》えることも将来のためにするもので、いわば「準備とは将来の消費」なのである。言い換えれば、貯蓄を大きくすることは、それだけ将来の購買力を高めることになる。

これが企業の、そして国の経済力の強さ、深さといえるのである。

四　準備と勇気

戦いに勝つ見通しがたたなければ戦わない、つまり、勝算がなければ戦わないとは孫子の兵法の基本である。

現代の企業経営においても、成果の期待がもてない仕事に挑《いど》むことは無謀《むぼう》のそしりをまぬかれない。

なぜ、成果の見通しがたたないのか。いうまでもなく、条件がととのっていないからである。つまり、準備不足ということになる。

これに対し、すべての準備がととのっていれば、当然に勝つ自信がでてくる。果断の勇気というものは、ここからでてくる。

勇気のある人間は、学力、権力、財力、体力などに自信をもっている。なんらかの力を準備しているものである。

そして、準備が進むにつれて考えも大きくなる。準備に自信がもてるようになるからだ。

『戦国策』に、「毛羽豊満《もううほうまん》ならざる者は、以《もっ》て高く飛ぶべからず」とある。羽毛が十分に長く生(は)えそろっていない鳥は、空高くとぶことはできない。すなわち、条件がととのっていないと、十分な行動はできないということになる。

それに、準備不足のときは、目先のことに追われて将来の利益まで考える余裕がない。つまり、小さな勇気に終るものである。

たとえば、工場が考朽化し、非効率になっているという場合、準備不足では小改築、小修理でその場をつくろうことになる。

準備が進んで自信がついてくると、近代様式の工場にしよう、コンピューター化しよう、他に広大な工場を、さては海外に拠点を設けようという勇気もわきでてくる。

かつて、関係した会社が赤字経営から黒字経営になり、借金過多から無借金に、無配から二割配当に、という具合に好循環の速度が増すにつれ、生産、販売、収益力にも自信をもつようになった。無借金になり、余裕資金が増えてくると、現状に満足しきれなくなる。

長い間、頭をかかえていた生産担当部長が、省力工場敷地に適当だから土地を買ってくれと申し出てきた。本当にうれしかった。萎縮《いしゅく》、あきらめから、飛躍、希望へと人の心が変わったのがうれしかったのである。

その土地を入手するためには、他社との競争があったが、真っ先にその交渉に当ったのが、入社以来ケチ副社長のニックネームをいただいていた私だった。

土地を買ったら工場を建て、早く稼動させるのが常識。総費用が十五億円だったが、当時の会社にとっては大きな金額。かねがなくて月給日のくるのが恐ろしかったころでは、こうした勇気はでない。多くの条件がととのってきたからの勇気といえるだろう。

その工場建設にあたり、設計士に二つ注文をつけた。

一つは、間仕切りをして、小さな作業場がいくつか造れるように設計してもらいたい。これは、将来、無定年制度を設けたとき、生産技術社員が定年後も、その作業場と機械器具を会社から借りて請負《うけお》い仕事をするためだと説明した。

二つは、工場内の適当な場所に、水を貯蔵する池を造ってもらいたい。

それは、非常用水であるとともに、機械の設計図を格納しておくためだと話した。あってはならないことだが、いつ東京の本社工場が災害に見舞われないともかぎらない。設計図が焼けでもしたら第一歩から出直しだが、あれば、バラックを建ててでもただちに再出発ができる。

「企業の勝敗を決するものは、変化対応の遅速《ちそく》である」とは、私の自作自戒の文句だが、不断の準備こそ変化対応を早くする手段である。前述したように、あるかないかわからないことまで〝ある〟と信じて、転ばぬ先の杖《つえ》をついておくのも経営といえる。

そのとき、「取り越し苦労だ」と笑われたとしても、取り越し苦労ができるようになったことを喜べばよい。

五　人材の準備

多くの企業は、社長が才能や資力を武器とし、少数の部下を従えて出発する。

そして、幾年か後には大きな格差がでてくる。優《すぐ》れた武器をもつ者は生き残り、社員も増え、業績も伸びる。

その後のフルイの目は次第に粗くなる。

フルイの目から落ちてしまう者、目にようやくぶら下がってフラフラになっている者、さらにフルイの目に残って悠々と経営している者がある。

なぜそうなってくるのか。企業の規模は大きくなるが、それを経営する人間が育っていないからである。言い換えると、組織管理や扱い商品などはととのっているが、それを扱う人間がととのっていないのである。さらに言い換えると、人間能力の準備がなされていないということである。

物的準備は比較的に長持ちするが、人的準備には老化という目減りがある。退職というすき間ができる。さらには、人智は時代の進歩と常に競争関係にあるが、時代の進歩が激しいため、今日《きょう》の人材、必ずしも明日の人材とはいいきれない。

企業が時代とともに、好ましくは時代に一歩先んじて進むためには、最小限でもこうした人間の目減りを補充しなければならない。前記のように、フルイの目から落とされるのは人材補充を怠《おこた》るからである。

中国の諺《ことわざ》に「兵を養《やしな》うこと千日《せんにち》、用《よう》は一朝《いっちょう》にあり」というのがある。長い期間、兵隊を教育訓練するのは、必要なとき、短い間使うためであるという意味で、平時から人材を育成しておく必要をいったものである。

とかく、功を急ぐ者や、目先の利益だけを考えているような人は、いざというときには人材が必要であることを忘れている。あるいは、知っていてもやろうとしない。

そして、「平生《へいせい》は香《こう》も炷《た》かず、困《こま》れば仏《ほとけ》の足に抱《だ》きつく」という諺《ことわざ》の裏付けをするようになる。

人材育成の要《かなめ》は各所でのべているが、たとえば、会社が努力して積立金を増やす、財産を積むというが、それをさらに増やすのも守るのも人なのである。いわば会社存続の条件は人にありといえるのであって、途《と》ぎれることのない人材の準備こそもっとも重要な経営課題なのである。

関係した会社の再建が軌道にのってきたころ、こう話した。

「〝貧《ひん》すれば鈍《どん》す〟とか〝人窮《きゅう》すれば志《こころざし》短く、馬痩《や》すれば毛長し〟という諺《ことわざ》がある。つまり、人が生活に苦しむようになると、知恵のまわりがにぶくなる。人は困窮すると志が小さくなるが、馬は痩せると毛がのびる。人は貧乏すると心が挫《くじ》けたり、臆病《おくびょう》になったりするという意味だ。

当社も長い間の貧乏経営で、みんなもそんな気持ちになって、気力が衰えたろうが、金持ち会社では体験できないような反省と教訓を得た。これを土台にして、これから金持ち会社になるように努力しようではないか。

それにはお互いに二つの貯蓄に努めなければならない。

一つは、働くとともに節約して、金銭貯蓄に励むこと。

もう一つは、貧《ひん》して鈍《どん》したのを早く回復し、知恵貯蓄というか頭脳貯蓄に努めることだ。

この二つの貯蓄を増やせば、利息は莫大《ばくだい》なものになり、たちまち大金持ち会社になることができる」と。

それにつけ加えて、

「〝一年の計は穀《こく》を樹《う》うるに如《し》くは莫《な》く、十年の計は木を樹《う》うるに如《し》くは莫《な》く、終身の計は人を樹《う》うるに如《し》くは莫《な》し〟と『管子《かんし》』にある。

すなわち、一年の計画には穀物を植え、育て、実らせるにこしたことはない。十年計画をたてるなら木を植えたほうがよい。一生の計画なら人材を育てるにこしたことはない、という意味だ。

当社が危急存亡のときといわれた年であっても、技術者の補充だけは怠《おこた》ることはなかった。人材の中断を恐れたからである。

昔から、人材教育、あるいは人材集めに代価の高いのを嘆いた名将はいない。

現代でも時代の進歩は著しい。こうした時代に代価の高いのを嘆いて、人的準備を疎《おろそ》かにすることは自殺行為といえるからだ」と話した。

現代は知恵だし競争の時代といわれているが、言い換えれば、知恵のだせる人の獲得競争時代ともいえる。

いかに機械万能時代といっても、機械を開発し、それを動かす者は人なのである。

西漢の劉邦《りゅうほう》は、野戦で活躍した者を走り回って獲物を捕らえる犬にたとえ、その犬をとき放ち指図する者は人であるといっている。現代でも、発蹤《はっしょう》して（とき放って）指示する人を望んでいるのである。

六　物的準備

「一銭のかねも英雄を苦しむ」という諺《ことわざ》がある。わずか一銭のかねでも、なければ英雄豪傑を困らせるという意味だ。かねが少し足らなくとも物ごとが進まないということで、「一銭を笑う者は一銭に泣く」という戒《いまし》めと同じである。

しかし、こうした諺は、わが国の現在のように飽食、かね余りの時代には通用しないというかもしれない。

また、倹約などという言葉も化石人間だけの用語と思うむきもある。

しかし、これは、安《やす》きに馴《な》れて危《あや》うきのあることを忘れているものである。ちょうど、食い足りているときは一粒の米のありがたさがわからないようなもので、不足してくると初めてわかってくる。

昔の人は、不足の時に備えて食料などを保存するための知恵をだしているが、それは幾度かの不足の苦しみの体験が生みだしたものだろう。

近年のように進歩した時代にあっても、タテマエは別として、本音《ほんね》の部分で人々は災害に備え、老後の困難を予想して物やかねを貯《たくわ》えている。つまり、不時の支出に対して準備しているのである。しかも、限りある身でありながら、限りない身と考えて準備している。

「この秋は雨か嵐か知らねども、今日の務《つと》めに田草とるなり」とは、二宮金次郎の歌だが、いまの人も先はどうなるかわからないが、とにかく今日の務めに貯蓄して準備しておこうという考えになっている。

企業には、人と違って寿命というものがない。とすれば、限りある人間でさえより厚い準備に努めているのであるから、限りない身の企業には、準備の完了ということはないはず。

しかも、個人には相続税があるが、会社にはそれがない。会社によると、土地や株式などが簿価《ぼか》を上まわる、いわゆる含み資産が莫大《ばくだい》になっているところもあるが、それに対して課税されることはない。

前にのべたが、経営者の任務とは、「災《わざわ》いを未萌《みほう》のうちに除き、勝を百年の遠きに決すること」である。遠い将来であっても、企業が高収益をあげることができるようにしておくという意味である。そのためには、物的資産の蓄積をつづけていかなければならない。

現役時代よく、財務担当者に「〝これだけあれば十分だ。当分間に合う〟などと考えてはならない。会社の準備に、これで十分ということはないからだ。したがって、合理化や節約などは当分棚上《たなあ》げ、という考えも間違っている。万年節約をつづけるべきだ。物的準備には限界はないのであるから、休むことは許されないはずだ」といったことがある。

聖人孔子が衛《えい》の公子荊《けい》を評したことがある。

「かれの蓄財法は立派である。財産がいくらかできたときには〝なんとか間に合う〟、かなりできると〝どうにかここまできた〟、そして、あり余るようになっても〝やっと余裕ができた〟といっている。

このように、かれは控えめな態度をくずすことはなかった」と。

少々かねができると鼻にかけ、余裕ができると見栄《みえ》に使いたがる。さらにたまると欲が大きくなり、ついに元《もと》の木阿弥《もくあみ》になる、というような経営者には耳の痛い話ではある。

また、第二の会社で、「会社が貧乏になると、われわれ社員も貧乏になってしまう。なんとか金持ち会社にしたいものだが、どうすればよいかわからない」と、質問かボヤきかわからないことをいわれたことがある。私はこういった。

「それは、古くから勤めている皆さんのほうがよく知っているはず。十年前にこの会社の黄金時代を築いたのも皆さんであるからだ。

もし、金持ち会社にしたいと思うなら、黄金時代を築いたころのやり方にもどせばよい。つまり、当時は目先の利を考えず、将来の大きな利益を得るために努力したはずだ。研究開発などに精魂とかねを傾けた。それが実って黄金時代となった。

いまは目先の小さな利にとらわれている。しかも、目先の会社の利益ならまだよいが、自分の目先の利にキュウキュウとしている。その現われが経費の公私混同だ。会社を寄ってたかって食い物にしている白蟻《しろあり》に月給を払っているようでは、金持ち会社にはなれなかろう。

次に、この会社の人たちは、会社の利益を生みだす道は物を売ることである、ということは知っているが、売ったかねを節約して利益を生みだすということを知らない。収入は不確実なもの。ということは、不確実に重点をおいた政策で、支出をおさえるという確実な方法を怠《おこた》っている。これでは、ザルに水をくむ愚《ぐ》に等しい。まずザルの目を塞《ふさ》ぐことから始めることだ」と話した。

七　まず、倹より始めよ

「準備は倹によって始まり、倹によって終る」とは自分にいいきかせている文句だが、いまどき倹約を口にしても耳を傾けるものはなかろう。

しかし、耳は傾けないが、家庭で電灯をつけっぱなしにしている人もなければ、水道の出しっぱなしということもない。それに日本人の大部分がなにがしかの貯蓄をしている。さらにそれを増やそうともしている。

増やすにはどうするのか。決まった収入から貯蓄するには、〝倹〟以外にない。

倹約しなくとも、儲ければよいというが、儲けるための資金はどうしてつくるのか。やはり〝倹〟から始めるのである。

倹約を口にすることをためらうのは、一つの見栄《みえ》といえるだろう。かねには淡泊《たんぱく》、度量の大きな人といわれたいためではないだろうか。

しかし、大志をとげようとする者、あるいは一歩でも人の先に出ようとしている人は、みな倹約家である。凡人からはケチとさげすまれている人である。

関係した会社で、入社早々から私はケチといわれていた。ストのビラなどの似顔絵の多くは私のもので、「ケチを追い出せ」「ケチ出て行け」などと書かれた。ケチを忘れたために会社がその日暮らしになったことに気づかないのである。

あるとき、何人かの前でケチ談義をしたことがある。

「近年、日本人の所得は平均化されてきた。高額者は税金を多くとられるため、高低に差がない。いわばスタートラインは同じといえるだろう。

もし、同じ年収のある人が、一人は月額五万円ずつ貯金し、一人は入っただけ使ってしまったとすれば、十年後はどうなるか。年六％の利率で、十年後に七百八十万円、十五年後には約千五百万円になる。千五百万円の年利息は九十万円であるから、半年分以上のボーナスを預金が稼ぎだしてくれることになる。倹約しない人よりも一歩先に出たことになる。

会社も同じで、競争に勝つためには、第一に倹約して借金を返し、まず身軽になる。次は、それに満足しないで倹約をつづけ、倹約したかねにも稼がせることだ」と。

われわれが懸命に努力して他の先に出ようとしても、他も負けまいとして努力するから先に出ることはなかなか困難だが、それにかねの力を加えれば、先に出ることができるようになる。

戦後の厳しい競争を勝ちぬいて、いま優良企業と目《もく》されている企業の多くは、倹によって起こり、倹を貫《つらぬ》いているうちに大成したのであって、けっして奢《しゃ》によって興《おこ》り、奢を貫いているものではない。

だいたい、放漫経営といわれるものは、倹を忘れたものである。

〝倹〟は〝謙〟〝健〟〝堅〟〝権〟〝見〟にも通じている。つまり、謙虚《けんきょ》、健全、堅固、権力、見識、先見である。

また倹であれば、忍耐力、注意力、智力が培《つちか》われ、自信と勇気が得られ、かえって、かねや物に対して淡泊になる。倹の心のない者は、物財に乏《とぼ》しいため、金銭にもきたなくなる。倹は業の基《もと》でもあり、人格を高める道でもあることを銘記したい。

ただ、ここで注意したいことは、倹は美徳といえるが、倹にすぎて吝嗇《りんしょく》に陥《おちい》らないことである。倹約はムダを省《はぶ》くことで、必要なかねは惜《お》しまずだす。吝嗇は必要なことにも出し惜しみすることである。私は、徹底して倹約を貫いたが、「〝仁〟のためには万金も惜しまぬ」といってきた。〝仁〟は〝忠と恕《じょ》〟。〝忠〟は会社のためになること、〝恕〟は思いやりのことで、顧客と社員のための合理的な支出は惜しまぬという意味である。

最後に付言したいことは、倹約はできないという抵抗についてである。

よくいうのであるが、「私にできたのであるからできないはずはない」と。

なぜ私にできたのか。

それは会社再建に的《まと》をしぼったからで、そこに自己中心という人間感情をさし挟《はさ》んではできない。つまり、一時の孤独を恐れてはできない。

一時の鬼になれ。鬼に味方するものはなく孤独になるが、それを避けては事も成らず、永遠の孤独を招くことになる。事が成れば、鬼も仏になるものである。

八　準備と忍耐

かねを得る道は、勤労が本筋である。

勤労で得たかねを貯《たくわ》えるには、必要なものにだけ支出し、欲しいものには出さないことで、ここから忍耐の第一歩が始まる。

そうして貯えつづける。いくらか貯蓄が増えると、それを元にして儲けてみたくなったり、貯金のないときには目にもとめなかった高級品が欲しくなる。ここらが第二の忍耐。

だいたい、貯蓄の増えない人の多くは、この第二の忍耐でふるい落とされる。かねに縁のない生まれ性《しょう》だとか、物価高や低収入のセイにしている類《たぐい》である。

第二の関門を突破した人は、貯蓄で自信がつくためか、高利で確実な長期の預金や債券で増やすことを考える。

年六％の複利で元金一千万円なら五年後には千三百三十八万円。十年なら千七百九十万円。最初の五年間には三百三十八万円の利息だが、あとの五年間には四百五十二万円となり、百十四万円も利息が増える。利息に利息がつくからだ。

これは人間が働き、増やしたものではない。時間が増やしてくれたものである。いわば、使いたいのをがまんした、十年間の忍耐料が七百九十万円ということになる。

さらに、二十年後だと、忍耐料も二千二百万円となり、元利で三千二百万円にもなる。

なにも投機やギャンブルで心臓を悪くすることはないのである。

昔から、大金を貯《たくわ》えた人というものの多くは、自分で稼いだというよりも、いまのべたように時間との共稼ぎである。最初のうちは人間の稼ぎのほうが大きいが、次第に忍耐を重ねると時間のほうが多く稼ぐようになる。

また、才能のある人は、株式投資で利殖しようと考える。これにも忍耐が肝要で、すべての目的を満たすほどの預貯金ができるまで株式投資を待つことである。

たとえば、万一の場合に使えるかねに差し支えるようなら、危険な橋は渡らないほうがよい。

かりに一年間の生活費が五百万円なら、二年間は無収入になっても生活できるように、さしずめ預貯金から一千万円を差し引いた残りの額で投資する、という意味である。言い換えれば、株価が値下りしても持続できる力をつけるまではがまんしたほうが無難ということである。これが第三の忍耐。

次の忍耐は、買いチャンスがくるまで待つ忍耐で、できそうでできないのがこの第四の忍耐である。

かね儲けの達人といわれる人は、買い時がくるまで待つことのできる我慢屋さんともいえるのである。使うあてのないかねがいくらあろうと、けっして買おうとしない。

二千五百年の昔の故事に〝陶朱猗頓《とうしゅいとん》の富《とみ》〟がある。

呉越《ごえつ》の戦いが終り、越王勾践《こうせん》が天下を得たが、勾践を助けた名臣の范蠡《はんれい》は、上将軍に任ぜられたが、大名のもとには久しく居りがたいといって、一族とともに斉《せい》の国に移り、名を変えて商売に従事した。物が安くなると買い、高くなったら売るということで大金を儲けた。

それを貧民に与え、今度は陶《とう》（＝地名）に移り、ここでも大金を儲けた。

こうして、十九年間に三度も巨万の富を得たという。

二十年以上も戦場をかけ巡《めぐ》っていた者が、なぜ三度も大儲けしているのだろうか。当時の商品といえば塩とか牛馬皮だったろうが、安くなるまで待って買い、高くなるまで待って売った、つまり忍耐といえるのではないか。

いかに悠長《ゆうちょう》な時代であっても一度のチャンスを待つのに六年以上も耐えたことになる。

第二の会社の再建が成ったとき、「経営とは準備である」といったことは本章の冒頭でものべたが、再建の勢いにのって、儲けに儲けたいのが人情。しかし、この心は投機の道に通じている。この道を塞《ふさ》ぐことが必要と考え、あえて〝準備〟としたわけである。

勢いにのって自惚《うぬぼ》れ、身を亡ぼした者は歴史上数えきれないほどいる。その多くは、分《ぶん》にすぎた大欲である。いまでも、借金までしてかね儲けをたくらむ者がいる。これは一種の投機である。

必要のない土地を買う、倉庫に入れておく書画骨董《こっとう》を借金で買う、これも投機である。

経営とは、あくまで準備である。不況、万一の災害などに備えるのが経営である。したがって、即時損失なしで換金できる物か、銀行の適格担保になるもの以外は、いかに有利と考えられるものであっても投資してはならない。

そのため、相当な余裕資金をもつ今でも、その会社には書画骨董《こっとう》、ゴルフ会員権、余分の不動産などは皆無である。

財テク万能時代に無能呼ばわりされるかもしれない。しかし「世の愚《ぐ》は却《かえ》って智なり、世の智は却《かえ》って愚なり」ということで、じっと耐えるしかない。

それに現職時代によくいったことだが、「かね儲けをしようと思うな。元本を増やすことに努力せよ」と。

よいことは長くつづかないものである。もし相場が下落すれば、かねと人材を失なうことになる。本業に努めて利益をあげ、元本を増やせば、危険も苦労もなく確実に利益を得ることができる。

第二十二章　苦労人の味

一　困苦の体験は

『荀子《じゅんし》』に「居《お》るところの隠《いん》ならざる者は思うこと遠からず」とある。困窮《こんきゅう》し、せっぱつまった状況におかれたことのない人間は、考えることも小さい。困苦のなかから遠大な望みが養われてくる、という意味である。

食うにも困ったり、血を吐く思いをした者は、卑屈になったり、心も萎縮《いしゅく》して大事に取り組むなど思いもよらないように思えるが、意志の強い人には、打ちひしがれた困苦の間にも忍耐力、反発力など強い力が培《つちか》われてくる。さらに、「いまにみていろ俺だって」の気概《きがい》も養われ、やり遂《と》げてやろうとする執念《しゅうねん》も身につく。

七転八起《しちてんはっき》の気力などは、困苦に耐えた人からでなければでない。

西濃運輸の創立者、田口利八さんは次のように話してくれた。

「僕は福寿草《ふくじゅそう》が大好きなんです。というのは、僕は信州の木曽谷の生まれなんですが、四月ごろになると百姓が苗しろをつくる。そのとき田んぼのあぜ道でいゝ、一番に芽をだしてくるのが福寿草《ふくじゅそう》なんです。百姓は無意識のうちにこの福寿草の芽をふみにじります。

ところが、百姓に踏まれれば踏まれるほど、茎《くき》が太くなって成長してきます。成長すると、目につくから、百姓は存在を認める。無意識に踏みつけるということはしない。そうして逞《たくま》しく育って、福寿草《ふくじゅそう》は花をつけます。信州は四月の上旬といえども雪が降ります。ところが雪がかぶっても、福寿草はきぜんとして咲き誇っている。逞しいものですよ。

あんまりきれいなんで、あくる年は自分の家へもってきて、温室でつくりますね。実にスマートに成長して、きれいな花をつけます。ところが何かの拍子《ひょうし》に温室のガラスが一枚割れてごらんなさい。一夜にして寒風に耐えかねて、見るかげもない姿に変貌しちゃう。私はそれを見て、人間も植物も一緒だなあとつくづく思った。温室育ちはひ弱いが、苦労してきたやつには底知れぬ逞しさが貯《たくわ》えられている。

厳しいおふくろの仕付けのおかげで、ここまで伸びてきたということで、私は自分の二人の子供に非常なスパルタ教育をしているんですよ。

長男はいなかの高等学校でしたが、夏休みもなければ冬休みもない。びっしりアルバイトでこき使いました。大学は慶応でしたが、これも一年生から卒業まで、夏、冬休みとも安閑《あんかん》と遊んでいるなんてことは全然させなかったです」と。

優《すぐ》れた事業家というものは、自分の子に本業を譲る場合、ただ財産と地位だけを譲らないものて、必ず困難、厳しさをそれに加えているものである。

『菜根譚』に、「横逆困窮《おうぎゃくこんきゅう》これ豪傑《ごうけつ》を煆煉《たんれん》するの一副《いっぷく》の鑪錘《ろすい》なり。よくその煆煉を受くればすなわち身心こもごも益《えき》し、その煆煉を受けざればすなわち身心こもごも損す」とある。

要するに、逆境や厳しい仕打ちの苦労は人を鍛えあげる一組の熔鉱炉《ようこうろ》のようなものである。このなかで鍛錬《たんれん》されれば心身ともに逞《たくま》しくなる。その機会を外《はず》してしまうと心身ともに一人前に育つことはできない、ということである。

とかく、失敗したり、困難につきあたると、不運や不甲斐《ふがい》なさを嘆くが、これこそ天が与えてくれた自分を鍛えるチャンスなのである。

よく私も、少・青年時代に他に責任転嫁のできない辛苦を強いられたが、いまにして思うと、なんという幸福な生まれ性《しょう》だったのだろうと考える。

二十歳前後の失意貧困の極にあったとき、こんな記事を読んだことがある。

「若いうちは、貧乏苦労、失敗苦労など、大いに体験しなさい。人に話せないような恥もかきなさい。

そして、苦労も恥も将来だれにでも話せるようになってみせる、と心に誓いなさい。君《きみ》にはそれを果たすだけの実力がついているはずだ。もし、果たせなかったら、昔の苦労が足りなかったと思うべきだ」という意味のことであった。

この文句からすると、人並以上に苦労したつもりだったが、まだまだ足りなかったことを惜《お》しむ。

二　逆境は楽し

「楽極《きわ》まれば則《すなわ》ち憂《うれ》う」とか「楽の生ずる所、哀《かな》しみも亦《また》至る」という言葉がある。なるほど、極楽にひたっているようなとき、ふと心配ごとがうかんで興《きょう》ざめることがある。憂い悲しみに沈んでいるようなとき、ふと将来に一縷《いちる》の光を見いだして心をおどらせるときがある。悲喜というものは人の心に同居しているかのようである。

そのことでは、私にもこんな体験がある。

失意貧困の極といえた二十歳当時、『和漢朗詠集《わかんろうえいしゅう》』にある「東岸西岸《とうがんせいがん》の柳《やなぎ》、遅速《ちそく》同じからず、南枝北枝《なんしほくし》の梅《うめ》、開落已《かいらくすで》に異《こと》なり」（春は地形にしたがって来かたが違う。東岸の柳は早く芽を出すが西岸の柳は遅い。南に張りだした梅の枝は早く花を咲かせるが、北枝は遅れて開く）

を読んで、自分はいま西岸の柳、北枝の梅の境遇にあるが、努力しつづければ東岸の柳と同じ芽を出し、南枝の梅と同じ花を咲かせることができる、ということに気づいたとき、思わず拳《こぶし》をふりあげたことがある。暗黒のなかに光を見いだしたからであろう。

「野芳《やほう》晩《おく》るると雖《いえど》も嗟《なげ》くを須《もち》いず」と、北宋の政治家欧陽脩《おうようしゅう》の詩の一節にある。

ここでは都より花の開くのが遅いからといって嘆くことはない、という意味である。左遷された欧陽脩が、遅れても開く花のように、自分の栄進は左遷で遅れても、後には報われるときもくるという意味で、悲しみのなかから喜びを見いだしている。

蛇の目ミシンを再建した島田卓弥さんと対談したとき、こんな話をしてくれた。

「私は小学校も卒業しないで、近江商人《おうみしょうにん》のところに丁稚《でっち》小僧《こぞう》に行って、そこに二十歳ぐらいまでいて、その次はがめついラシャ問屋さんの手代《てだい》をしました。小僧時分には十八時間から二十時間の労働。食べるものはタクワンだけ。でも子供はそれなりに適応するから、別に苦労とは思わなかった。

人さんによく〝あなたはずいぶん苦労してこられたが、その苦心談を〟といわれるが、苦心はないですよ、正直いって。困ったなと思うと、こいつにどうして取り組んでやろうか、と楽しみにして通りこしてきたから、悲しい思い出なんかあまりないですね。

順風満帆《まんぱん》で気楽で、企業がのんびりいっているというときは、楽しむべきときではないんじゃないですか。ほんとうの心をもってすれば、むしろ逆境に対処しているときのほうがおもしろいんじゃありませんか。

ところで、僕は苦労の極致をこう思うんだ。世の中に洒落《しゃれ》という言葉がありますね。その言葉について考えたことがあるんです。

じつは戦前、木場《きば》の銘木店に仕事でかかわったときにはじめて洒落という言葉がでてきた。檜《ひのき》の洒落木《しゃれぼく》の床柱、船板の洒落腰板なんていう言葉がでてくる。

洒落とは何ぞや。〃しゃれこうべ〃……人間の頭を放っておくと、一年二年たつと、肉から髪の毛などいらぬものは全部おちてしまう。最後にどうにもこうにもならぬものだけが残る。これが〃しゃれこうべ〃だ。

材木を五年十年と川へ浮かべておくと、腐《くさ》る部分は腐《くさ》りおちて、あとに残ったのが洒落木《しゃれぼく》です。

世に出て多年苦労して、不用なものは全部取りさって、芯《しん》だけ残って枯れている人間を、あの人は洒落《しゃれ》た人というのである。気取りもなければ、欲も野心もない。淡々として生きている。それが、洒落というものじゃないかと思う。

そういうふうにありたいというのが私の理想ですが、まだ、たびたび足らぬところをさらけだしていますが、そうなればしあわせだと思います。

もう一つ、僕は会社の若い人に〝おとなになれ〟といっているんです。

古い言葉に〝惻隠《そくいん》〟というのがある。

つまり、惻隠の心とは、自分の目に見えざることを思いはかる心である。

若いときには人の都合がわからず、自分の都合ばかりを考えているが、だんだんおとなになってくると、〝そういえば相手方は、こういう都合があるのか〟〝彼はああいうことをいっているが、むこうさんには困るときもあるのじゃないか〟というように思いやる。ここまでくれば上等だ。苦労のあげくのはてには、洒脱《しゃだつ》なおとなになれる。こうなれば苦労の卒業じゃなかろうか」と。

島田さんの表情は好々爺《こうこうや》そのものであった。苦労が好人相に変えたのかもしれない。

しかし、心のなかには侵《おか》すことのできない強い芯《しん》がある。〝しゃれこうべ〟の芯といえる信念の強さがうかがえたものである。

人間の値打ちというものは、苦難のときに分かれる。

押しつぶされるような苦に出会ったとき、なんとか苦を避けようとする者と、真正面から立ち向かう者とがある。避けようとする者は苦に負けたわけで、押しつぶされてもはね返そうとする努力をあきらめる。立ち向かう者は、押しつぶされても、くじけることはない。魂まで押しつぶされることはないからだ。しかも、心に何ものかを得てはね返る。倒れても夕ダでは起きないという逞《たくま》しさがある。

私は、「借金の苦しみほど楽しいことはない」といって、「それは負け惜《お》しみだ」といわれたことがあるが、ほんとうの借金苦を味わった人でないとわからない。

これは、トンネルのなかにいるときは憂《ゆう》うつだが、いずれ広い野原にでるという楽しみを思いうかべるからだろう。

十八歳で父に死別、残された借金返済にあたったとき、月給、ボーナスから母の農耕収入の大部分が右から左へ債権者のもとに消えていくが、そのたびにわずかな額だが借金は減っていく。

同時に抵当に入っていた土地が一握りの泥かもしれないが、完全に自分のものになっていく。休日などに母の農作業を手伝いながら、今年中にこの畑一枚ぐらいは自分のものにしよう、と母に話しかけた記憶があるが、返済の苦しみよりも希望のほうがはるかに大きいものである。

会社の借金返済にしても同じである。長い間の借金苦に耐え、わずかずつでも返済できるようになった。

あるとき、財務部長が、

「これからは給料遅配の心配がなくなっただけ寿命がのびた。それにしても、借りに行くとき、返済を催促されたときの恥しさや情《なさ》けなさにくらべると、返しに行くときは、何ともいえないくらい、いい気持ちですね」と話しかけてきたから、

「そうした気持ちになれるのも、押し倒されるほど莫大な借金をつくってくれた先輩のおかげ。あだおろそかにしてはならない」といって笑ったことがある。

といって、私も二度とあの楽しみは味わいたくない。

三　困心《こんしん》の智

「困心衡慮《こんしんこうりょ》は、智慧《ちえ》を発揮し、暖飽安逸《だんぽうあんいつ》は思慮《しりょ》を埋没《まいぼつ》す。猶《な》お之《これ》苦《く》種《しゅ》は薬《くすり》を成《な》し、甘品《かんぴん》は毒を成すがごとし」(心を苦しめ思慮に悩んでいるとき、本当の知恵がでるものであり、暖か

く着、安心して生活しているときは思慮が埋《うず》もれてしまう。苦しいと薬になり、甘いと毒になるようなものだ）と『言志四録』にある。

なるほど、この言葉は、些細《ささい》な私の体験からも裏付けることができる。

二十歳前後が私の生涯のドン底時代とのべたが、ドン底より下はない。学なし、地位なし、かねもなしともなれば守る必要は何もない。あとは、ドン底からはいあがることだけを考えることになる。すべてが〝無〟となれば、〝有〟を望むだけとなる。知恵はこうしたことから、いずくからともなくでてくる。

いまでも一貫している生涯設計や生涯信条を考えだしたのも、ドン底から掘りだした宝物といえるだろう。

さらに、第二の会社の再建にあたったとき、組織活性化を目的とした分社経営、あるいは再建五か年計画の目標〝〇《ゼロ》（無借金）、一（東証一部上場）、二（二割配当）、三（年三回ボーナス支給）〟、その他、会社基盤強化のための戦略、戦術など、書物や識者から学んだものではなく、その多くが倒産寸前の窮地《きゅうち》から生まれた知恵である。

ところで、その知恵は誰がだしたのか。社内に昔からいた人たちである。

その会社は創業十年後に株式を上場しているが、市場で上場銘柄中最高値を示したことがあるほど隆盛を極めた。ところが、それから十年後にはピンチに見舞われている。

さらに、そのピンチから十年後には、無借金経営に変わり、優良企業としてランクされるにいたっている。

その間、社員から役員に変わった程度の変動はあったが、経営する人に変わるところはない。生産し、販売する商品にもさしたる変化はない。

にもかかわらず、会社の業績については、ほぼ十年ごとに浮沈をくり返している。その理由を何に求めればよいのか。

帰一するところは、そこに関係する人々の心の若さ、甘さによるといえるのである。

〝暖飽安逸《だんぽうあんいつ》〟のうちにいるあいだに思慮も埋《うず》もれ、志気も衰えて業績は低下する。苦しみ、目覚めて、本心を取りもどし、危機脱出に努めるようになるために息をふき返す。

〝暖飽安逸《だんぽうあんいつ》〟の時期には、倹という字を忘れ、かね、もの、時間などに対する〝もったいない〟という気持ちがなくなる。これは、会社の足どりが奈落の底へむかっているようなものである。

奈落の底に近くなると、資金繰りも悪化し、赤字経営になるので、倹約が頭にうかんでくる。こうして会社は浮いたり沈んだりのボウフラ経営をくり返す。

その会社を去る日、「会社経営にあたって、困難である、不可能であるという言いわけは許されない。許されないことにとらわれているほど愚《おろ》かなことはない」といったのも、過去の過《あやま》ちを二度とくり返してはならないという願いをこめたものであった。

「天の将《まさ》に大任を是《こ》の人に降《くだ》さんとするや、必ず先《ま》ず其《そ》の心志《しんし》を苦しめ、其の筋骨《きんこつ》を労し、其の体膚《たいふ》を餓《う》やし、その身を空乏《くうぼう》にし、行其《ぎょうそ》の為《な》す所に払乱《ふつらん》す。心を動かし性《さが》を忍びて、その能《あた》わざる所を曽益《そえき》する所以《ゆえん》なり」とある。

天が人に重大任務を負わせ、これを果たさせようとするときは、まず、その人の心を苦しめ、その人の筋骨を疲れさせ、その心身を餓《う》えさせ、身のまわりを欠乏させ、なにか実行しても計画を狂わせる。これは、その人を発憤《はっぷん》させ、性格を堅固なものとし、いままで不可能と思いこんでいたことを成しとげる力を増すためにそうさせるのである、という意味である。

成功などというものは、偶然にくるものでもなければ、棚《たな》ぼた式に恵まれるものでもない。天の与える試練に耐えた人のみが得られるものである。

こうしたことから、志ある人間は、天の試練を待つことはなく、むしろ進んで苦難に挑《いど》み、それを克服しつづける努力を惜《お》しまぬものである。

「苦労は買ってでろ」といわれているが、大志を抱く人にとっては、これほど安い買いものはないのである。

四　苦労が人物をつくる

人の将たるの器《うつわ》は、秀才であることを要しない。人物であれば足りる。秀才は学問によってつくられるが、人物は苦労によらなければつくることはできない。将には部下をひきつける引力といえるものがなければならないが、秀才にはその引力がない。

優秀な成績で最高学府をでて、一流大企業や、権力のある役所へ勤める。周囲からは幹部候補として一目《いちもく》も二目もおかれる。羨望《せんぼう》されるだけで劣等感など全く感じなくなる。部下からちやほやされ、人がバカに見えてしかたがない。鼻と腰が高くなって傲慢《ごうまん》が目立つ。エリートを気取って言葉はていねいにするが、慇懃《いんぎん》無礼《ぶれい》丸だしである。これで〝智〟という引力を帳消しにしている。

その点、厳しい体験によって失敗し、反省し、自分を鍛えて磨きをかけてきた人間は、優越感にひたって独《ひと》り悦《えつ》に入《い》っているなどの余裕もない。だいいち優越感にひたるだけの種《たね》がない。

さらに、たびたびの艱難《かんなん》を乗りこえられたのは周囲の人々のおかげであるという考えが強いため、万人万物に対して感謝の念が強い。これがまた謙虚《けんきょ》となって人をひきつける。

それに苦労した人の共通点の一つとして、心が繊細《せんさい》で小さなことにも気づく。これは上に立つ人に欠くことのできない条件である。たとえば、下積み社員の仕事から、苦しみや悩みまでもよくわかる。つまり、人間の心がわかる。同時に世間がわかる。

この能力は、いかなる天才からも教えてもらうことはできないし、書物からも学ぶことはできない。

将たる者が一兵卒の心底を見抜くことができないようでは、その資格はない。いかに秀才であっても自分の学力のみを頼りにして、世間の立場や部下の心を省察《しょうさつ》できないようでは統率はできない。

このように考えると、人の上に立つ条件は、秀才であり人物である者がもっとも望ましく、次は人物であることといえる。秀才が上に立とうとするなら、〝この人〟といえる人物を協力者として求めるべきではないか。

五　苦労と情に流されるな

人間社会では、苦労を土台として大事を成した人も多いが、苦労に負け、おし流されて終った者も多い。

苦労から得た〝人の情け《なさ》〟で衆望を集めて成功した人は少なくないが、情《じょう》にすぎて身を亡ぼした人も少なくない。

私は、苦労して成功した実業家、芸能人四十人ほどの人と対談したことがある。「苦労人の一家言」ということで話し合ったからでもあるが、皆さん口をそろえるように「苦労に流されてはダメだ」といっている。

溺《おぼ》れても、あきらめてはならない。必死になって泳げといっている。また、どんなピンチに陥《おち》っても、〝もう〟と思わず〝まだ〟と思って自分にいいきかせよ、と話してくれた。

「波というものは溺れる人間を岸に近づけたり、また沖に戻したりする。これを乗りきった人だけを岸にあげてくれるものだ」と、体験を波にたとえてくれた人もあった。

人の処世にしても、企業経営にしても苦難はつきもの。人は苦労するために生まれてきているとさえ考えられる。

「川を泳ぎ渡るとき、手も足も十分に動かさず、楽をしようとするから流され、沈むことになる。十分に動かせば苦はともなうが渡ることができる」と話していた人もいた。

対談したすべての人が、苦に流されずに泳ぎ、登ってきた人たちだけに逞《たくま》しい。この逞しさが部下にとっては一つの魅力でもある。会社にどのようなことが起こっても、必ず解決のできる人という印象を与えるからだ。

相撲や柔道などにしても、勝ち抜いている人に人気が集まるのと同じである。その人気は、一つ一つの勝負だけではなく、人気をかちとるまでの苦難の道を乗りこえたことに対するものであるともいえるだろう。

これを言い換えると、修練の苦に耐えかねて脱落した人が限りなくあるなかで、よくもここまで登ってきた、という称賛が人気となって現われているのではなかろうか。

次に、苦労とともに〝情〟にも流されてはならない、ということである。

苦労した人は、人情に厚く、そのため過《あやま》ちを犯すことが多い。これは、自分が苦労に苦労を重ねてきているため、人の立場に対する察しが早く鋭いからでもある。少々悲しい話をきいても、わが身のものとして同情する。

この心は、〝恕《じょ》〟に通ずることで、思いやり、相手の立場になるということで、上に立つ者にとってはなくてはならないものであるが、すぎて仇《あだ》となることもある。

前述したように、罪を犯した者を罰せず、あるいは、相手を思って厳しく導くことをためらうなどは、匹夫《ひっぷ》の情でしかない。真に相手を思う心があるなら、非は非とすべきなのである。

もっとも、私には、こうのべる資格はない。匹夫の情、つまり、くだらない人間の人情で、相手も自分をも失敗させているからだ。

若いころから借金苦をいやというほど経験している私は、かねにかかわる人の話には全く弱い。

かねに困って借金にくる人は、いずれも、それぞれ理由を並べてくるが、どの話もまともに聞こえる。同情が先立つからだろう。

あとで考えると辻褄《つじつま》のあわない話もあったが、そのときは気づかない。なんとかしてやりたいと先に考えるからだろう。多くが、貸したが最後、ナシの礫《つぶて》になっている。

それらの人たちがそれで成功しているなら、それでよいが、大部分は世間から捨てられている。むしろ、その場合、薄情であったほうが相互のためであったのではなかろうか。性懲《しょうこ》りもなく何回もくり返しては後悔している。これは貧乏で苦労した人間の一種の病《やまい》で、死ぬまでなおることはないだろう。

六　沿《そ》いて溺《おぼ》れず

「君子《くんし》の世俗《せぞく》に於《お》けるは、宜《よろ》しく沿《そ》いて溺《おぼ》れず、履《ふ》みて陥《おちい》らざるべし。夫《か》の特立独行《とくりつどっこう》して、高く自ら標置《ひょうち》するが若《ごと》きは、則《すなわ》ち之《これ》を中行《ちゅうこう》と謂《い》う可《べ》からず」（立派な人間が世に処するには、社会の風習に従いながら溺れず、世俗の道を踏みながらそれに陥らないようにしなければならない。自ら立派な人間と考えて、独《ひと》りかけ離れた行動をし、高く目立つ地位を望むようでは人にきらわれ、中庸《ちゅうよう》を得たものとはいえない）と『言志四録』にある。

現代の会社組織などにおいても、トップは尊敬されて偉い人であると思われ、一目《いちもく》も二目もおかれているのであるから、ことさらに偉ぶることはないのである。偉ぶるから、かえって偉くない人になる。

偉ぶる人間は、偉ぶるための知恵を努めてだそうとする。こうなると昔のバカ殿様ではないが、部下が人間らしく見えなくなる。私の知人に似たような人がいた。店長であるその人が店に出入りするときは、店員全員に起立最敬礼させたという話をきいたことがある。

よく私も食事を一緒にしたが、「うなぎは養殖は食わない。天然にかぎっている」と話している。「サンマは目黒にかぎる」といった落語の殿様を知っているのかどうか。

「縄ノレン、赤提灯《あかちょうちん》という話をきくが、僕は入ったことはない。飲むなら、新橋か柳橋がいい。一流どころへ行くと、長唄、小唄は歌うが盆踊りの歌はうたわない。縄ノレンなどくぐったら、品がさがる」と、いつか吐きすてるようにいっていた。

また、「昔から犬が好きで飼っているが、血統書つきでないと飼わない。今のセパードも純粋」と小鼻を動かしている。

どうも、私のような百姓育ちの人間にはハダが合わない。

「先輩は犬はどうです」ときかれたから、

「犬は血統書つきで、飼い主が雑種では格好がつかないから、飼うなら雑種でいい」といっておいたが、雑種の人間が血統書つきの犬を飼って得々としている。

なにも犬まで持ちだして一人よがりすることはない。養殖か天然かわかりもしないで、天然うなぎでなければ、ということもないのである。

縄ノレンをくぐるのも、養殖うなぎを食うのも同じ人。一流料亭へ行く人が縄ノレンをくぐっても品がさがることはないのである。入っても品がさがらないようにすればよいのである。品がさがると考えている者ほど、朱《しゅ》に交《まじ》われば赤くなりやすいのである。

糸を染めようとするとき、染めてはいけない部分を強く結び、染料がしみこまないようにしている。人もそのとおり、染まってはならない心をしっかり結んでおけば、染料のなかに全身を入れても心まで染まることはない。

上に立つ者が下から軽べつされる原因は、時のムードや環境に染まりやすいということなのである。

よく、「あの人には芯《しん》がある」「閂《かんぬき》が通っている」などといわれる人があるが、泥のなかにあっても泥によごれず、「朱に交わって赤に染まらず」の人である。

『菜根譚』には、次のようにのべてある。

「勢利紛華《せいりふんか》は、近づかざる者を潔《いさぎよ》しとなし、これに近づけども染まらざる者をもっとも潔しとなす。智械機巧《ちかいきこう》は、知らざる者を高しとなし、これを知れども用いざる者をもっとも高しとなす」

つまり、権勢、奢美《しゃび》などのたぐいに近づかないのは潔癖《けっぺき》であるが、これに近づいても染まらないものが真の潔癖である。

手練《てれん》手管《てくだ》、権謀術策《けんぼうじゅつさく》、かけ引きなどを知らない者は高潔だが、知っていながら用いない者はもっとも高潔な人であるという意味だ。

トップの立場というものは、下の人が考えるほど単純なものではない。高潔を通そうとすると、お高くとまっている、偉ぶっているなどと批判される。あまり下に馴《な》れては、軽々《かるがる》しく見られて威厳を失なう。これを避ける道はただ一つ、「沿《そ》って溺《おぼ》れず」の心だけである。

昔の先輩に、親兄弟のように近寄りやすいが、どことなく尊敬してしまう人があった。なぜといわれても、何となく、という以外にない。いまにして思うと、その場はわれわれに同調しても、けっして自分の意志をまげることはなかった、ということであったからではないか。

七　熱中の是非

ものごとに熱中するということは、きわめて貴重なことである。しかし、一つしかない心をいちどに二か所に使うことはできない。二か所に使おうとすれば、知恵も力も二分されて、二つとも失敗に終るだろう。

昔、荀子《じゅんし》という人は、「目も両視しては明らかなること能《あた》わず、耳も両聴《りょうちょう》しては聡《さと》きこと能《あた》わず」といっている。目は二つのものを同時に見ようとすると、はっきり見ることができず、耳は二つのことを同時に聴こうとすると、よくききわけることができない。二つを同時にすれば、どちらも失敗するということである。

現職時代、関係した会社の再建以外に、いくつかの再建に協力したが、私のやり方はきわめて単純なものであった。その会社の経営を圧迫しているもっとも大きな要因を取り除くことに、集中攻撃を加えるだけであった。借金が圧迫要因なら借金を減らすことに、経費増嵩《ぞうこう》が病原なら経費削減に熱中するということであった。

そのため、いろいろな不満や抵抗がでたりするが、それには全く頓着《とんちゃく》なし。

昔、いなかの百姓じいさんが、百姓で食っていくには頬被《ほおかぶ》りして木の根を掘るやり方が一番いいといっていた。頬被りすれば周囲の雑音は耳に入らない。それで農作業に熱中できるという意味だ。

会社経営も一面では木の根掘りに似たところがある。

つまり、一つのことに熱中して早く仕上げ、それを活用することは経営効率を高めることになる。あれもこれもと手をだすから、どれも中途半端になり、かえって効率を損ねることになる。

このように、ことに熱中するということは、企業経営にとっても欠くことのできないことであるが、経営者が熱中しては困ることも少なくない。

それを一言でいえば、本業に悪影響を与えるような私欲に熱中することである。

たとえば、経営者が自分の好きな趣味や娯楽に熱中したり、政治やサイドビジネスに夢中になっていたとすれば会社はどうなるか。

「一心は二用する能《あた》わず」とか。一つきりない心を二つに使うことはできない。一方に熱中すれば一方が疎《おろそ》かになるのが当然。そして、疎かになるのが多くは本業である。

「好きこそものの上手《じょうず》」ということがある。好きであれば、一晩寝ずとも食わずとも苦にはならない。

しかし、仕事以外の好きが嵩《こう》じると、ついには身をあやまることになる。昔から、政治家は政治以外の好きなことに熱中して失敗し、事業家は事業以外の好きなことに心を奪われて「九仞《きゅうじん》の功」を欠いている。

学問があり、財力に恵まれている人、権力のある人は、最初は〝好き〟に勝っているが、次第に〝好き〟に負けてくる。

人生に〝熱中〟は必要だが、的《まと》の外《はず》れた熱中には十分に心したい。

『孟子』も、「井戸掘りは地下水を汲《く》みあげるという目的がある。であるから、九軔《きゅうじん》の深さまで掘りさげても泉に達しなければ、井戸掘り作業をやめたことになる」と諭《さと》している。

これを現代の会社経営にあてはめてみるのも参考になる。

八　名利の道

「財を望んで財に頼らず」とは私の持論である。

「得られる財は額に制限を設けない。いくらでも望め。大欲をだせ」と前にのべた。人間の物欲をおさえることは不可能だし、経営者であれば、その志も無限といえるからだ。

聖人孔子も、「利を追うときは義を思え」といっている。言い換えれば、人の道にかなった方法で利を追うならいくら多くを追ってもよい、ということになる。

しかし、「遠慮《えんりょ》なければ、必ず近憂《きんゆう》あり」ともいうように、今はいかに道にかなっていても将来損になることもありうることを考えておかねばならない。

したがって、利を追うなら、一つは人の道にかなっていること、二つに、利を急いで将来の損を忘れないことが大切である。

ところが、利を急ぐ者は将来を考えない。なお悪いのは人の道を考えないで、ただただ利を追っている。一年で儲けるよりも一か月、一か月よりも一日で儲けたいと考える。

かつて、株式相談をうけたとき、「四日以内にあがる株を教えてくれ」という手紙がきた。

その返事に、「それがわかるなら自分でやる」と書いた。

一日も早く儲けたいのは誰も同じだが、それをかなえてくれないのが相場の世界である。それをかなえてくれるなら、誰も働き、貯《たくわ》える者はない。

利を急ぐ者は、目先の利を重ねている間は、危険の少ないものに投資して小金をためるが、たまるにしたがって欲をだしてくる。

本業でわずかな利益を得ているよりも、一度に大儲けしたいと考えるようになる。ついには、一日で勝負するより十分、いや一分で決着をつけたいということでギャンブルに走る。

ギャンブルに馴《な》れると、地道《じみち》に働くことがばかばかしくなる。

ものの本に、「愚人《ぐじん》の財を貪《むさぼ》るは、蛾《が》の火に赴《おもむ》くが如《ごと》し」とある。愚《おろ》かな人間が財をむさぼるのは、蛾が自分から火にとび込むようなものだという意味だが、何回火にあぶられても喉《のど》元《もと》すぎるとまたとび込む。火に焼き殺されるまで投機の恐ろしさに気づかない。

昔から賭博《とばく》は禁止されている。

それは、賭博に凝《こ》れば生業を怠《おこた》ることになるからである。勤労意欲も失なわれる。損を重ねれば悪に走る……等々で人間堕落《だらく》の温床《おんしょう》となる。したがって、こうした場に出入りする者、これを行なう者は人間のクズ扱いされることになる。

そのため、信用、名誉を重んずる者は、口にすることさえ慎《つつし》んだものである。どのように身分のある人であっても、賭博に親しんでいるとすれば、たちまち信用も名誉も吹きとんでしまうだろう。それがたんなるうわさであっても、従来の人望を保つことはできなかろう。

前職時代、大学卒業後二年ほど会社に勤めた男から相談をうけた。

「社員五十人くらいの会社だが、将来性が高いと考えて入社した。会社で仕事が終ると週二回ほどマージャン会が開かれる。それには社長以下部長、平《ひら》も加わる。コミュニケーションのためで良いことだと思っていた。ところが、会社でやるのは二時間程度だが、二次会がある。多くは社長と幹部だが、ときおり私も誘われ、ついていったところ、賭《かけ》マージャン、ときには徹マンもある。この際会社をやめたいと思うが、どうか」ということであった。

「社長は社内の和のため、あるいは取引先接待の準備のためなどと美化しようと思っているだろうが、好ましいことではない。社長以下幹部の行為に対して批判し、疑問視する人が一人現われたことは、見過ごすことはできない。この際、他に優《すぐ》れた職場を見つける方がよかろう」と話した。

これも、かつて東京日本橋に事務所をおいて繊維卸業を営む社長がいた。なかなかのやり手ということで周囲の評判もよかった。

ところが、繊維卸の利鞘《りざや》稼ぎではあき足らず、競馬で稼ごうとした。最初は自分のかねで馬券を買ったが、ついには会社のかねに手をだした。

結局、取り込み詐欺《さぎ》を働いて裁判で負け、六か月服役し、その後は行方不明。

賢明だったのは社員で、社長の競馬狂いにいち早く気づくと愛想をつかし、規定の退職金だけもらってさっさと辞《や》めてしまった。

九　一日の喜神《きしん》

〝喜神《きしん》〟とは、喜び楽しむ気持ちのことである。

「疾風怒雨《しっぷうどう》には禽鳥《きんちょう》も戚々《せきせき》たり。霽日光風《せいじつこうふう》には、草木も欣々《きんきん》たり。見るべし、天地に一日も和気なかるべからず、人心に一日も喜神なかるべからずを」と、『菜根譚』にある。

暴風雨の日には、鳥まで憂《うれ》い恐れて悲しげである。これとは逆に、天気晴朗《せいろう》でおだやかな日には、草木まで生き生きとして喜んでいるようである。

こうしてみると、天地には一日たりとも和気がなければならないし、人の心にも一日たりとも喜び楽しむ気持ちがなければならない、という意味である。

上がうつうつとしていれば、下も憂色につつまれてくる。上の喜色は組織全体を喜色で覆《おお》うことになる。上の憂色は希望を失なわせ、志気を低下させるが、喜色は暗中に将来の光を与え、失意を希望に転じさせる。

このため、上に立つ者は、つねに和気喜色でいられるように努めることが必要である。環境に恵まれ、会社の業績が順風満帆《まんぱん》の時期は喜色満面、逆境に陥《おちい》れば気力を失ない、憂色を外に現わすなどは、むしろ逆といえるだろう。

順風の時はニガ虫をかみ、驕《おご》る心をおさえ、逆境には喜色をたたえて志気の低下を防ぐことでなければならない。

しかし、逆境のなかで笑顔をつくったとしても、周囲がまともに受けとめることはなかろう。心からの笑顔でなければならない。真に心からでた喜色であれば、一見してそれと理解されるはずである。

それなら、そうした心境になるにはどうあるべきか。私の体験からすれば道は一つ。逆境は切り開くことができるという自信以外にない。

喜色というものは、つくろうとしてつくれるものではない。自然にでてくるものである。自然に現われるようにするには、困難を嘆かず可能を信ずることである。

また、ものごとに対して、すべて善意に解釈することも必要だし、冗句冗談《じょうくじょうだん》もまた一徳といえるだろう。

ある一時期、社内食堂の食事がまずいという苦情がだされた。私は、それほど粗末なものではないと思っていたので、「それでは、うまく食べられる方法を教えてやろう。朝食を食べずにくれば、うまく食べられる」といっておいた。

また、別の者には、「夜のはしご酒をやめればうまくなる」といっておいたが、以後なんともいってこなくなった。

それに、常に浮かない顔をしている人は、なにか不満があるからだ。

権力のある人の不満は、権力で何でもかなえられると思っているから、かなえられないとニガ虫をかむ。ついには怒りだす。自分の至らないことに気づかない。

また、人の欠点や過《あやま》ちだけが目につく人は、人の良い点や成功が見えないから、目つきまでが卑《いや》しく険《けわ》しくなる。これでは社内を明るくすることができない。

ある社長は、社内を明るく楽しくするのも経営といっていたが、社員も社長が出勤してく

ると部屋が明るくなるといっている。これは、偶然にそうなっているわけではない。社長が
それに努めているのである。

社長の趣味は魚釣りだが、月曜日には必ず室内に顔をだして釣り自慢をはじめる。

「きのうは大当りだった。型のいい鯛《たい》を三匹あげたよ」

「社長、海で釣ったんですか、船頭さんの家で釣ったんですか」と社員がいう。

「おまえ、それをどこで見ておったのだ」

これで爆笑になる。

ちかごろでは、「社長、わさびも釣ってきてください」とからかわれる、といっていた。

社長の体面よりも、社内の明るさを大切にしている。

「一日快活なるは千年にあたる」を経営に役立てているのである。

十　人至察《しさつ》なれば徒《ともがら》無し

水が清く澄《す》みきっている所には魚が棲《す》まず、人の性格が厳格で細かいところまで気を使うようだと友人もできない。

「水至清《しせい》なれば則《すなわ》ち魚無く、人至察《しさつ》なれば則ち徒《ともがら》無し」

この言葉は、前漢の武帝《ぶてい》に仕えた東方朔《とうほうさく》がのべたものである。

現代のトップのなかには、厳格にすぎて人情味がなかったり、理論だけで融通がきかなかったり、あるいは、まじめに片よって冗談が通じないという人がいる。

反対に、厳しいが、いわゆる俗っぽい人がいる。鋭いところがあるが泥臭さもあり、しっかりしているようだが飄々《ひょうひょう》としたところもある。論語も口にするが、カラオケにも親しむというような人である。

さて、部下はいずれに親しみをおぼえるだろうか。

前職時代、銀行中興の祖といわれたトップがいた。私も課長代理時分から仕えたが、その厳しさは言語に絶するほどであった。ただ、その厳しさは銀行業務だけに限られていた。

トップの趣味はパチンコとマス釣り。マス釣りのエサに使うブドウ虫を保存するために冷蔵庫を買って、奥さんから異議申し立てをうけたり、モーニング姿でパチンコをしているところをお得意さんに見つかり頭をかいたり、とてもお偉方とは思えないところがあった。トップの威厳を帳消しにしているようだが、人間らしさが大きなプラスになっている。

これとは反対に、自惚《うぬぼ》れがすぎて人気を悪くしていた上司もいた。

銀行では営業店ごとに春秋、行員の親睦《しんぼく》旅行があった。

ある大支店の店長だったが、宴会開始前に、酒肴《しゅこう》を前にして一時間ほど訓示をたれる。酒が冷めようと、奇麗《きれい》どころを待たせようとおかまいなし。

部下は誰もきいてはいないが、その間、空腹をおさえているだけでも腹が立つ。

当人は、自分の持病ということに気づいていないが、いずれは部下の無言の抵抗にあって、しゃべる相手のいないポストに座らされることになるだろう。

昔、中国の後漢のころ「虎穴《こけつ》に入《い》らずんば虎子《こじ》を得ず」といった班超《はんちょう》は、西域平定の功で西域総督になり、大名に列せられた。

彼は、その大任を無事に果たして、任尚《にんしょう》に後任をゆずった。任尚は班超に、「西域をうまく治めるにはどうしたらよいか」とたずねた。

班超《はんちょう》は、「水が澄んでいると魚はかくれ場所がないので棲《す》みつかないように、政治もあまり厳しく、せっかちではいけません。大まかで、簡単にするほうがよい」と答えている。

これをきいた任尚《にんしょう》は、西域守護の決め手でも話してくれるのかと思っていたのだが、つまらぬ話だと不平をいった。

「厳しからず、急がず」が西域統治の決め手であったが、任尚はそれに気づかなかった。任尚が守護に失敗したのはいうまでもない。

会社経営は合理的でなければならないが、それだけでは息がつまり窒息《ちっそく》してしまうことになる。

十一　トップ最高の楽しみ

孟子《もうし》は、「君子には三つの楽しみがある。その第一は、父母兄弟がそろって健在で、事故のないこと。第二は、仰《あお》いでは天に対しても恥じることがなく、俯《ふ》しては何人《なんぴと》に対しても恥じることがないこと。第三が、広く天下の英才を得て、養い育てることの三楽である。このなかには天下の王者になることは含まれていない」としている。

これを言い換えれば、人生の真の楽しみは、世俗的な栄誉や物的満足ではないということになる。

なるほど、最高の栄誉を得ても、いずれは奪われ、失ない、忘れられる。巨大な財を積んでも、死んでは無価値なものだし、生きている間も楽しみよりも守る苦の方が多い。

また、栄誉、物財を得ても、肉親に病《や》む者があれば、それをながめて楽しんでいるわけにもいくまい。

さらに、法にふれず、人に知られていないことであっても、自分の良心にもとるようなことがあれば、心から楽しむことはできない。このように考えると、孟子の言、「当《まさ》に然《しか》り」ということになる。

ことに、トップの座にある者の楽しみは、多くは権力をふるうことにある。もし、自他に恥じることがなければ、誰はばかることなく権力をふるい、威厳を示すことができるだろう。つまり、最高の楽しみを味わうことになる。

逆に、自分に昔の古傷《ふるきず》があったり、現在において良心に恥じることをしているとすれば、権力はふるっても楽しみは得られなくなる。

次に、トップの安楽は苦悩を乗りこえて得るものである。

自分の会社の存亡を賭《か》けるほどの仕事をやり遂《と》げたときの気持ちは、体験した者でないとわからない。

また、死同然の会社をよみがえらせたときの、足の踏むところを知らないほどの気持ちも、それと同じである。二度と体験したくないことを解決したあとにくる楽しみである。しかし、この楽しみは望まない楽の一つであって、人にすすめられることではない。

さて心の楽《らく》についてのべたが、トップの心身をねぎらう楽も捨てるべきではない。ゴルフなどのスポーツ、園芸、芸能など、仕事や健康に差し支えないものはすすんでやるべきで、むしろ遊びではなく仕事のうちと考えるべきものである。

現職中、私の楽しみは約三千坪（一万平米）の土地で椿《つばき》を中心とした花木園芸をすることであった。前にのべたように、二十歳のとき、勝ち負けにかかわる趣味や娯楽を生涯やるまいと自分に誓っているからだ。

五百種ほどの椿の元木《もとき》を買い、育てて挿木《さしき》で殖《ふ》やし、一時は三千本ほどになった。その他、さつきの鉢植えが二千本ほど、雑木《ぞうき》を入れると一万本ぐらいになっているだろう。

それを会社の休日、あるいは夏の日の長いときは退社後、除虫、除草、剪定《せんてい》、施肥《せひ》を一人でやるわけだ。

肥料、農薬を買う額は近くの農家よりはるかに多いといわれたほどであるから、いかに病《やまい》膏肓《こうこう》に入っているかが知れよう。

それが、自分にとっては、世俗のわずらわしさのすべてを取りさってくれる。つまり、その間は無我の境地にひたることができる。人間の楽しみとは好きなことに夢中になること、という単純なことに気づいたのもそのころである。

いずれにしても、仕事で寝食を忘れることは結構だが、それでは良い知恵もでないし、体ももたない。

唐の詩人李白《りはく》は、「人生意《い》を得れば須《すべか》らく懽《かん》を尽《つ》くすべし、金樽《きんそん》をして空《むな》しく月に対せしむること莫《なか》れ。羊を烹《に》、牛を宰《ほう》って且《しばら》く楽しみをなし、会《かなら》ず一飲《いちいん》三百杯《はい》なるべし……」（人生は過ぎやすいのであるから、得意のときは大いに歓楽をつくすべきだ。そこに酒樽があるのに、月を見ながら飲もうとしないようなバカなまねはしなさるな。羊を煮、牛を殺して、まあ、楽しもうではないか。必ず一度に三百杯は傾けるべきだ……）と詠《よ》んでいる。

これは詩の文句で、まねることもなかろうが、こうした気分になるのも楽しみをえ、鋭気を高める道でもある。

十二　人を豊かにする生き甲斐《がい》

人間は仕事以外に楽しみをもつことができるということは、天が人間にだけ与えてくれた特権かもしれない。あるいは、霊長の任務に対する報奨かもしれない。

人間の楽しみには、種類や数量に制限はなく、有形、無形、遠近の定めもない。人種差もなければ地域の差もない。誰が何を楽しみにしようと自由である。

働くことを生き甲斐《がい》としている人もあれば、遊ぶことを生き甲斐としている人もある。貯《たくわ》えることを楽しみにしている人もあれば、使うことを楽しみとしている人もある。それぞれ、生き甲斐を好みに応じて選ぶため、千差万別である。

生き甲斐とはそれでよいのであって、権力や法律で定めたり、貧富貴賤《きせん》によって割り当てられるようであったら、生き甲斐《がい》とはいえなくなるだろう。

人々は、性《しょう》に合い、好みに応じて生き甲斐を求め、人生を豊かにしようと努める。それが人類社会の幸福にもつながってくる。ことに、経営者が適当な生き甲斐をもつことは、人間を豊かに大きくするし、鋭気を養い、精進《しょうじん》の糧《かて》ともなり、ひいては健康を増し、老後の気力保持にも役立つ。

そして、上司の好みや楽しみは、他の非難をうけるような好みは別として、部下としてもほほえましく感ずるものである。だいたいは、「人は見かけによらぬもの」に該当することが多いからである。

前にものべたが、モーニング姿でパチンコ屋へ入ったトップもいたし、義太夫《ぎだゆう》を部下にきかせ、文字どおり落語の主役を演じたトップもいた。いずれも私が仕えた上司のうち、一、二を争う名トップであった。義太夫をきいたあとは、ご馳走になってもお礼をいわなくともよいことになっていた。ただ、義太夫をきいたあとでなければ、ご馳走が出なかったことがこのトップの玉に傷だった。

ある男は、うまいもの一つ食わず、かね貸しまでして大金をためた。病気になり、臨終近く、奥さんが「寝食さえ忘れ、苦労してかねをためたのに少しも使わず死んでいくのはさぞ心残りでしょう」といったところ、

「わしはたくさんためることが生き甲斐《がい》だった。残したかねには何の未練もない。おまえに全部やるから勝手に使え」といって息をひきとったという。

まことに損な生き甲斐と思うが、それは使うことを生き甲斐としている人のいうことで、

当人としては、使うことがなによりも苦であったのである。

なかにはケチを生き甲斐《がい》としている人もある。金銭をケチることが道楽なのである。

いわゆるケチ道楽という人たちは、ケチってかねをためるのが楽しみではなく、〝ケチ知恵〟をだして人をアッといわせるのが楽しみのようだ。といって、ためていないわけではない。ケチ道楽をしている人ほど金持ちである。

ケチ、シミッタレなどといわれる人は、理由のいかんを問わず、かねを出すのを嫌うが、ケチ道楽は、必要なこと、有利なこと、儲かることにはかねを惜《お》しまない。逆にいうと、大きいかねを出すのが生き甲斐といえるかもしれない。

いまは亡くなられたが、昭和の富豪といわれた菊地寛実さんの趣味について、その顧問だった人が、こう語っている。

「私が、小切手や手形に金額を書いて社長の菊地さんに印を押してもらいにいくと、小さい額のときは、むっつりしているが、大きな額のときはニヤリとする。大きくかねを出すのが趣味だったようだ」といっていたが、菊地さんの昼食は、棒パン一コか、すうどん一杯だったとか。

いずれにしても、生き甲斐《がい》とは自分が楽しければよいのであって、他に迷惑をかけないことなら大いに楽しむべきではないか。

著者　井原隆一《いはらりゅういち》氏について

十四歳で埼玉銀行（現りそな銀行）に入行。十八歳で夜間中学を卒業するも、父親の死後莫大な借金を背負い、銀行から帰ると家業を手伝い寝る間も惜しんで借金完済。

その間、並外れた向学心から独学で法律・経済・経営・宗教・哲学・歴史を修めた苦学力行の人。最年少で課長抜擢、証券課長時代にはスターリン暴落を予測し、直前に保有株式証券をすべて整理、経理部長時代には日本で初めてコンピュータオンライン化するなど、その先見性が広く注目され、筆頭専務にまで上りつめた。

六十歳のとき、大赤字と労働争議で危地に陥った会社の助っ人となり、一挙に四十社に分社するなど独自の再建策を打ち出し、短期間に大幅黒字・無借金の優良会社に蘇えらせる。その後も数々の企業再建に尽力。名経営者としての評判が高い。

一九一〇年、埼玉県生まれ。主な著書に「社長の帝王学」「社長の財学」「財務を制するものは企業を制す」「危地突破の経営」「危機管理の社長学」「帝王の経営学ＣＤ」…他、多数。

二〇〇九年逝去。

人の用い方（新装版）

定価：本体　九、八〇〇円（税別）

一九九一年十一月　十三日　初　　版発行
一九九五年　三月二十八日　十　五　版発行
二〇一九年　三月　十六日　新装版初版発行
二〇二五年　二月　十四日　新装版十版発行

著　者　井原隆一
発行者　牟田太陽
発行所　日本経営合理化協会出版局
東京都千代田区内神田一―三―三
〒一〇一―〇〇四七
電話　〇三―三二九三―〇〇四一（代）

装　丁　美柑和俊
印　刷　精興社
製　本　牧製本印刷

　ISBN978―4―89101―409―4　C2034